DANS LE SILLAGE
D'ÉLISABETH
BRUYÈRE

L'auteure et la maison d'édition L'Interligne remercient, de leur appui, la Fondation du patrimoine ontarien, le Conseil des Arts du Canada et le ministère de la Culture, du Tourisme et des Loisirs, par l'entremise de son Centre de l'édition de l'Ontario.

Données de catalogage avant publication (Canada)

Gilberte Paquette, 1923-

   Dans le sillage d'Élisabeth Bruyère

Comprend des références bibliographiques et un index.

ISBN 2-921463-05-9

1. Paquette, Gilberte, 1923-
2. Hôpital général d'Ottawa.
3. Centre de santé Élisabeth-Bruyère.
4. Bruyère, Élisabeth, 1818-1876
5. Enseignants — Ontario — Biographies.
6. Sœurs de la Charité d'Ottawa — Biographies. I. Titre.

BX4366.3.P37A3 1993   271'.9102   C93-090655-1

Photo de la couverture : Comstock / Yousouf Karsh © 1988
Typographie et mise en page : Paul-François Sylvestre

Les Éditions L'Interligne
282, rue Dupuis, bureau 202
Vanier (Ontario) K1L 7H9

ISBN 2-921463-05-9

Dépôt légal : Bibliothèque nationale du Canada, 1993

GILBERTE PAQUETTE, s.c.o.

DANS LE SILLAGE
D'ÉLISABETH
BRUYÈRE

LES ÉDITIONS
L'INTERLIGNE

1993

À Dieu, mon amour et ma fidélité.

À Élisabeth, mon admiration et ma reconnaissance.

À Thérèse, mon souvenir.

Avant-propos

J'ai eu de la chance dans la vie ! Quand j'étais jeune religieuse, dans ma naïveté, j'ai dit à sœur Sainte-Placidie, religieuse âgée, philosophe et compréhensive : «Je pense que la chance me poursuit !» Sa réponse m'a surprise et m'a fait réfléchir. Elle scruta longuement mon regard et m'interrogea lentement : «N'est-ce pas plutôt vous qui la provoquez ?» Elle avait raison. Je n'ai jamais compté sur la chance, je n'ai jamais rien laissé au hasard. Si j'étudie, il me faut voir toute la matière et la comprendre pour me satisfaire. Si je fais un travail manuel, il faut que ce soit beau. Si je prépare une rencontre, soit individuelle ou de groupe, je me prépare en étudiant les participants et les sujets à l'ordre du jour. J'arrête l'énumération. Vous avez compris. Cette réflexion, arrivée à point nommé, m'avait fait réaliser que la vie est un apprentissage continuel pour qui sait en profiter. Elle sourit à qui l'accueille à pleins bras dans la joie. Rien de ce que j'y ai appris, intellectuellement ou dans la pratique, ne s'est perdu. L'expérience vécue aujourd'hui me prépare à celles de demain; les connaissances acquises cette année me serviront dans les années à venir, ne serait-ce que pour faciliter l'acquisition de nouvelles compétences.

Cette réalité m'interpelle et contribue à développer chez moi une attitude d'acceptation des situations inattendues ou inévitables : contrainte ou facilité, délai ou précipitation des événements, refus invraisemblable ou exigence injustifiée.

Toutes ces situations sont devenues pour moi des tremplins me projetant vers de nouveaux efforts, des idées neuves, ou une réorientation des plans établis. Une aide apportée à une personne ou à un groupe, une lecture, une conférence m'aiguillent sur une voie permettant l'acceptation éventuelle d'un revers ou d'une épreuve personnelle. La relation entre mon bagage d'expériences et mes responsabilités du moment est manifeste.

Je me suis souvent surprise à penser : «Si je n'avais pas vécu tel événement, je ne serais pas en mesure d'accomplir tel travail ou d'assumer telle obligation.» Pour moi, cette continuité n'est pas une coïncidence mais la réalisation d'un plan providentiel qui m'a préparée à ma mission et continue à m'y maintenir paisiblement chaque jour. Malgré les apparences, il n'y a pas eu de brisure dans le cycle de ma vie. J'ai expérimenté un développement continu, pas toujours à la même vitesse il est vrai, une transformation s'effectuant à travers les changements, voulus ou subis, une évolution qui m'a fait grandir en âge, bien sûr et, j'espère, en sagesse.

Le rendement est-il au diapason de la formation ? Ai-je su capter le sens de toutes mes expériences ? À vous, lecteur, lectrice, d'en juger.

La première valeur que nous avons apprise au cours de notre formation, vous et moi, nous a été inculquée sur les genoux de notre mère. Elle nous faisait reconnaître ce que les autres nous donnaient ou faisaient pour nous en disant «Merci !» Ce doux devoir, il me fait plaisir de m'en acquitter envers les nombreuses personnes et les organismes qui m'ont permis de contourner une difficulté visuelle et de mener à bien cet ouvrage. Sans eux, il serait encore à l'état de projet. Merci à la Fondation du patrimoine ontarien, organisme du ministère de la Culture, du Tourisme et des Loisirs, pour l'appui financier qui m'a permis d'accéder à l'équipement nécessaire pour faciliter ma recherche; à mère Agathe Gratton, supérieure générale de la congrégation jusqu'en 1992, et ensuite à mère Claire Malette, qui m'ont accordé le temps nécessaire à l'accomplissement de ce travail et ont mis à ma disposition les archives de la maison mère; à sœur Gabrielle Laramée et à sœur Marie-Gilbert qui m'ont gracieusement fourni les pièces utiles; à Michel Bilodeau, président-directeur général du Service de santé des Sœurs de la Charité d'Ottawa, qui m'a ouvert les archives de l'Hôpital général d'Ottawa (du début à 1980) et du Centre de santé Élisabeth-Bruyère et qui a même alloué un espace propice pour y travailler; à Lucette Thibault qui m'a lu les documents qu'il m'était impossible de lire; à Bill Rogers, toujours disponible pour assurer en tout temps un fonctionnement parfait de mon équipement; à sœur Noëllie Béchamp qui n'a pas hésité à me donner le meilleur équipement possible pour mon travail; à sœur Élisabeth Rapin, sœur Denise Lachapelle et Jackie Brown qui ont bien voulu effectuer quelques recherches en vue de vérifier l'exactitude des faits; à Margaret Brisson pour le service impeccable de livraison des documents à consulter; à sœur Marie Leclerc pour sa participation à la lecture du manuscrit; à Andrée Lacelle et à mon éditeur Paul-François Sylvestre qui ont révisé le manuscrit avec le plus grand souci professionnel; à tous ceux et toutes celles qui se sont montrés intéressés, qui m'ont appuyée solidement, qui m'ont encouragée constamment.

Pour vous permettre une lecture continue, j'ai préféré ne pas insérer les références. Celles que je croyais indispensables suivent immédiatement le texte. Quelques annexes, en fin de volume, illustrent certains détails qui traduiront parfois une situation, parfois un climat...

Prologue

Vous ne connaissez peut-être pas Élisabeth Bruyère. C'est une grande dame qui a servi les pauvres au dix-neuvième siècle dans la petite ville de Bytown. L'histoire des Sœurs de la Charité d'Ottawa est liée à elle pour toujours. Elle est leur fondatrice. Je m'identifie à elle par quelques particularités qui s'apparentent aux siennes. Comme elle, je suis née au Québéc mais la majeure partie de ma vie s'est écoulée en Ontario. À sa suite, ma première carrière a été l'enseignement, suivie d'une fonction administrative dans un hôpital. J'ai fondé une institution hospitalière pour les démunis de santé et les personnes âgées comme elle l'a fait elle-même. Je reconnais chez elle une détermination que je retrouve chez moi, de même qu'une perception des besoins de la population afin de parer aux situations les plus criantes. Son honnêteté était à toute épreuve et, de mon côté, je me souviens de plus d'un événement où ma sincérité spontanée m'a valu quelques opposants. Je ne prétends nullement me comparer à elle dans l'accomplissement de ses œuvres. Ce qu'Élisabeth Bruyère a fait en *grand*, je l'ai fait en *petit*. Elle est mon modèle de vie religieuse puisque je suis entrée dans la congrégation qu'elle a fondée; elle est aussi mon modèle de vie professionnelle.

Vous en saurez davantage sur cette femme extraordinaire, aussi fascinante qu'humble, car j'ai choisi de raconter ma vie à travers la sienne et son œuvre.

Première partie

Années de formation
et carrière dans l'enseignement

Chapitre premier

Le Seigneur m'a choisie dès le sein de ma mère.

(Isaïe 49, 1)

Mon père, William Paquette, vient d'être muté dans la toute petite localité de Mace située à trente kilomètres à l'ouest de La Reine, dans la partie ontarienne qui longe le comté d'Abitibi. Il s'agit d'un pays de colonisation qui a commencé à se développer en 1912, lorsque la ligne ferroviaire du Canadien national a été prolongée pour relier Cochrane (Ontario) à Harvey (Québec). Ce développement ferroviaire annonçait le début d'une croissance soudaine de la région. En cette deuxième décennie du siècle, les villes ont surgi comme des champignons. Or, papa travaillait justement pour la compagnie de chemin de fer et dut laisser sa famille derrière lui, même si ma mère arrivait au terme de sa grossesse.

C'était en 1923 et la situation économique de cette région agricole ne se portait guère mieux que celle du Canada de 1993. Dans le climat économique d'alors, les gens ne refusaient pas un travail. Âgé de quarante-deux ans et ayant charge de famille, mon père se rend donc à son nouveau travail, promettant de revenir pour le baptême puisque la distance séparant La Reine de Mace n'est pas tellement grande. Ma mère se retrouve avec mes trois sœurs — Jeanne, Annoncia et Camillienne — âgées respectivement de dix, neuf et quatre

17

ans. Deux d'entre elles termineront leur année scolaire à l'école du village, où elles retourneront en septembre, en logeant chez des amis. Mais j'anticipe déjà. Parlons d'abord de ma naissance.

Le samedi 9 juin 1923, ma mère Alice Blouin-Paquette, alors âgée de trente ans, met au monde une quatrième fille. Le bébé potelé, aux cheveux roux, est prénommée Gilberte lorsque, quatre jours plus tard, elle devient enfant de Dieu par la parole du curé Omer Ladouceur. Mon parrain, Maxime Dessureault, et ma marraine, Rosa Cloutier, étaient de bons Québécois domiciliés à La Reine. Quoique née dans la Belle Province, je n'y ai vécu pour ma part que deux semaines, car la famille alla rejoindre mon père à Mace. Comme le don de la vie et la grâce du baptême, cet événement devait constituer une intervention importante de la Providence dans ma formation. Je dois reconnaître que son plan mystérieux m'a conduite sur des chemins que personne n'aurait pu imaginer...

Mace, le nouveau lieu de résidence du *clan* Paquette, ne méritait même pas le nom de village. C'était tout simplement un arrêt sur la ligne ferroviaire du Canadien national reliant la ville de Québec à celle de Cochrane en Ontario. La gare où nous logions était située à environ un kilomètre du lac Abitibi, sur les bords duquel habitaient les membres d'une minuscule réserve indienne. Ceux-ci vivaient de la chasse et de la pêche. Une fois par semaine, ils venaient expédier du poisson par le train, seul lien avec les lieux habités dans les environs. À cette occasion, ils nous livraient de l'excellent poisson frais qui faisait nos délices du vendredi (c'est probablement à cette époque que j'ai développé un goût pour les fruits de mer). Le train nous apportait courrier, vivres et, très rarement, nous amenait un visiteur.

Les distractions n'abondaient pas dans notre milieu. C'était la tranquillité quasi absolue. Seul le passage du train et les visites de nos voisins autochtones faisaient diversion. J'ai donc grandi dans une ambiance paisible, mais pas monotone pour autant. Je n'avais qu'à regarder par la fenêtre, ou ouvrir la porte, pour admirer une forêt à l'état sauvage qui me fascinait. Le chant des oiseaux et la présence de petits animaux, comme le lièvre et le renard circulant librement près de la maison, apportaient vie et mouvement. L'air était tonifiant. Les souvenirs de cette époque me révèlent des années heureuses au sein d'un petit monde, soit ma famille et deux compagnons de travail de papa qui logeaient chez nous.

Je n'avais qu'un an et demi lorsque ma sœur Camillienne, âgée de six ans, nous quitta pour le ciel, après une courte maladie. Je reste donc avec deux grandes sœurs, Jeanne et Annoncia, âgées de onze et douze ans, qui demeurent à La Reine pendant l'année scolaire. Je suis la seule enfant au logis pendant un an et demi, puis arrive une petite sœur, Gisèle. Deux autres filles, Monique en 1928 et Thérèse en 1930, viennent grossir les rangs, suivies deux ans plus tard d'un garçon, Jean-Claude.

Ma mère était une personne très douce. Je l'ai vue chagrinée, oui, mais je ne me souviens pas de l'avoir vue en colère. Elle savait nous reprendre et même nous punir, mais avec beaucoup d'amour. Travailleuse infatigable, elle a réussi à nous faire traverser la crise économique de 1929 sans trop de soubresauts. Sa gestion des revenus précaires et sa prudence dans les dépenses ont atténué pour nous la misère qui sévissait à cette époque. Elle savait apprêter une nourriture frugale, la transformant en régals selon nos goûts. Une fois par semaine elle boulangeait le pain que nous dévorions tant il était succulent. Quand il en manquait et qu'il fallait en acheter, mon père disait : «le pain acheté n'est pas aussi bon que celui que tu fais» et nous étions d'accord avec lui. Sa cuisine était variée et excellente, faisant du repas un moment agréable de la journée. Elle confectionnait aussi tous nos vêtements, même les manteaux. Dieu sait si elle en a fait de la couture pour habiller ses sept filles !

Peu loquace lorsqu'il se trouvait en groupe ou en public, papa aimait beaucoup discuter en tête-à-tête. Il pouvait même devenir bavard. Dans une soirée, il aimait chanter et raconter des histoires. Travailleur manuel, il revenait physiquement fatigué à la fin de la journée. Il s'attaquait, toutefois, à d'autres travaux ingrats, tels que l'entretien du terrain et la préparation du bois de chauffage. Il s'adonnait aussi à la menuiserie. Pendant longtemps, il n'avait pas de fils pour l'aider dans sa tâche. Quand j'ai quitté le foyer paternel, nous n'avions ni électricité, ni eau courante. Nous avions plutôt un puits qui servait de réfrigérateur pour les aliments périssables et qui fournissait une eau potable toujours fraîche. Il fallait pomper l'eau, mais le mécanisme était si facile à manier que même les plus jeunes y parvenaient facilement. Les lampes à l'huile et au gaz donnaient un éclairage plus que suffisant. Nous avons fait l'acquisition de notre premier réfrigérateur en 1953, au moment où le petit village pouvait enfin jouir des bienfaits de l'électricité. Mode de vie primitif ? Peut-être. Qu'importe ! Nous goûtions une joie simple et tranquille.

Éduqués dans la foi et élevés selon une discipline sévère sans être rigide, nous devions faire des choix quant à nos loisirs, nos amis et nos lectures. Quand nous étions encore à l'école, il fallait demander des permissions pour sortir, rentrer plus tard ou recevoir des amis. Avec l'âge nous acquérions une certaine liberté mais jamais mes parents ne se sont désintéressés de nos activités. Ma mère essayait de nous guider sans s'imposer. Mon père et elle ont accompli leur rôle d'éducateurs dans le devoir et dans l'amour. Ils n'ont jamais abdiqué devant nos revendications, si raisonnables que nous les croyions. Nous en étions parfois humiliés devant nos amis qui, nous semblait-il, obtenaient beaucoup plus facilement que nous la permission de sortir. Le style de vie sobre qu'ils menaient semble leur avoir réussi puisque ni l'un ni l'autre n'a connu de maladies sérieuses avant leurs noces d'or.

Après la célébration de cinquante années de mariage, en 1962, la santé de papa s'est détériorée. Lui et maman sont alors allés vivre à l'Hôpital général de Québec, dont une section accueillait les personnes âgées. Ils retrouvaient ainsi mes deux sœurs, Gisèle et Monique, religieuses chez les Augustines depuis l'âge de dix-sept ans. Mon père mourut quatre mois après son arrivée mais ma mère y vécut onze ans. Les deux furent inhumés dans le cimetière de l'Hôpital général de Québec.

Quand j'étais encore jeune, ma mère m'a raconté que j'ai contracté la rougeole à l'âge de trois ans et que j'ai fait une rechute qui aurait pu m'être fatale. Quand la vie était moins intéressante, après une punition par exemple, je lui disais parfois : «Pourquoi ne m'avez-vous pas laissé mourir ?» Inconscience de l'adolescence ! Je ne réalisais pas que je ravivais la peine ressentie au décès de Camillienne. Selon maman, j'avais une santé fragile et je m'évanouissais pour un rien. Je me souviens du dernier épisode. J'ai six ans et je joue avec un cousin qui me pourchasse autour de la maison pour me mettre une cigarette dans la bouche. En courant à toute vitesse, je trébuche et c'est la noirceur... Gérard a la surprise de sa vie en constatant que je ne me relève pas. On m'arrose alors copieusement d'eau froide pour me ranimer.

Cette faiblesse ne devait supposer rien de grave puisqu'elle s'est dissipée d'elle-même. Mes parents avaient cependant tendance à me surprotéger. Ils ne me laissaient jamais seule avec des personnes étrangères et je les accompagnais partout. L'attention constante que j'ai reçue est due, en partie, à cette inquiétude qui les hantait.

Devant une vie aussi recluse que celle que j'ai connue, on pourrait se demander comment un enfant de trois, quatre ou cinq ans peut se développer dans un milieu apparemment peu stimulant au niveau de l'apprentissage. Il est vrai que la maisonnée était plutôt limitée, mais on y retrouvait des adultes qui ne demandaient qu'à s'occuper de moi. En fait, j'avais plusieurs tuteurs. Sans s'en rendre compte, ils m'ont forcée à penser et agir avec plus de maturité qu'on pouvait l'exiger à mon âge. Ils ont commencé par m'enseigner l'alphabet alors que j'avais à peine quatre ans. Je n'ai jamais oublié que mon premier livre d'étude était une plaque de nickel apposée à un appareil de chauffage au charbon, sur laquelle les caractères alphabétiques figuraient en relief. Bientôt on m'apprit à compter et à lire revues et journaux. Chacun faisait son bout de conversation avec moi. Distraction pour eux, découvertes fascinantes pour moi.

À peu près à la même époque, maman m'enseigna à tricoter et à broder. Tricots et broderies simples mais je les trouvais superbes. J'ai toujours pratiqué et amélioré cet art auquel j'ai ajouté, avec les années, le crochet, la frivolité et la tapisserie à l'aiguille. Ces travaux ont toujours été pour moi un moment de détente et une occasion de produire des objets décoratifs pour mon milieu. La période où j'en ai confectionné le plus remonte à mes années à l'Hôpital général et au Centre de santé Élisabeth-Bruyère. Cette forme de loisir devenait pour moi une excellente façon de récupérer après une journée de travail. On retrouve encore plusieurs de ces pièces ornant certains couloirs ou salles communes du Centre de santé Élisabeth-Bruyère. J'en ai produit aussi longtemps que mes yeux l'ont permis.

Une habitude prise dès le jeune âge nous forme à la vie. Je rencontre encore des sœurs qui me rappellent cette habitude de ne jamais perdre une minute. J'avais toujours au moins deux projets en marche et un livre à portée de la main afin de bien meubler les minutes d'attente à la salle communautaire et les rencontres entre compagnes, où c'était la coutume de s'adonner aux travaux manuels. Les périodes de vacances servaient aussi à terminer ou avancer certains travaux exigeant plus d'attention et de temps que d'autres. Je me souviens aussi qu'avant mon départ pour le couvent, maman me trouvait souvent assise à tricoter, avec un livre devant moi et écoutant de la musique. Incontestablement, cette attitude devant l'emploi du temps s'est reflétée sur ma façon de travailler et m'a été d'un précieux secours lorsque les tâches devinrent lourdes et nombreuses. Le temps a toujours été mon plus précieux atout.

Quand je songe à mes années de *désert*, je retrouve d'autres activités qui m'apportaient un divertissement toujours bienvenu. Sans contredit, un événement me plaisait particulièrement : le voyage annuel chez la parenté de mon père et de ma mère, issus respectivement du Saguenay et du comté de Bellechasse. Une escale à Montréal, Sherbrooke et Québec nous donnait l'occasion de rencontrer un oncle, une tante ou des cousins que nous retrouvions avec grande joie. Nous, les enfants, jouissions particulièrement des journées passées chez nos grand-parents maternels. Durant notre séjour, nous avions le privilège de participer aux travaux de la ferme. Faire les foins, surtout le ramasser dans la charrette, a fixé dans ma mémoire l'odeur du foin brassé et entassé et le plaisir fou que nous avions au retour. Voisin de chez ma grand-mère vivait un oncle boulanger dont le souvenir me rappelle la bonne odeur de pâte qui lève, cuit et nous régale. Le four me fascinait. Tous les samedis soir, les habitants de Saint-Camille apportaient leur pot de grès rempli des ingrédients nécessaires à la cuisson de succulentes fèves aux lard, qu'ils reprenaient après la messe du dimanche et dégustaient au petit déjeuner. Nous ne manquions pas d'en savourer nous-mêmes une bonne assiettée. Quel régal !

Ces voyages ont toujours fait partie des vacances d'été de toute la famille. Les circonstances ont fait qu'ils se sont confinés à la ville de Québec à mesure que les oncles et les tantes nous quittaient pour l'au-delà.

Un des visiteurs que le train nous amenait deux fois l'an nous faisait entrer en contact avec la *civilisation* et apportait une diversion fort appréciée. Tous attendaient ce visiteur si réconfortant : le curé de Frederick House. L'abbé Ulric Arpin venait rencontrer ses fidèles et célébrer avec eux l'eucharistie. Pour la circonstance, la petite chapelle s'élevait dans la salle à manger de notre demeure, qui accueillait alors les autochtones des environs de Mace. Le prêtre confessait — on dirait aujourd'hui qu'il présidait au sacrement de réconciliation —, il baptisait parfois des nouveau-nés et conseillait l'un ou l'autre au besoin. C'était tout un honneur, voire un privilège et une bénédiction, que de recevoir le ministre de Dieu qui utilisait notre chez-nous pour les rites sacrés de notre foi. Cette visite régulière permettait à la petite communauté que nous formions de faire le plein de forces spirituelles pour les six mois à venir. Elle comblait aussi les aspirations religieuses de ma mère qui avait une foi inébranlable.

Maman avait vécu pendant quinze mois dans une communauté religieuse de Québec, les Augustines de la Miséricorde de Jésus. Elle y avait développé une confiance illimitée en Notre-Dame de la Protection dont une statue miraculeuse veillait sur les novices en apprentissage. Elle sut donc nous inculquer pareille dévotion dès notre éveil à la prière et plus particulièrement par ses actions.

Un soir d'hiver, j'avais alors cinq ans, nous étions au lit lorsqu'un incendie se déclara dans un petit hangar situé à environ cent mètres de notre maison. Celui-ci servait d'abri à la draisine, autorail utilisé par l'équipe de travail sur la ligne de chemin de fer, seul moyen de transport de l'endroit. Ce soir-là, un train de marchandises s'était arrêté au passage et, en redémarrant avec difficulté, la locomotive avait probablement généré des étincelles à proximité du hangar. Or, celui-ci contenait quatre barils d'essence dont le contenu avait pro-bablement imbibé une partie du sol lors des sorties ou de l'entretien de l'autorail. Vers 22 h mon père aperçoit les flammes qui montent autour du hangar. Il se rend immé-diatement sur les lieux, avec un compagnon de travail, pour voir ce qui se passe et pour essayer de sortir le véhicule. Effort vain !

Revenus à la maison, ils comprennent que ma mère a déjà saisi l'ampleur de la situation car elle a fait lever ses trois filles, les a enroulées dans une couverture de laine et les a installées sur la banquette de la salle d'attente, tout près de la porte de sortie; elle a surtout mis en évidence une reproduction de la statue réputée miraculeuse : Notre-Dame de la Protection. Maman récite aussitôt avec nous l'invocation que nous connaissons pour l'avoir prononcée chaque soir depuis que nous avons commencé à nous joindre à la prière en famille. «Ô Marie, contre le fléau de l'incendie et contre tous les maux de l'âme et du corps, protégez-nous.»

L'attente commence. Nous sommes tous réunis et mes parents sont douloureusement conscients de la pénible réalité. Nous sommes seuls en plein bois, quatre adultes et trois enfants, menacés d'un grave danger. Qu'est-ce qu'on fait ? Tout à coup une violente explosion secoue la maison et l'on voit atterrir une immense boule de feu de l'autre côté de la maison : le baril en flammes avait été projeté au-delà du toit. Ce choc est suivi d'un certain soulagement. Une deuxième explosion, puis une troisième transportent les barils en feu et avivent l'espoir. On attend toujours la quatrième déflagration qui tarde à venir. La tension monte jusqu'à ce que l'on voit diminuer les flammes du côté du hangar. L'action de grâce et les larmes accompagnent la détente qui s'installe. Nous sommes hors de danger ! C'est la fin de l'angoisse. Le lendemain, les travailleurs ont découvert que le quatrième baril avait tout simplement coulé par le fond. Protection exceptionnelle ? Je n'en doute pas.

Au printemps suivant, après six ans d'une vie isolée, mes parents décident de quitter leur forêt profonde pour se diriger vers un endroit qui me permettra de fréquenter une *vraie* école. Du jour au lendemain, mon univers s'agrandit et je me retrouve à Frederick House, à dix kilomètres de Cochrane, toujours dans le Nord de l'Ontario. Il s'agit d'une agglomération d'une cinquantaine de familles à majorité agricoles, disséminées sur un territoire de six kilomètres carrés, et dont la moitié est anglophone. Ma connaissance de l'anglais est nulle, mais je ne tarde pas à me faire des amies qui ne comprennent pas ma langue, ni moi la leur. À six ans, on peut communiquer autrement que par une langue commune. Au bout de quelques semaines nous faisons bon ménage.

À notre arrivée, coïncidence providentielle, mon père trouve une maison située en face de l'église, qui est à vendre. C'est dans ce logis que nous avons élu domicile. L'espace n'était pas vaste mais il nous suffisait. Un jour, je bavardais avec un médecin de l'Hôpital général d'Ottawa, Jean-Pierre Desgroseillers, et il me dit : «C'est mon beau-père qui vous a vendu cette maison.» Sans conteste, le monde est petit.

Notre village miniature comprend une église, deux écoles — une pour francophones près de chez moi et une pour anglophones à environ quatre kilomètres —, deux magasins généraux et quelques maisons où habitent des enfants de mon âge. C'est fantastique ! Je peux aller visiter mes nouvelles voisines qui deviennent des compagnes très appréciées. Je suis comblée. En plus des avantages de la campagne, je jouis de la présence d'amies de mon âge. Dès le lever, je cours dehors, cherchant peut-être inconsciemment un prolongement de ma vie dans la forêt de Mace...

À notre arrivée, le 29 avril 1929, mes parents m'avaient inscrite à l'école située presque en face de notre maison. Une unique salle de classe réunissait environ quarante élèves, garçons et filles, de la première à la huitième années. L'institutrice m'accepta, même si l'année scolaire était presque terminée, et me mit tout de suite à l'aise. Mlle Lortie est demeurée titulaire de l'école jusqu'à son mariage en 1932; elle épousa un des deux compagnons de travail de papa, à Mace. J'avais pour elle beaucoup d'affection et elle me le rendait bien. Que de fois elle m'a invitée à l'accompagner dans des randonnées avec son fiancé qui me connaissait depuis les années de Mace. J'étais un chaperon assez peu encombrant ! Je m'endormais très vite pour ne me réveiller qu'au retour.

Mes deux premiers mois d'école m'ont initiée au système scolaire et, septembre suivant, je n'ai eu aucun problème à suivre les cours. À vrai dire, je trouve épatant de pouvoir écouter tout ce qui est enseigné et je m'efforce de ne rien manquer. L'étude me passionne, surtout les mathématiques, et sans en avoir l'air, je porte une attention particulière aux leçons de deuxième année. Chaque jour je résouds les problèmes proposés et vérifie soigneusement les résultats lors de la correction en groupe pour découvrir que j'en sais autant que mes aînées. Au milieu de l'année je me sens prête. Un matin je décide de me soumettre au jugement de l'institutrice en me présentant dans le rang des élèves de deuxième année pour la correction des devoirs. Mes solutions sont toutes correctes et ceci me vaut de sauter une année. Je jubile ! Puis, le 20 avril 1930, je fais ma première communion (j'étais prête l'année précédente, mais la célébration de groupe avait eu lieu avant mon arrivée).

Pendant les vacances, je passe mes journées presque entières en plein air pour me remplir les poumons d'air pur et frais. Le matin, ma première activité est une courte marche sous le soleil, parfois sous la pluie (j'ai toujours été une marcheuse infatigable). En juillet et août, la cueillette des fraises, framboises et bleuets nous occupe profitablement, mes sœurs et moi. Nous en mangeons beaucoup et ma mère transforme le reste en délicieuse confiture qui fait nos délices au cours de l'hiver. Les grands espaces ainsi que l'air vif et piquant de la campagne me manqueront dans mon adaptation à la ville.

Ma vie d'écolière s'est écoulée trop rapidement. Après avoir démarré à toute vitesse, je passe normalement d'un cours à l'autre sans encombre jusqu'à ce que j'arrive à la huitième année. Je suis la seule élève de ce cours. Le travail qu'on m'assigne est presque toujours individuel. On me guide mais il me faut apprendre par moi-même, ce que je trouve plaisant et intéressant. On me laisse toute latitude pour organiser mes travaux et mon étude. Mais… L'école n'a jamais eu un élève qui ait essayé l'examen d'entrée de la huitième. L'année passe et il n'y a pas d'examen d'entrée pour moi. Comme j'ai à peine treize ans, il me faut retourner à l'école l'année suivante et officiellement reprendre tous mes cours. Je suis encore intéressée, mais je dois avouer que cette année-là donne un peu l'impression de déjà-vu.

Dans le passé j'avais toujours été ce qu'il est convenu d'appeler une élève modèle. Pas de réprimande, pas de punition. J'essayais toujours de faire ou d'anticiper ce qu'on attendait de moi. Or, cette année-là fut différente. Mon travail était aussi appliqué, mais je jouissais de nombreuses périodes libres qui me permettaient de lire à peu près tout ce qui me tombait sous les yeux. En un mot, je me désintéressais peu à peu de l'étude. Une journée que ma mère était malade, je lui dis : «Je reste pour vous aider, je ne veux pas retourner à l'école.» Elle me garde parce qu'elle a besoin d'aide. Une semaine après, c'est à son tour de prendre une décision. Elle me dit : «Demain tu retournes à l'école.» Je sais bien qu'elle a raison et qu'elle ne me laissera pas faire à ma tête. J'y suis retournée, mais j'ai commencé à m'occuper à autre chose, à faire des espiègleries et à réagir à l'instituteur de façon désagréable. Cette nouvelle attitude provoqua un incident qui devait me donner une leçon durable.

L'honnêteté avait toujours été ma plus grande qualité mais elle en a pris un coup le jour où, ayant déplu à l'instituteur, il me remit une lettre cachetée adressée à ma mère. L'offense devait être mineure car je ne me rappelle aucunement le fait lui-même. Cette lettre me tracassait. Je me disais : «Qu'est-ce que maman va dire ? Qu'est-ce qu'elle va faire avec ça ? Ça va certainement lui faire de la peine. Je vais toujours bien voir ce que l'instituteur a écrit.» Avec appréhension j'ouvre délicatement le pli et lis avec stupeur ce message : «Je ne reprendrai Gilberte dans ma classe que si vous venez l'y conduire vous-même.» La peur m'envahit. Je brûle le billet mais le regrette immédiatement. J'ai dû me tenir coite ce soir-là. Tout ce dont je me souviens, c'est que j'étais très malheureuse.

Le lendemain matin, je retourne *seule* à l'école, à reculons. Une surprise m'attend. L'enseignant me laisse prendre ma place sans broncher, sans même froncer les sourcils, comme s'il ne se souvenait de rien. Je suis stupéfaite, perplexe, déçue de mon instituteur. Il baisse d'un cran dans mon estime. Je me dis : «Il a menti ! Pourquoi ne me punit-il pas ?» Il n'en a jamais parlé à ma mère. Moi non plus ! À ce moment-là, je ne réfléchissais même pas à mon manque d'honnêteté de la veille. Le maître d'école avait tous les torts ! Ce n'est que beaucoup plus tard que j'ai compris ma faute. Lorsque je me suis trouvée en situation d'autorité, j'ai toujours été hantée par cette salutaire leçon de ma jeunesse : ne pas promettre de récompense ni menacer de représailles dont je ne puisse assurer l'exécution. Ce principe est d'une utilité extraordinaire au moment de réprimander où d'inviter à un meilleur rendement. J'en vins à me dire que l'enseignant avait probablement regretté son geste et fut soulagé du fait que ma mère n'en sut rien.

À la fin de cette année scolaire, je quitte définitivement l'école sans toutefois avoir écrit mes examens d'entrée. À quatorze ans, je continue à étudier par moi-même jusqu'à ce que l'occasion me soit donnée, une fois religieuse, de poursuivre mes études et d'écrire les examens requis.

À ce moment-là, mes deux sœurs aînées avaient déjà quitté la maison, depuis quelques années, pour gagner leur vie à l'extérieur et étaient mariées depuis un an. J'étais maintenant l'aînée et j'éprouvais un certain sentiment de responsabilité envers mes petites sœurs et mon frère cadet. Trop jeune pour travailler à l'extérieur, j'apprends à tenir maison et à cuisiner. Je consacre beaucoup de temps à la marche et joue de temps à autre une partie de balle avec mes copains et copines. Les soirées sont consacrées à des parties de cartes ou de MONOPOLY qui ont tendance à s'éterniser, mais qui ne manquent pas d'entrain. Je préfère, encore aujourd'hui, ce genre de distractions à l'envahissante télévision.

Mes expériences culinaires de jeunesse se limitent habituellement à la confection de desserts, surtout de la pâtisserie. Les nouvelles recettes me tentent et elles sont habituellement réussies. Un samedi après-midi, lors d'une de ces opérations qui semble devoir résulter en un gâteau alléchant, prévu au menu du dimanche, je me propose un succès impressionnant. Au cours de la préparation des ingrédients, j'aperçois une boîte de poudre à pâte non entamée et une autre, à côté, dont le contenu semble suffisant. «Je vais finir celle-ci», me dis-je. Je mêle donc les ingrédients avec toute l'attention possible et mets le mélange au four. Au cours de la cuisson, des doutes commencent à semer l'inquiétude sur le résultat. Le gâteau ne lève pas comme il se doit. En effet, il sort du four plat comme une galette. La poudre à pâte ! Une vérification rapide révèle que l'une de nous avait déposé un reste de sucre à glaçage dans une boîte vide de poudre à pâte, sans identifier le contenu. Quelle déception ! Je suis furieuse. L'incident est banal en soi. Pourquoi pareille réaction ? Sur le coup je n'ai pas analysé ce réflexe, bien sûr. Maintenant je comprends ce qui est arrivé. Je n'avais pas l'expérience de l'échec et je ne savais pas y faire face. Je manque de tolérance. Quand tout nous réussit, on n'a vraiment pas de mérite à être joyeuse et complaisante. J'ai eu à lutter beaucoup pour acquérir une petite dose de compréhension et de patience et je combats encore ardemment pour y arriver. Ma promptitude à réagir à un mot ou un geste d'opposition me fait automatiquement résister et parfois blesser l'autre, ce que je réalise toujours après coup quand il est trop tard. Ça m'humilie mais ne m'anéantit pas. Je le regrette en me promettant de mieux contrôler mes réactions; c'est toujours à recommencer.

En même temps que j'apprends à tenir maison, je tente de compenser l'absence de scolarité par l'étude personnelle. Je veux surtout perfectionner ma connaissance de l'anglais. Mes deux meilleures amies sont anglophones, ce qui me facilite la tâche. Mes efforts reposent sur un bouquin qui me permet d'étudier les éléments de plusieurs sujets du cours secondaire : histoire, algèbre, géométrie, anglais, un peu de science, etc. Pour compléter ce travail, je lis beaucoup, tant l'anglais que le français.

Mes années d'étude personnelle à l'école et celles à la maison ont été fructifiantes dans l'acquisition des sciences exactes : mathématiques, géométrie, histoire, géographie, physique et chimie, mais très peu productives pour la littérature et la composition. Ma seule formation dans cette discipline est venue de mes lectures.

En 1939, une diversion dont nous nous serions dispensés secoue le monde. C'est la guerre. L'unique garçon de la famille n'a pas encore sept ans. Nous ne sommes pas inquiets pour les nôtres. Plusieurs de nos amis, cependant, voient partir un fils ou un frère. Dans notre coin du Nord, nous ne pouvions pas faire grand chose pour aider. Ma seule contribution a été de tricoter des bas de grosse laine rugueuse et grise pour les soldats. Je ne sais combien de bas j'ai confectionnés, mais tout mon temps libre y a passé.

Ces occupations sont de courte durée et je prends de plus en plus conscience que je dois m'orienter vers quelque chose mais rien de particulier ne m'intéresse encore. Je me rends utile et je suis satisfaite. La Providence, qui trouve toujours le moyen de nous rejoindre et de nous faire savoir ce qu'elle attend de nous, me donnera en temps et lieu le signe attendu.

À Frederick House, nous avions retrouvé le curé Arpin qui avait été notre pasteur à Mace. Notre arrivée lui fait dès lors entrevoir la possibilité d'une assistance, en semaine, à la messe célébrée le plus souvent seul. Nous étions l'unique famille catholique demeurant près de l'église, famille composée seulement de filles à ce moment-là. Or, en 1929, il n'était pas question qu'une fille serve la messe. Elle pouvait cependant répondre aux invocations du célébrant. Donc, après ma première communion, le 20 avril 1930, monsieur le curé me suggéra d'apprendre les répons de la messe. J'avais presque sept ans et je jouissais d'une excellente mémoire, détail important puisque les répons étaient en latin. En allant chercher les vaches, le soir, il me les enseignait et faisait ainsi coup double. Vers 16 h 30, nous filions en voiture jusqu'au pacage pour revenir lentement derrière le troupeau, pendant que je mémorisais des textes assez difficiles au point d'en *perdre mon latin*. À l'âge de neuf ans je fis ma communion solennelle, prélude à la confirmation pour la plupart des jeunes, mais pas pour moi. La célébration de la communion solennelle était précédée d'une période d'étude approfondie des connaissances religieuses, que l'évêque vérifiait lors de sa visite. Dans les petites paroisses, l'évêque ne confirmait les enfants qu'à tous les trois ans, et il fallait avoir dix ans révolus pour être accepté. Je n'étais donc pas admissible cette année-là. Le curé avait cependant décidé que je devais me présenter avec les confirmands pour la vérification des connaissances religieuses, ce que je dus répéter trois ans plus tard lors de *ma* confirmation par Mgr Louis Rhéaume, le 10 juin 1935.

On a pu constater que notre curé était fermier, par nécessité. Sa petite paroisse n'assurait pas sa subsistance. Il faisait l'élevage du bétail, entretenait un potager et cultivait de grands champs de blé et d'avoine. Le samedi matin, il se rendait au marché, comme tout bon fermier de l'époque. La messe était célébrée à six heures et le fait d'y assister ne constituait pas un très grand sacrifice pour moi car j'ai presque toujours préféré me lever de bonne heure pour commencer ma journée par une bouffée d'air frais. Ce plaisir me procurait une sensation de liberté et un sentiment de détente devant la belle et vaste nature qui se transforme en un temple rempli de la présence de Dieu. J'étais aussi emballée par la découverte du latin et il me semblait normal de participer tous les matins à la célébration eucharistique, en dialoguant avec le célébrant. C'est là que le Seigneur m'attendait après onze années de persévérance dans cette pratique...

En août 1941, lors d'un voyage à Québec en compagnie de ma famille, nous allions visiter deux tantes de ma mère, religieuses chez les Augustines de la Miséricorde de Jésus, au monastère Notre-Dame-des-Anges, de l'Hôpital général de Québec. C'est là, à l'âge de seize ans, que maman avait complété son postulat et trois mois de noviciat. Je connaissais bien ces deux grand-tantes, mais jamais elles ne m'avaient

La Reine — Papa tenant Jeanne sur ses genoux et maman avec Annoncia dans ses bras.

Frederick House — Mes parents au centre; Thérèse, Jean-Claude et Monique devant; moi, Annoncia, Jeanne et Gisèle derrière.

Québec — Thérèse et Jean-Claude à l'avant; Monique, postulante chez les Augustines; mes parents et Gisèle au moment de sa profession temporaire.

Bertram (Ontario) — Ma sœur Gisèle et moi, chez notre oncle Louis Paquette, six mois avant mon entrée au noviciat.

parlé de vocation. Cette fois, l'une d'elles, sœur Sainte-Monique, me demande à brûle-pourpoint : «Vous n'avez jamais pensé à devenir religieuse ?» Aussitôt la question posée, aussitôt la réponse lancée : «Non, jamais.» Le sujet était clos.

Je reviens chez moi et reprends mon travail au presbytère où, depuis un an et demi, j'aidais la vieille mère du jeune abbé Antoine Labelle, ordonné le 23 juin 1940. L'année suivante, il devient curé de la paroisse Sainte-Angèle-de-Mérici, à Frederick House. Il y demeurera jusqu'en 1945, puis sera assigné à une autre paroisse et décédera en 1951, à l'Hôpital général d'Ottawa. Sa carrière de pasteur fut courte, mais il a néanmoins joué un rôle important dans ma vocation. C'est par lui et sa mère que j'ai connu les Sœurs Grises de la Croix (Sœurs de la Charité d'Ottawa). Ils me parlaient souvent de sœur Joseph-Henri, sœur du curé, et des Sœurs Grises en général.

Le 13 octobre 1941, j'assiste à l'eucharistie comme à tous les matins, avec cette différence que ce jour-là, je n'ai vraiment pas connaissance de ce qui se passe. Je suis dans un état inhabituel, comme si j'étais totalement saisie de façon irrésistible. J'essaie de me débarrasser de ce sentiment parce qu'il me trouble, mais en vain. Je me sens poussée par la nécessité de devenir religieuse chez les Sœurs Grises de la Croix. Je ne les connais pourtant qu'indirectement par le curé Labelle et par l'entremise d'une institutrice qui loge chez nous depuis deux ans et dont la sœur est membre de cette communauté. Je n'ai jamais vu une Sœur Grise, j'ignore où est leur noviciat, quelles sont leurs œuvres, qui est leur fondatrice, depuis combien de temps elles existent, encore moins quel genre de vie elles mènent, mais je *dois* me joindre à elles.

Après la messe je me rends au presbytère pour préparer le déjeuner et j'entends monsieur le curé m'interpeller depuis la cuisine, contrairement à ses habitudes. Il me dit qu'une de mes amies, Anita Lavoie, entre chez les Sœurs Grises le 15 janvier prochain... J'en ai le frisson ! Monsieur le curé conclut en demandant : «Et vous, quand est-ce que ça va être votre tour ?» L'émotion me coupe le souffle. J'hésite un peu avant de murmurer cette réponse teintée d'incrédulité et pour laquelle je brûle d'appréhension : «Peut-être plus tôt que vous ne le pensez.»

L'appel était impérieux et ne m'a jamais quittée, même si, de temps à autre je me disais : «Ah ! non, je ne peux pas.» Tout de suite, l'impératif surgissait. Les deux dernières semaines d'octobre ont été remplies de ces revirements. Un objet que je désire, l'anticipation d'événements pour l'année qui s'annonce, les plans ébauchés par la famille, tout est occasion de remise en question. Ces réactions contraires et contrariantes sont nées dans mon inconscient, lorsque je revenais de mon voyage à Québec. Nous avions passé quelques jours chez une tante à Malartic et, en visitant les magasins de l'endroit, je vis un manteau qui me plaisait. Je n'avais vraiment pas à m'acheter un vêtement de printemps au mois d'août ! En examinant ce geste à la lumière de mon comportement d'octobre à décembre, je me l'explique comme une réaction négative à l'invitation de ma tante Sainte-Monique. Les «non» et les «oui» se succèdent. L'important est le «oui» final qui me conduit à Ottawa.

Anita entrera en religion quelques années plus tard et y demeurera à peine quelques mois. Moi, je suis au rendez-vous, au noviciat des Sœurs Grises de la Croix, le 16 janvier 1942. Aujourd'hui, je suis toujours une Sœur de la Charité d'Ottawa et heureuse de l'être après une carrière bien remplie sous l'égide de ma congrégation.

Au moment de mon appel à la vie religieuse, le prêtre que le Seigneur avait mis sur ma route a été Son agent, probablement à son propre insu. Après une eucharistie où j'avais combattu l'idée de joindre les rangs de la congrégation des Sœurs Grises de la Croix, il a dit les paroles qu'il fallait pour confirmer la Parole que le Seigneur m'avait adressée pendant la messe. Pourquoi le curé Labelle me parle-t-il de vocation ce matin-là alors qu'il ne l'a jamais fait auparavant, surtout pourquoi termine-t-il par une invitation ? Voilà le coup de pouce qui m'aida à extérioriser ma pensée et à prendre une décision. Trop de coïncidences ont joué dans ces événements pour que je doute de l'intervention de la Providence. Elle m'a amenée là où elle voulait me voir.

Je pourrais me demander : «Pourquoi moi et pas les autres ?» Sur sept filles, l'une est morte en bas âge, trois se sont mariées et trois sont devenues religieuses. Jeanne, l'aînée, a eu trois garçons et trois filles. De santé plutôt fragile dans ses dernières années, elle est décédée en août 1991 à l'âge de soixante-dix-huit ans. Annoncia a donné naissance à six filles et six garçons, tous vivants, et mène encore une vie très active. Thérèse, la septième des filles, est mariée et a élevé deux filles. Depuis bientôt treize ans, elle demeure dans la région de Hawkesbury. De toute ma famille, elle est la seule qui a vécu assez près d'Ottawa pour qu'il soit possible d'établir une relation plus suivie. En nous découvrant l'une l'autre, beaucoup d'affinités sont apparues au plan culturel mais aussi professionnel puisqu'elle est infirmière. Nos caractères comportent plusieurs ressemblances. Elle est aussi déterminée que moi, mais beaucoup plus douce et surtout plus patiente que moi. Jean-Claude, le plus jeune, est marié et père de trois fils et deux filles. Quand je suis partie de chez moi, il n'avait que huit ans. Nous nous voyions si rarement et pour si peu de temps que nos rapports sont longtemps demeurés superficiels. Mais depuis que nous avons renoué connaissance, nous avons repris le temps perdu.

Quant à Gisèle et Monique, elles ont entendu l'appel à la vie religieuse et y ont répondu. Elles aussi sont devenues infirmières. Le contact avec elles a été continu parce que ma mère a fait un séjour de onze ans dans le Foyer d'accueil de l'Hôpital général de Québec et je lui rendais visite au moins deux fois l'an. Nous avons continué à nous rencontrer périodiquement après son décès en 1974.

Pourquoi ont-elles choisi d'être religieuses chez les Augustines à l'Hôpital général de Québec ? Pourquoi ai-je choisi les Sœurs Grises de la Croix à Ottawa ? Mystère de l'appel unique. Mystère de la réponse unique. La vie religieuse constitue un projet de vie extraordinaire, celui de suivre Jésus au service des autres, c'est ce projet que le Seigneur m'a offert; et je l'ai accepté, pour le meilleur et pour le pire.

Chapitre deux

Pars..., laisse ta famille et la maison de ton père.

(Genèse 12, 1)

Après le choc de la décision, je confie mon projet à maman. Sa réaction fut selon mon attente. Elle se dit très heureuse de mon choix et m'encourage à poursuivre mon but en m'offrant son aide pour le réaliser. Ayant connu elle-même un appel à ce genre de vie et n'ayant pu terminer sa démarche, elle voyait maintenant une de ses filles s'engager dans cette voie, ce qui lui procurait un sentiment d'accomplissement dans ce qu'elle avait dû autrefois laisser en plan. Quant à mes sœurs, elles ne prirent pas trop au sérieux cette «nouvelle» idée jusqu'au jour du départ, ou presque... Même alors, elles pensaient bien me voir revenir sous peu. Toutefois, deux d'entre elles devaient suivre un itinéraire semblable quelques années plus tard. Gisèle opta pour la vie monastique chez les Augustines de la Miséricorde de Jésus à Québec en 1943 et Monique la suivit en 1945.

Enfin libérée de mon secret, je peux dès lors mettre mon plan à exécution. Je me rends compte qu'il reste relativement peu de temps pour demander mon entrée dans la congrégation, recevoir une réponse, et préparer mon départ si je suis admise comme postulante. Je ne veux surtout pas demeurer trop longtemps, partagée entre ce qui, pour moi, est d'une évidence manifeste et, en même temps, une évidence difficile à assumer. Tout me pousse à dire «oui» et à agir en conséquence.

Je me mets donc à la tâche et rédige ma demande après avoir obtenu les renseignements nécessaires auprès de Liliane Cormier dont la sœur était Sœur Grise. Je n'ai pas à attendre longtemps. Au bout d'une semaine, je reçois une lettre demandant des renseignements à mon sujet. Les documents exigés : le certificat de baptême, une attestation de vie chrétienne fournie par le curé de la paroisse et un certificat du médecin. Le tout facilement recueilli est expédié en vitesse. Deux semaines plus tard, j'étais admise et on m'attendait le 15 janvier 1942. Mon père, selon sa prudence habituelle, avait obtenu un billet aller-retour pour le voyage en train, jusqu'à Ottawa. Un seul embêtement, pas très sérieux : je ne recevrai le billet que le 15 janvier, date où je dois entrer au postulat.

Les fêtes de Noël passent rapidement mais accompagnées d'occasionnels pincements au coeur. Pendant cette période de joie et de divertissement, je pense souvent : «C'est la dernière fois que...» Le temps approche où, dans cette maison, le dernier jour se lèvera pour moi. Sans que je le dise ou le laisse paraître, mes derniers moments à la maison sont habités par l'inquiétude qui frôle parfois l'angoisse. Jamais, cependant, je n'ai pensé à revenir sur ma décision.

Quitter sa famille pour entrer en religion, il y a cinquante ans, était perçu comme une rupture quasi définitive avec les siens. Cochrane est à huit cents kilomètres d'Ottawa. J'en déduis que je ne les reverrai pas souvent, mais la tradition familiale de voyager annuellement me laisse espérer une visite une fois l'an. Je n'ai pas de biens matériels en propre, donc pas de détachement trop pénible de ce côté. Le trésor que je laisse est ma famille, mes amies et amis, une maison où règne un bonheur discret et tranquille, et des habitudes de vie que les années ont forgées en moi. Arrive le 15 janvier 1942. Surprise ! C'est presque un soulagement. Pendant deux semaines les derniers préparatifs avaient occupé le devant de la scène, éclipsant ainsi l'imminence du départ.

Les adieux à mes sœurs et mon frère semblent irréels, et je les quitte comme si je devais revenir le lendemain. Mes parents m'accompagnent, retardant ainsi la séparation définitive. Pour le court trajet de Frederick House à Cochrane, un ami de la famille, René Breault, sera des nôtres. Il était mon aîné de plusieurs années mais nous sortions souvent ensemble et sa présence m'était réconfortante. Je suis ravie de prolonger ainsi, pendant quelques minutes, des liens qui seront bientôt du passé. Beaucoup plus tard, cet ami viendrait finir ses jours au Centre de santé Élisabeth-Bruyère. Mais à l'époque dont je parle, le Centre n'existait encore que dans les desseins de la Providence qui m'y acheminerait trente-huit ans plus tard. On dit que Dieu écrit droit avec des lignes courbes...

Nous sommes à Cochrane depuis une demi-heure et nous montons dans le train qui nous mènera à Ottawa. Il est 13 h. Le train se met en branle. Le long trajet, bien qu'entrecoupé de conversations, me fournit l'occasion de réfléchir et de raffermir ma décision. Les hésitations se sont envolées et ne reviendront plus jamais. Même si j'avais un billet de retour, pas un seul instant, je n'ai eu la tentation d'en faire usage.

Dix-huit heures plus tard, nous arrivons dans la capitale nationale, éreintés de secousses, de tentatives de sommeil et de rêves éveillés... De la gare, nous nous rendons chez une amie, Pauline Fogarty (Mme Pauline Trudel), nièce de monsieur le curé Labelle. Ottawa m'était alors inconnue. J'en profite pour visiter un peu la ville. Je me rends chez un photographe pour une dernière photo, puis au théâtre, voir un dernier film. Entre ces deux courses, j'étais allée à l'école Routhier y rencontrer pour la première fois, une Sœur Grise, sœur Joseph-Henri, tante de Pauline. Toute la journée, madame Fogarty et Pauline ont si bien joué leur rôle d'hôtesses que je suis arrivée à la maison mère des Sœurs Grises de la Croix, au 9 rue Water (Bruyère) à 19 h 30.

Quand j'entre dans la salle du postulat, après avoir laissé mes parents et mon amie au parloir, les postulantes chantent le *Salve Regina*, hymne à la Vierge Marie que les membres de notre congrégation chantent tous les soirs, dans chacune de nos maisons. On me fait asseoir. Mes yeux se brouillent. J'écoute. Je prie avec mes sœurs. Le chant terminé, la maîtresse de postulantes, sœur Saint-Clément-Marie, me présente à mes nouvelles compagnes et la conversation s'engage timidement. Déjà 20 h ! Fin de la récréation. Le silence s'installe instantanément. Après quelques directives à l'intention des aspirantes (ce sont nous les nouvelles), nous récitons le *Souvenez-vous*. La journée est maintenant terminée et nous nous retirons pour la nuit. Pas besoin de berceuse pour m'endormir. Je sombre dans le sommeil après avoir eu tout juste le temps de me demander : «Demain, ce sera quoi ?»

Samedi, 17 janvier. Je suis chez les Sœurs Grises mais j'ai encore «plusieurs croûtes à manger» avant de devenir l'une d'elles. Voyons le premier matin. Vers 7 h, une sœur vient me réveiller, ainsi que les autres aspirantes. Je suis déjà éveillée puisque, les samedis et dimanches, le réveil sonne à 5 h 20 pour les religieuses, les novices et postulantes, à 4 h 50 les autres jours. J'ai eu une bonne nuit de sommeil et je me sens bien. En silence, chacune se hâte de terminer sa toilette et faire son lit. Quand toutes sont prêtes, la maîtresse de postulantes nous conduit à une salle d'étude tout près du dortoir et nous invite à réciter une courte prière, puis nous laisse méditer pendant cinq minutes. Ce que cinq minutes peuvent être longues ! Ma formation spirituelle ne m'a pas entraînée à la prière spontanée et personnelle. Enfin, sœur Saint-Clément-Marie nous conduit au réfectoire des novices et postulantes pour le déjeuner. Nous mangeons en silence. Des regards interrogateurs observent ce que font les anciennes postulantes et comment elles se comportent afin d'éviter les maladresses. À part ces regards furtifs, les yeux sont modestement baissés. Chacune lave son couvert, le range dans le tiroir de table et se dirige vers le postulat à la suite de notre guide. La journée commence.

Le soir viendra plus rapidement que prévu ! Nous en avons abattu du travail pendant ces quelques heures. D'abord nous écoutons une courte mise au point pour nous mettre dans le ton, suivie de l'assignation de tâches diverses : faire la vaisselle, balayer le réfectoire, nettoyer les escaliers, récurer des ustensiles de cuisine, et bien d'autres tâches. Chacune participe ainsi à la bonne marche de la maison. On nous initie ensuite aux principales prières communautaires récitées au cours de la journée. Le matin, avant la célébration de l'eucharistie, nous récitons en latin le petit office de la Sainte Vierge, suivi de trente minutes d'oraison qui se terminent par les *Invocations à la Divine Providence.* Dans l'après-midi la récitation des *Litanies au Père Éternel* précède une lecture spirituelle d'une demi-heure, et nous terminons la journée avec la prière du soir. Ces prières nous seront expliquées en détail plus tard. Chacune a une origine historique que nous apprendrons à connaître bientôt. Pour l'instant, notre première tâche consiste à confectionner notre costume de postulante.

La robe est taillée dans un tissu laineux de couleur violette dont l'ampleur se dissimule sous un grand nombre de plis qui tombent à quinze centimètres de terre. Le corsage est couvert d'une large collerette, de même couleur, se joignant à l'avant. Autour de la taille une ceinture bleu ciel avec un pendant s'arrêtant aux genoux, vient compléter l'uniforme. Sur la tête, la postulante porte un long voile noir sur une coiffe blanche. Deux ou trois jours après notre arrivée, nous revêtons ce costume et nous devenons officiellement postulantes chez les Sœurs Grises de la Croix.

À cette époque, le début du noviciat était marqué par la prise de l'habit religieux et la nouvelle novice recevait un nom religieux. Le 3 janvier 1943, je commence cette deuxième année de formation sous le nom de sœur Saint-Basile, que j'ai porté jusqu'au 24 juin 1966. Mon saint patron est reconnu comme un des pères de l'Église grecque. Évêque de Césarée au quatrième siècle, il fonda un ordre religieux qui porte son nom. Il a aussi fondé un hôpital modèle pour privilégier une vision chrétienne du soin aux malades, ministère de guérison qu'il

41

exerça avec la compassion de Jésus dans l'amour fraternel du pauvre, de l'indigent, du miséreux. Même si je n'avais pas choisi mon nouveau nom, j'avais sûrement gagné un protecteur tout désigné.

Ma formation à la vie religieuse s'intensifiera pendant les deux années de postulat et de noviciat, qui conduisent à ma profession religieuse temporaire, le 3 janvier 1944. Cette formation atteint son point culminant lors de la profession perpétuelle qui aura lieu le 3 janvier 1947. Mais en réalité, nous cherchons toujours à améliorer notre vie religieuse et ceci jusqu'à notre dernier souffle.

Ma perception de la vie religieuse a évolué depuis ma décision de joindre les rangs des Sœurs Grises, il y a cinquante ans. Ce geste n'était, ni une fuite ou un refus du monde, ni l'abandon des responsabilités. C'était un choix. Je choisissais Jésus et de ce fait, je renonçais à tout ce qui n'est pas Lui. J'aimerais préciser ici que renoncer ne veut pas dire rejeter ni mépriser.

Au fil des années j'ai appris, ou plutôt j'ai compris, que ma profession religieuse se définit par rapport à mon baptême. C'est un engagement à vivre d'une façon particulière l'alliance contractée au baptême en évoluant dans un milieu fraternel, selon une règle de vie propre à la congrégation et approuvée par l'Église. Par cette consécration je me suis engagée à la suite du Christ en me liant par les vœux de chasteté, de pauvreté et d'obéissance, suivant lesquels j'ai renoncé à l'amour humain, aux biens matériels et à ma volonté propre. Ce renoncement n'est pas un reniement des valeurs humaines qui ont encore, à mes yeux, tout le poids de leur importance, même au cœur de ma vie religieuse. Cependant, la foi les englobe dans la perspective de la consécration religieuse et les revêt de la valeur que Jésus leur a conférée par sa vie, sa passion et sa résurrection. Quelle richesse ! Tout mon être est engagé au service de Dieu et du peuple de Dieu. L'amour prend alors tout son sens et me guide dans l'accomplissement de la mission que la Providence me confie par la voix de mes supérieures.

Papa, maman, Jean-Claude et moi lors d'une de mes premières visites dans ma famille.

Avec mes neveux et nièces en 1952; assis : Gilbert, Victor et Monique; debout : Huguette et Pauline devant sa mère Jeanne.

À Québec en compagnie de trois Augustines; de gauche à droite : ma sœur Monique, ma tante Sainte-Monique, moi et ma sœur Gisèle.

Avec les enfants de ma sœur Annoncia; assis : Gilberte et Étienne; debout au centre : Anne-Marie et Jacqueline; à mes côtés : Marie-Paule et Cécile.

En plus de la formation spirituelle, les responsables voient aussi à notre formation intellectuelle. Je reprends donc, avec un grand intérêt, mes études au niveau des onzième et douzième années. Pendant le noviciat, ne pouvant consacrer qu'une heure par jour à l'étude profane, j'accepte le conseil de mon guide, ancien professeur de mathématique, et j'opte pour la géométrie parce que cette matière exige de moi moins d'étude que la littérature, par exemple. Je continuerai à étudier tout en travaillant et je complèterai les sujets du cours secondaire deux ans après ma profession temporaire.

Durant les années de formation on se prépare à prononcer les vœux qui feront de nous de vraies Sœurs Grises. Le jour de notre profession est donc un jour attendu, préparé avec soin et vécu dans l'euphorie. On pense alors avoir atteint le but mais la vie se charge de nous faire réaliser la longueur du chemin qui reste à parcourir.

Ce jour se lève enfin et je prononce mes voeux dans la magnifique chapelle de la maison mère, avec onze compagnes qui semblent aussi heureuses que moi. Le noviciat terminé, nous irons travailler à la vigne du Maître qui nous avait embauchées deux ans plus tôt par l'entremise des autorités religieuses qui nous avaient accueillies dans la congrégation. C'est à elles qu'il revient maintenant de nous envoyer, au nom de Dieu, travailler à Sa vigne dans l'amour et la compassion. Chacune se demande : «Quelle mission va-t-on me confier ? Où irai-je ?»

Chapitre trois

Nos Supérieurs ecclésiastiques nous ont fait un devoir de nous livrer à l'enseignement.

(Mère Bruyère, le 24 décembre 1875)

Le passage, de la serre chaude qu'est le noviciat à la vie active, me donne l'impression d'être projetée dans un autre monde. Dès le lendemain de ma profession religieuse, je me dirige vers le lieu de ma première obédience, à Alfred, village situé à quatre-vingts kilomètres d'Ottawa. L'école primaire de cet endroit sera le lieu de mon premier apostolat.

Le congé de Noël terminé, j'aurais dû être au poste le matin du 3 janvier. Ce jour était celui de ma consécration religieuse et je suis arrivée deux jours en retard. Étrange début de carrière ! Je me retrouve devant une classe de trente-neuf garçons et filles de cinquième et sixième années, avec un simple permis d'enseignement, promis par l'inspecteur et reçu quelques mois plus tard. Comme je n'ai reçu aucune formation pédagogique, je dois m'initier à l'enseignement et me familiariser avec le programme des deux cours. Cette première expérience s'achève avec l'année scolaire et les bons résultats font oublier les tribulations et les efforts de l'enseignante et des écoliers. D'excellents conseillers, dont sœur Paul-du-Sauveur (Cécile Talbot), ancienne titulaire de ma classe, et frère Jacques, f.é.c., directeur de l'école, n'ont rien épargné pour me rendre la tâche plus facile et surtout pour assurer le succès des écoliers.

Au début de juillet 1944, je me préparais à quitter Alfred et retourner à la maison mère, lorsque le dimanche 15 juillet, vers minuit, nous sommes réveillées par le tocsin. L'alarme nous avertissait qu'un incendie s'était déclaré dans une section de l'école industrielle d'Alfred. Celle-ci n'était séparée de l'église que par un étroit passage à l'usage des véhicules. Comme c'était le deuxième dimanche consécutif que nous étions réveillées de cette façon, les réactions furent rapides. Nous avions déjà réfléchi aux conséquences qu'aurait un incendie, en raison des conditions existantes. Dans le village, il y avait un problème de distribution d'eau dont la pression était si faible que certains soirs, on ne pouvait en obtenir au deuxième étage. Il fallait donc transporter des seaux. Voilà qui n'était pas rassurant. Or, le couvent situé à quelques mètres de l'église se trouve près du foyer de l'incendie. Sans perdre une seconde, nous nous préparons à aider, si nous le pouvons, ou à nous protéger si nous le devons. Ce que nous redoutons se produit : le feu se propage à l'église. Les responsables de la paroisse prennent une décision rapide. Puisqu'on ne peut épargner l'église, on essaiera d'en sauvegarder le contenu. Pendant que monsieur le curé Hermas Laniel transporte les saintes espèces au couvent, tous se mettent en branle pour sortir bancs, livres, statues, etc. L'adrénaline stimule chacun et décuple nos forces. Des objets d'un poids énorme sont déplacés et transportés, soit au presbytère, soit au couvent ou même sur le terrain du jeu de croquet qui se trouvait tout près. Le lendemain matin, j'essaie de bouger une caisse de recueils de chants que j'avais déménagée la veille, mais en vain, c'est trop lourd. L'effort collectif a permis de tout préserver jusqu'aux fleurs de papier, sauf l'édifice ! Quelques instants après la sortie de tous les bénévoles, alors que nous regardons impuissants l'église en flammes, le clocher s'effondre et on entend le tintement de la cloche qui touche le sol. Moment dramatique qui ponctue l'inévitable. Malgré la bonne volonté des paroissiens, l'église est consumée par l'élément destructeur, à l'exception de la sacristie que des pompiers improvisés ont réussi à protéger à l'aide d'eau transportée par camion-citerne.

Au plus fort de l'incendie, le vent s'était élevé et avait soufflé des étincelles du brasier vers le toit de notre maison. Nous lançions un cri d'appel vers mère d'Youville, et notre sœur supérieure installa sa statue à l'extérieur du couvent, face aux étincelles qui se dirigeaient vers nous. C'est alors que le vent changea de direction et que le petit couvent-boîte d'allumettes fut épargné. À l'aube, une fois les dernières lueurs du brasier éteintes, le curé Laniel vint célébrer l'eucharistie au couvent afin de remercier le Seigneur d'avoir épargné les vies et d'offrir l'épreuve doublement douloureuse pour le pasteur de la paroisse (il avait bâti ce temple après que le feu eut détruit le précédent, le 7 mars 1925). Dans la semaine qui suivit, je quittais Alfred sur une note de tristesse.

Le havre de la Sœur Grise, c'est la maison mère. Je m'y rends dès la deuxième semaine de juillet pour y recevoir une autre obédience. Il est évident que je ne peux continuer à enseigner en Ontario sans l'obtention d'un certificat de l'École normale et je ne suis pas encore prête pour entreprendre cette année d'étude pédagogique. M'accordera-t-on une année d'étude pour terminer le cours secondaire ou m'enverra-t-on œuvrer dans un endroit où on m'acceptera comme enseignante. La supérieure générale, mère Saint-Bernardin-de-Sienne opte pour un poste à Rouyn où on a besoin d'une enseignante pour les écolières de langue anglaise. La directrice de l'école me confie les quatrième, cinquième et sixième années. Pour une Ontarienne, parler et écrire l'anglais est chose facile, en théorie. Mais quand on sort des sentiers battus, c'est autre chose. Bien que je sois à l'aise avec la langue de Shakespeare, elle me pose alors un petit problème d'équation. Pour moi, religion et langue ne font qu'un. Imaginez mon embarras lorsque je me rends compte que je dois dire les prières en anglais ! Sur le champ, un nouveau règlement est établi : «Pour mieux dire nos prières, il faudra suivre les textes dans le catéchisme afin de prier parfaitement.» On l'aura deviné, je suis la première à adhérer au règlement avec une ponctualité exemplaire, ce qui durera le temps d'apprendre les prières dans la langue des élèves. Je devais consacrer plus de temps à la préparation du catéchisme et de l'histoire sainte que pour tous les autres sujets réunis.

C'est dans cette école que j'ai appris la fin de la guerre, le 8 mai 1945. Vers 11 h, ce matin-là, les cloches des églises sonnent à toute volée et, comme il y avait eu des rumeurs de paix les jours précédents, nous devinons immédiatement. Quelques minutes plus tard, la directrice de l'école nous apporte la confirmation de la bonne nouvelle avec le message de la commission scolaire : c'est congé le reste de la journée ! Nous commençons par remercier le Seigneur par une prière d'action de grâce et les écolières sont libres de se rendre à la maison. Curieusement l'une ou l'autre a des raisons pour ne pas filer à la maison tout de suite. Comme il fait un temps superbe, nous décidons de célébrer la paix en disputant une joute de balle dans la cour de l'école, nous mettant ainsi en appétit pour le repas de midi.

Outre ma classe de cours multiples, j'avais deux autres tâches : enseigner une heure d'anglais par semaine aux francophones de la neuvième année et une heure par jour, l'algèbre et la géométrie, aux anglophones de la neuvième année. J'ai compris pourquoi on m'avait envoyée en mission à Rouyn. Les besoins de l'école avaient dicté le choix. Il fallait posséder une bonne connaissance de l'anglais et des mathématiques. L'anglais que j'avais perfectionné à l'âge de quatorze ans et les mathématiques que j'avais choisi d'étudier pendant ma période de formation à la vie religieuse m'avaient conduite à Rouyn.

La vie n'était pas facile en ce temps-là. La ville, encore très jeune, était en développement. Mgr Albert Pelletier, fondateur de la première paroisse, en était encore le curé. L'école qui avait été construite en prévision d'une école d'art et métier ne répondait nullement aux exigences d'une école primaire et intermédiaire. Le besoin urgent de classes pour le cours régulier avait poussé la commission scolaire à employer ces locaux pour d'autres cours. C'était au début de l'utilisation des systèmes d'air conditionné et on peut dire que dans ce cas-ci, ce fut un fiasco. Pendant les deux années passées dans cette école, le système n'a jamais fonctionné. La chaleur torride a été un peu allégée, au cours de la dernière année, par une ouverture d'environ trente centimètres sur soixante, pratiquée dans la fenêtre de gros cubes de verre. Un panneau coulissant, en contre-plaqué refermait l'ouverture. C'est là un exemple des nombreux ajustements constants et des solutions qu'il fallait trouver.

En plus de l'école, deux compagnes et moi faisions office de sacristines à l'église paroissiale Saint-Michel. Notre tâche comprenait l'entretien régulier, la préparation du chœur pour les offices religieux et la rédaction des actes de baptême le dimanche après-midi. Notre moyen de locomotion ? Le p'tit-char-de-saint-François-d'Assise (nos jambes) ! Le dimanche, il fallait compter quatre fois le kilomètre qui séparait le couvent de l'église.

Notre couvent doublé d'un pensionnat-école, sis sur un coteau, surplombe le lac Osisko autour duquel sont bâties les villes de Rouyn et Noranda. Ce sont les bonnes années d'après guerre. La population écolière et les pensionnaires se multiplient, mais l'espace disponible demeure le même, forçant ainsi les programmes scolaires, les enseignantes et les élèves à essaimer. Le programme commercial a déjà traversé la rue et les cours se déroulent dans ce qui fut autrefois le salon d'une résidence privée. La famille habite encore une partie de la maison où se trouvent ma chambre et celles de deux compagnes. L'engrenage d'une telle expansion nous entraîne souvent à accomplir des tâches imprévues. Il n'est pas rare qu'il faille être de garde, à l'étude ou au dortoir. Tout en accomplissant de nombreuses tâches, je réussis à terminer les études requises pour l'admission à l'École normale de l'Université d'Ottawa.

Les situations d'accommodement sont ordinairement propices au travail d'équipe et à la vie conviviale. Nous, les jeunes, pleines de vie et d'énergie, formons presque la moitié de la communauté locale. Les soirées du dimanche réunissent pianiste et violoniste : le chant nous divertit et la bonne humeur règne. Mes souvenirs de cette période sont remplis d'épisodes joyeux et d'événements stimulants. L'année 1945, centième anniversaire de fondation de notre congrégation, fut féconde en activités religieuses et sociales. Avec nos compagnes de l'Hôpital Youville de Noranda, nous avons même monté un spectacle présenté aux habitants des villes sœurs.

Chaque année, au temps de Noël, entre le 23 décembre et le 4 janvier, je reviens à Ottawa pour ma retraite annuelle et le renouvellement de mes vœux. Le même voyage se répète pendant les vacances d'été, pour suivre des cours au Couvent Notre-Dame du Sacré-Cœur, appelé Couvent de la rue Rideau. Ces voyages sont plus ou moins agréables. Pendant la guerre, les militaires occupaient presque tous les sièges, surtout au temps de Noël. Au départ d'Ottawa, nous montions à bord un peu avant minuit et il fallait parcourir tous les wagons avant de trouver un siège. Un soir, les trois petites nonnes n'ont trouvé, pour tout partage, que trois places libres, éparpillées dans le wagon-fumoir. Je me suis trouvée en compagnie de trois militaires plutôt tranquilles. Je tombais de fatigue et, aussitôt le train en marche, j'ai sombré dans un profond sommeil. Je ne sais pas combien de temps j'ai pu dormir mais à mon réveil, j'ai constaté que mon voisin dormait paisiblement, appuyé sur mon épaule. Confuse, j'ai eu un réflexe d'autruche et, sans réfléchir, j'ai refermé les yeux immédiatement, question de me donner le temps de réagir évitant ainsi de créer un malaise. Décision rapide. Je feins de me réveiller en sursaut. Ça fonctionne. Le monsieur ne perd pas une seconde et en présentant ses excuses, quitte le wagon. Je ne le reverrai plus du voyage, mon dernier voyage en train d'Ottawa à Rouyn.

En 1946, pendant les vacances d'été, je demeure à Rouyn le temps de faire une pause d'une semaine au chalet, avant de retourner à Ottawa où je dois entreprendre une année d'étude en vue de l'obtention du certificat en pédagogie. À ce moment-là, je ne savais pas que je ne quitterais plus la région d'Ottawa, au moins jusqu'à ce jour.

Mon initiation laborieuse à la vie d'enseignante a porté ses fruits. Cette année passée à l'École normale de l'Université d'Ottawa est presque une année de repos. Les cours sont faciles mais intéressants parce qu'ils me préparent en fonction de mon prochain rôle. J'en tire profit. Chaque semaine, j'emprunte trois livres de la bibliothèque Carnegie et autant à la bibliothèque de l'École normale. Je plonge avec délices dans la lecture, reprenant ainsi le temps perdu tout en me nourrissant l'esprit. Je profite aussi de cours de trigonométrie, amorçant ainsi la préparation au baccalauréat ès arts. À la fin de l'année, je suis admise au certificat par recommandation. Quelle satisfaction ! Pas d'examen et libre dès la fin de mai. Le mois de juin s'avère bien rempli puisque je remplace une enseignante qui doit quitter son poste avant la fin de l'année scolaire, à l'école Saint-Conrad, dans la paroisse Saint-François-d'Assise d'Ottawa.

En juin 1947, pendant une semaine, Ottawa accueille des Canadiens venus célébrer le Congrès marial avec la population de l'Outaouais. Cette fête religieuse grandiose n'a jamais eu son pareil en Amérique du Nord. Le grand jeu scénique, *Notre-Dame du Bel Amour,* est resté gravé dans la mémoire de ceux et celles qui ont vécu cette magnifique soirée de prière. Le temps de l'année invitait à la participation puisqu'un grand nombre d'élèves recommandées de la huitième année avaient déjà terminé l'année scolaire. Il nous était donc possible de passer nos soirées, parfois une partie de la nuit, au parc Lansdowne, avec des milliers d'autres fidèles, pour chanter les gloires de Marie.

Septembre 1948 me ramène à l'école Saint-Conrad, où on me confie une huitième année. L'expérience acquise me sera fort utile puisque, en septembre 1948, je prends la charge de trente-six élèves de huitième année, à l'école Saint-Pierre qui accueille en stage de formation les étudiants et étudiantes de l'École normale de l'Université d'Ottawa. J'accepte le nouveau défi et participe ainsi à la formation des futurs enseignants. Mon rôle consiste à faciliter la pratique du métier qu'ils exerceront à la sortie de l'École normale.

Au début de l'année scolaire, les normaliens et normaliennes viennent par groupe de six, deux fois par semaine, présenter chacun un cours qui suit la leçon modèle du titulaire. L'assignation écrite parvient aux étudiants au moins une semaine à l'avance et il faut s'assurer que nos élèves ont déjà appris les éléments requis pour cet enseignement. Or, durant huit années de ce régime, il m'est arrivé une seule fois d'oublier d'enseigner l'élément essentiel pour la leçon sur le verbe d'état (être, paraître, sembler, etc.). Voici comment la situation s'est déroulée. Nos élèves si bien formées tentent d'aider les normaliennes de passage. Aussi, je comprends tout de suite leur réaction. L'une d'elles, très douée, se rend compte qu'il manque un élément. Elle m'adresse un regard suppliant ne sachant comment dépanner l'institutrice stagiaire. Je constate que j'ai omis d'enseigner la règle de l'attribut. Je voulais moi aussi aider la normalienne sans toutefois perdre la face. C'est une de ces fois où le bilinguisme a porté secours à mon orgueil ! Je dis simplement : «Bien oui, Claudette, l'attribut, *subjective completion* !» Avec un «Ah oui» retentissant, elle donne sa réponse. Deux ou trois autres élèves ont saisi l'astuce et jouent le jeu. Le stage pédagogique s'avère un succès, non seulement pour l'enseignante, mais aussi pour les élèves qui sont fières d'avoir collaboré à la réussite de l'exercice. À la fin de l'après-midi, il y a échange sur l'appréciation des efforts et des résultats. Une critique succincte du travail des stagiaires, aussi positive que possible, est ensuite rédigée et expédiée au directeur de l'École normale. Entre nous, nous désignions ces rapports comme les «douze paragraphes hebdomadaires sur Mademoiselle».

La seconde partie de l'année prend une allure différente, un peu plus détendue. Les stages ont maintenant une durée d'une semaine suivis d'une période de relâche très appréciées par tous. Pour les élèves, c'est un répit bien agréable, et pour les professeurs, une occasion de revoir certaines notions transmises avec plus ou moins de clarté ou d'exactitude. Le tout se termine habituellement avant Pâques. Le reste de l'année, on fait surtout du rattrapage. Les élèves ont un entraînement extraordinaire en débrouillardise et leur intérêt est constamment en éveil.

Parler de l'école Saint-Pierre rappelle un souvenir des débuts. Le jeu de Canasta était en grande vogue et quelques élèves y excellaient. Elles ont décidé un jour de me familiariser avec ce jeu. Les classes se terminaient à 4 h. Quelques élèves devenaient alors mes professeurs et me communiquaient leur science du jeu de cartes. En attendant l'autobus, je prenais mon rôle de disciple au sérieux et je jouais aux cartes pendant environ quarante-cinq minutes; parfois, je m'y adonnais pendant la pause du midi avant que les classes reprennent. Les habituées étaient Louise, Claudette et Lucille. Cette expérience m'a rapprochée des élèves. Cependant, j'ai dû vite me rendre compte qu'il existait des moyens plus enrichissants pour obtenir le même résultat. Dans les années subséquentes, avec des élèves de septième année, nous avons reproduit au moyen d'appliques, les écussons des provinces canadiennes à l'occasion de l'entrée en 1949 de Terre-Neuve dans la Confédération, et nous avons monté un album de coupures de presse relatant la visite de la princesse Élisabeth au Canada. Quand aucun projet n'était en marche, le bon vieux tricot ou un livre assurait une détente indispensable pour refaire le plein d'énergie avant de retourner à la tâche.

À cette époque, j'ai aussi dirigé la chorale des enfants à l'église du Sacré-Cœur et je me suis même hasardée à participer aux compétitions du Festival de musique et de chant qui se tenait alors annuellement à Ottawa. Pendant deux années consécutives, nous avons gagné dans la catégorie du folklore.

Notre succès a été moins heureux dans la catégorie du chant religieux. J'aurais bien voulu tenter de nouveau la chance, mais c'est à ce moment-là que j'ai quitté l'école Saint-Pierre.

Durant mon séjour à l'école Saint-Pierre, deux événements majeurs ont rompu la routine : la célébration du cinquantième anniversaire de l'école et l'ajout de neuf classes à l'édifice existant. Le jubilé de cette institution, préparé avec soin sous l'habile direction de sœur Bernadette-de-Nevers (Bernadette Bertrand), a mobilisé les talents des institutrices et des élèves. Les religieuses de l'école ont elles-mêmes enregistré sur disque un chant composé pour la circonstance et diffusé à maintes reprises des haut-parleurs de l'institution. Quant à la construction, elle fut une source de nombreux inconvénients et de maux de tête pour les élèves aussi bien que pour le personnel. Pendant au-delà d'un mois, la foreuse broyait le ciment du portique donnant sur la cour, à la vitesse de l'escargot, rendant impossible la communication verbale entre institutrice et élèves. Ce bruit infernal devenait particulièrement pénible quand les stagiaires prenaient la responsabilité de la classe. Les pauvres devaient s'ingénier à trouver des façons d'intéresser les élèves avec un minimum de communication verbale. Nos jeunes étaient un peu désorientées et leur attention plus difficile à maintenir. Mais quelle belle occasion, pour les titulaires, de découvrir parmi les stagiaires ceux et celles qui avaient vraiment l'étoffe pédagogique !

Les rénovations de l'école ont pris fin pendant les vacances estivales. Le résultat en a réjoui plus d'une. Comme bénéficiaire d'une nouvelle classe, j'ai apprécié la pièce spacieuse, la décoration aux couleurs claires et audacieuses, les larges fenêtres dispensant dès le matin ma provision de soleil pour la journée, le système central d'inter-communication diffusant de la musique à certains moments de la journée et des vestiaires enfin convenables pour les élèves. Le résultat compensait le vacarme ahurissant qui nous avait assommées pendant tous ces mois. Plusieurs années après mon départ, cette institution d'enseignement, où plusieurs générations de normaliens et normaliennes ont fait leur apprentissage, est devenue le Centre communautaire Saint-Pierre de la ville d'Ottawa. Quand j'ai quitté cette institution, c'était pour me diriger vers un autre genre d'enseignement.

En 1956, je termine mon baccalauréat ès arts à l'Université d'Ottawa, obtenu en accumulant cours du soir et cours d'été. Les autorités de la congrégation me confient alors la dixième année commerciale du Couvent de la rue Rideau. Je me remets à l'étude et commence par apprendre la comptabilité tout en enseignant. Je suis toujours trois pages en avant de mes élèves ! Peu à peu, j'apprendrai la sténographie et la dactylographie, mais au début, sœur Marie-Guillaume, enseignante en onzième année commerciale, doit initier mes élèves à la sténographie pendant que je prends la charge de sa classe d'anglais. Sœur Ernest-Marie vient à mon secours et enseigne à ma place la dactylographie le temps qu'il me faut pour maîtriser cette technique. Comme elle n'accueille que la moitié de la classe à la fois, je m'occupe de l'autre moitié et répète le cours donné, habituellement l'orthographe, sujet essentiel pour le cours commercial. Le petit nombre d'élèves à ce moment-là permet une surveillance plus étroite et une démarche adaptée à chacune. Cette expérience du cours commercial me donne le goût de m'inscrire à un cours dans ce domaine. En septembre je m'inscris au baccalauréat en commerce, à l'Université d'Ottawa et reçois mon parchemin en septembre 1959, après deux ans de cours du soir et cours d'été.

Le Couvent de la rue Rideau, institution fondée en 1869 par mère Bruyère, recrutait ses pensionnaires au Québec et en Ontario. À mon époque, nombre d'étudiantes venaient des écoles Routhier et Saint-Pierre d'Ottawa, quelques-unes seule-ment de l'Outaouais québécois. Depuis 1927, la plupart des neuvièmes et dixièmes années relevaient de la Commission scolaire des écoles séparées d'Ottawa. Les élèves venant du Québec devaient d'ailleurs verser des frais de scolarité à la Commission scolaire. Plus que séculaire, le Couvent de la rue Rideau a fermé ses portes en 1971. C'était la fin d'une époque.

Pendant plus d'un siècle, on y avait dispensé l'éducation, la science et les arts à de nombreuses générations de jeunes filles, plus tard présentes dans toutes les vocations et une multitude de professions partout au Canada. Ces années passées à œuvrer au sein de cette institution avaient été grandement stimulantes.

Pendant les vacances de 1959, avec l'aide de deux compagnes, j'offre aux religieuses intéressées plusieurs sujets du cours commercial qui pourront les aider dans leurs fonctions respectives. Une dizaine s'y inscrivent, surtout des économes de maisons locales. Pour moi, il s'agit d'une deuxième expérience d'enseignement auprès des adultes, la première occasion ayant été un cours de latin de treizième année dispensé quelques années auparavant pendant les vacances d'été. Ce projet qui marquait la fin de ma carrière d'enseignante m'a permis de profiter d'une heureuse expérience d'interaction avec des adultes. J'ai aimé l'enseignement mais cette profession ne m'a jamais captivée autant que le travail qui m'attendait et dont il sera question au fil des prochains chapitres.

Deuxième partie

L'Hôpital général d'Ottawa

Chapitre quatre

Le grain de moutarde devient un grand arbre.

(Matthieu, 13, 32)

Le petit grain semé en terre le jeudi 20 février 1845, par Élisabeth Bruyère, est devenu la congrégation des Sœurs Grises de la Croix (Sœurs de la Charité d'Ottawa depuis 1962), un arbre grand, fort et généreux. Semence féconde, le grain minuscule a produit un arbre aux nombreuses branches surgies au Canada, aux États-Unis, en Afrique du Sud et en Afrique centrale, au Brésil, au Japon, en Haïti, et récemment, en Papouasie. Prolifiques, ces branches ont engendré rameaux et bourgeons qui ont transporté la Bonne Nouvelle, jusqu'au-delà des océans, et l'ont transmise aux populations par des œuvres variées, adaptées aux besoins spécifiques du milieu culturel, social, politique, économique et religieux. Les membres de la congrégation ont privilégié au cours des ans l'éducation de la jeunesse incluant les orphelinats, les enfants abandonnés, l'éducation spécialisée et, aussi, le service auprès des pauvres et des malades, s'adaptant à toutes les situations depuis les soins à domicile jusqu'à ceux dispensés dans un grand hôpital affilié à une université.

Petite pousse précoce issue de la branche canadienne à l'endroit même où le grain avait été semé, à Bytown (Ottawa depuis le 1er janvier 1855), ce rameau a grandi, s'est transformé et s'est même ramifié en une branchette qui promet d'être aussi vigoureuse que le rameau générateur. Il a été particulièrement fécond en services prodigués à la population d'Ottawa et des environs, a été contesté plus d'une fois, a vécu plus de cent trente-cinq ans et s'est réincarné, somptueux et moderne, assurant ainsi sa survivance. Vous l'avez deviné, il s'agit de l'Hôpital général d'Ottawa de la rue Bruyère (1845-1980).

Ce surgeon du grand arbre m'a révélé les orientations premières de la congrégation et de sa fondatrice. C'est lui qui m'a entraînée plus loin à la suite de mère Bruyère et m'a fait saisir l'ampleur de l'oeuvre fondée en 1845. Avant d'entrevoir sa destinée, regardons-le naître et grandir. Il demeure partie intégrante de la vie de la fondatrice et de sa congrégation.

En 1845, à la demande du père Adrien Telmon, o.m.i., Mgr Patrick Phelan, évêque coadjuteur de Kingston, obtenait des Sœurs Grises de Montréal l'envoi de quatre sœurs à Bytown, localité de quatre mille cinq cents habitants de foi, de langue et de race variées, pour y fonder une école et éventuel-lement un hôpital. Le 20 février, Élisabeth Bruyère, âgée de vingt-six ans seulement, arrive à Bytown comme supérieure de trois autres religieuses, une postulante et une aspirante. La population entière accueille les sœurs avec enthousiasme. Sur tous les visages se lit la joie qui accompagne l'espoir de jours meilleurs. Le père Adrien Telmon a su communiquer à ses ouailles ce que serait la mission de ces messagères de paix et de consolation. Il leur a fait part de ses rêves concernant l'éducation à Bytown. Malgré les divergences de culture et de langue qui caractérisent la population de Bytown, les parois-siens entrent dans le jeu et l'accueil est unanime. Le premier souci du pasteur est l'éducation des jeunes filles, surtout les enfants francophones qui ne peuvent recevoir l'enseignement dans leur langue. Selon lui, l'hôpital est un objectif plus éloigné. Penser ainsi montre bien que le curé ne connaît pas Élisabeth Bruyère.

Femme de vision, la jeune fondatrice ne tarde pas à constater que l'éducation n'est pas la seule lacune dans la ville.

Constamment à l'affût des besoins du milieu, elle posera des diagnostics qui influenceront le développement des œuvres de sa congrégation et de la petite ville de Bytown. L'attention qu'elle prête à la réalité vécue par les citoyens de Bytown lui fait découvrir quantité de malades et de miséreux qui n'ont personne pour les aider. C'est alors qu'elle perçoit la nécessité d'ouvrir, sans plus attendre, un petit hôpital pour offrir des soins aux personnes malades et nécessiteuses.

Arrivée à Bytown il y a trois jours à peine, déjà elle se met à la tâche avec l'aide du père Telmon et transmet son plan audacieux à la supérieure générale des Sœurs Grises de Montréal, mère Elizabeth McMullen. Elle lui annonce que le père Telmon a acheté le matin même une maison qu'il a payée soixante livres sterling (250 dollars) pour faire démarrer l'hôpital. Le 10 mai, le premier Hôpital général, aux dimensions de 7,20 mètres sur 5,40 et pouvant accueillir sept malades, voit le jour au 169 de la rue Saint-Patrice. Cet endroit est marqué d'une plaque commémorative, depuis le 10 mai 1991, grâce à l'initiative des bénévoles du Centre de santé Élisabeth-Bruyère, à l'occasion du 146e anniversaire de la fondation de l'hôpital.

La première ambulance de Bytown est une charrette à bras tirée par deux sœurs et poussée par une troisième, premières ambulancières de la future capitale du Canada. Le véhicule d'occasion transporte au premier Hôpital général, le premier malade, un pulmonaire âgé de quarante-trois ans, Pierre Éthier. Le premier médecin de l'hôpital, le docteur Edward Van Cortland, offre gratuitement ses services depuis l'arrivée des religieuses et son généreux dévouement se poursuivra jusqu'au 27 mars 1851, alors qu'une clientèle trop nombreuse l'accapare et le contraint à limiter ses services au rôle de médecin consultant jusqu'en 1856.

Le terme de «malades» attribué aux personnes admises par mère Bruyère désigne des vieillards et des handicapés aussi bien que des malades dans le sens que nous donnons à ce mot aujourd'hui. Cette coutume avait été importée au Canada par

Mgr de Saint-Vallier qui, avec les Augustines de Québec, a fondé en 1693, l'Hôpital général de Québec. Il s'agit d'un refuge pour «les pauvres malades et invalides et les personnes qui ne sont pas en état de subsister par leur travail»*.

Voilà une bonne occasion de clarifier une question qui m'est parfois adressée par ceux qui mettent en doute la date de fondation de l'Hôpital général d'Ottawa. Je fonde mon affirmation sur le détail suivant qui semble bien indiquer que l'hôpital, inauguré le 10 mai 1845, est bien l'ancêtre de l'Hôpital général d'Ottawa actuel. Depuis son arrivée à Bytown jusqu'au 9 mai 1845, les lettres de mère Bruyère étaient identifiées comme provenant du Couvent de Bytown; la première lettre écrite après l'ouverture de l'hôpital, en date du 17 mai 1845, inaugure un nouvel en-tête : *Hôpital général de Bytown*, nom qui avait pourtant été désigné le 18 avril 1845 par Mgr Phelan lors de la fondation canonique du couvent.

Mère Bruyère reprend à son compte la tradition des Sœurs Grises de Montréal qui identifiaient leur résidence avec l'institution, ce qui explique l'occupation d'une même maison par les sœurs et les malades. Cette façon de faire s'est transmise chez nous jusque dans les années qui ont suivi la mise en vigueur du programme d'assurance-hospitalisation et elle existe encore à l'Hôpital Saint-Vincent, d'Ottawa, dont le couvent abrité dans le même édifice porte le même nom que l'institution.

La jeune directrice du nouvel hôpital n'a pas perdu de temps ! Je l'envie un peu quand je vois la facilité avec laquelle elle prend des décisions, tant en raison de sa détermination que par la marge de liberté qui s'offre à elle. Si je compare le temps écoulé entre ma décision et la fondation du Centre de santé Élisabeth-Bruyère, avec le temps écoulé lors de la fondation de mère Bruyère en 1845, la différence est de taille. Je pensais que je décidais et agissais rapidement... Trois mois

---

* Archives du monastère de l'Hôpital général de Québec citées dans *300 ans d'histoire*, décembre 1992.

contre cinq ans... Il y a tout de même une ressemblance entre les deux : une sensibilisation aux besoins sociaux et médicaux de la population, le désir de secourir et d'offrir une meilleure qualité de vie à ceux et celles que nous accueillons. Mais il faut se rappeler qu'Ottawa n'est pas Bytown et que Gilberte Paquette n'est pas Élisabeth Bruyère... On peut aussi penser que les mécanismes en place, prévus à l'origine pour faciliter la gestion, deviennent parfois des entraves au progrès !

Élisabeth Bruyère ne se repose pas sur ses lauriers. La veille de l'ouverture du petit hôtel-dieu, elle écrivait à Mgr Ignace Bourget, évêque de Montréal, qu'elle voulait «acheter une terre pour l'hôpital». Consciente que sa communauté demeure dans une maison qui appartient aux Pères Oblats, elle désire avoir un chez-soi. À plusieurs reprises, elle mentionne dans ses lettres ce terrain qu'elle voudrait acheter et les difficultés nombreuses qu'elle éprouve pour l'obtenir : pénurie de fonds, hésitation de la part de l'évêque qui tarde à exécuter ses promesses, obstacles soulevés par des adversaires qui convoitent les mêmes terrains. Sa confiance en la Providence ne flanche pas et elle revient toujours à la charge. Ce n'est que le mardi 15 décembre 1846 qu'elle réussit, par l'entremise du père Telmon assisté de l'avocat J.B. Lyon recruté sur-le-champ à la vente des lots; elle obtient, dans le but d'y construire l'hôpital, six lots doubles, rue Boulton (Water puis Bruyère), pour la somme de 305 livres sterling. À la même occasion, elle obtient neuf autres lots dont un donne sur la rivière *des Rideaux* (les voyageurs décrivaient les chutes comme une «paire de rideaux»). Ces lots achetés grâce à des emprunts et à des économies, sont ceux occupés aujourd'hui par la maison mère et une partie du Centre de santé Élisabeth-Bruyère. Pendant des mois, avant et après l'acquisition du terrain, les sœurs avaient prié et fait prier intensément, pour l'acquisition de ces terrains qui leur paraissaient l'endroit idéal pour la construction d'un couvent et d'un hôpital.

Mère Bruyère se donne sans compter aux nécessiteux mais elle sait aussi protéger ses filles et ses étudiantes.

Lorsque, le 21 mars 1847, elle prévoit l'arrivée à Bytown d'immigrants irlandais, la jeune religieuse accepte de les recevoir et de les soigner sous la direction du père Telmon et de l'agent d'immigration, mais non dans la maison où logent les élèves et les sœurs. Pour éviter la contagion, ils bâtiront un hôpital provisoire sur les terrains des religieuses. La permission leur est accordée et les travaux seront terminés à temps pour recevoir les premiers émigrés. Le 5 juin 1847, l'hôpital temporaire, construit sur la rue Water (Bruyère) à l'endroit où se trouve la chapelle actuelle de la maison mère, ouvre ses portes aux malades qui arrivent d'Irlande à pleins navires. Ce lazaret entre ainsi dans l'histoire de l'Hôpital général d'Ottawa sous le nom d'Hôpital des émigrés.

Le bénévolat existe déjà à Bytown. Deux dames généreuses acceptent le risque d'entrer en contact avec les malades contagieux et elles se donnent sans compter, aidant ainsi les sœurs à procurer aux malades le nécessaire bien-être physique et spirituel. Des vingt et une religieuses qui se sont dévouées au soin des émigrés, dix-sept ont contracté la maladie, cependant aucune n'y a laissé la vie. La supérieure se fait le soutien moral de celles qui travaillent auprès des malades contagieux. Elle se soucie de leur santé et sa foi les recommande constamment à Dieu. Elle réussit à maintenir les vaillantes infirmières dans un bien-être relatif pendant ces quatre mois qui ont dû leur paraître quatre années.

Le vrai problème vient du gouvernement qui refuse de payer pour le soin aux émigrés, comme il avait été prévu dans l'entente entre mère Bruyère et les agents d'immigration. Les sœurs doivent emprunter pour continuer leurs œuvres de charité. Elles se voient même refuser des provisions parce qu'elles ne peuvent payer comptant et pour cette raison, elles doivent payer leurs marchandises beaucoup plus cher. Ce ne sera pas la dernière fois que les Sœurs Grises de la Croix sont réduites à cette pénurie de moyens.

L'Hôpital général d'Ottawa a connu des temps très difficiles dans les années soixante. Au milieu de cette décennie, j'étais alors directrice des finances et nous avons vécu une situation semblable à celle que mère Bruyère et ses sœurs avaient connue. Après des promesses, des délais, des lettres nombreuses demeurées sans réponse, l'hôpital est acculé à une immense pauvreté. Les circonstances sont angoissantes. Toujours devant un compte en banque à découvert, avec des retards de trois mois dans les paiements aux fournisseurs, et jamais d'amélioration... Nous accordons la priorité à nos employés dans l'allocation des fonds disponibles, le plus souvent au moyen d'un emprunt bancaire. Il n'est pas question d'acheter quoi que ce soit qui n'est pas essentiel. Le creux de la vague est atteint quand je reçois, de deux fournisseurs, des télégrammes m'avertissant que «dorénavant, ils ne nous vendront de la marchandise que si elle est payée sur réception». Belle perspective quand on a 640 malades à soigner, loger et nourrir, 1 200 employés à rémunérer, une centaine d'étudiantes à loger, nourrir et à qui fournir une allocation mensuelle de dépenses. Sachant que l'argent ne pousse pas dans les arbres, je me dis : que faire ? Au milieu de ces tracas, il faut conserver le sourire, quand ce ne serait que pour maintenir la confiance chez les malades et leurs familles, les étudiants, le personnel, les visiteurs et la population en général. Les médecins sont au courant de nos problèmes, nombre d'entre eux sympathisent et voudraient aider, seuls quelques-uns ne veulent rien savoir. Nous réussissons à passer au travers de la crise sans que le moral flanche et sans que la panique s'installe chez les intervenants. Nous avons tenu le coup pendant des mois comme nos devancières qui avaient affronté des situations plus graves que la nôtre. Comme dans leur cas, l'aide est venue quelques mois plus tard, après bien des tentatives. Il en sera question dans un autre chapitre. Mais voyons plutôt comment les sœurs de Bytown sont parvenues à régler leur problème.

Alors que le gouvernement devait 834 livres sterling pour les soins dispensés aux émigrés, il en paye soixante-dix. Mère Bruyère proteste par tous les moyens disponibles contre cette attitude du gouvernement; elle se livre alors à une correspondance au ton direct et ferme. Rien ne bouge. Cependant elle garde confiance que tout va se régler de façon favorable. L'année 1847 se termine sans que la question soit résolue. Mais la persévérance de la supérieure à revendiquer ses droits lui a valu de recevoir le plein montant dû, le 8 janvier 1848. Mieux vaut tard que jamais ! Le 11 janvier, elle remet à ses bienfaiteurs, avec intérêt, les sommes empruntées et leur exprime ses remerciements et sa reconnaissance pour leur geste qui lui a permis de traverser la crise financière causée essentiellement par les soins donnés aux émigrés et aggravée par le retard du gouvernement à remplir ses obligations.

L'épidémie enrayée, les dettes remboursées, Élisabeth Bruyère peut maintenant se tourner vers d'autres obligations. Le 23 août 1848, elle verse une somme de vingt-cinq livres sterling au département de l'Artillerie, afin de s'approprier l'Hôpital des émigrés érigé sur leur terrain. L'hôpital sera d'abord désinfecté, puis utilisé pour accueillir les enfants devenus orphelins à la suite de l'épidémie de typhus. Plus tard, on y ajoutera un étage et une fois les travaux complétés, on l'aménagera pour remplacer l'hôpital situé rue Saint-Patrice, devenu trop petit. Les réaménagements des hôpitaux semblent avoir été aussi fréquents au dix-neuvième siècle qu'au vingtième.

Pendant cette période de difficultés, la fondatrice s'est révélée une épistolière remarquable. Ses lettres laissent deviner des relations tendues entre francophones et anglophones, entre catholiques et protestants. Jusqu'en juin 1847, date où fut érigé le diocèse de Bytown, la paroisse relevait du diocèse de Kingston. Le premier évêque, Mgr Joseph-Eugène-Bruno Guigues, reçoit l'onction épiscopale le 30 juillet 1848. Ces événements suscitent un regain d'espoir chez mère Bruyère. Voilà que Bytown a un évêque résidant. Étant sur place, il saura apprécier les problèmes de communication entre ses diocésains et faciliter la coopération au sein de la collectivité. Si l'on considère la situation dans le contexte actuel, il est peut-être difficile de comprendre les rivalités entre les groupes, mais l'œcuménisme et le bilinguisme officiel n'ont pas encore fait leur apparition en 1848 !

Aucun de ces problèmes n'empêchait mère Bruyère de faire progresser l'hôpital, ainsi que les autres oeuvres de charité. Le 21 novembre 1848, elle annonce à la nouvelle supérieure générale des Sœurs Grises de Montréal, mère Rose Coutlée, qu'est amorcée la construction du nouvel Hôpital général. Il s'agit de la construction la plus ancienne, qui abrite aujourd'hui la maison mère des Sœurs de la Charité d'Ottawa située à l'angle de la rue Bruyère et de la promenade Sussex. La construction avançait au fur et à mesure que l'argent devenait disponible, soit gagné par le travail des sœurs, soit emprunté ou reçu de généreux bienfaiteurs. En mai 1850, la communauté entière quitte les petites maisons de la rue Saint-Patrice pour emménager dans la nouvelle résidence. Deux salles sont mises à l'usage de l'hôpital ainsi que quelques chambres privées. La bénédiction du nouvel Hôpital général a lieu le 3 juin 1850 et les religieuses entrent dans la maison de pierre le même jour. Le nombre de patients continue d'augmenter. L'Hôpital des émigrés, agrandi et aménagé pour les recevoir, en accueille un bon nombre. Au bout de quelque temps tous les malades sont hospitalisés à cet endroit et il en sera ainsi jusqu'en 1866.

Je ne peux m'empêcher de dire ici mon admiration pour le courage et l'audace de mère Bruyère. Toujours à court d'argent et contestée par un groupe ou l'autre, elle entreprend des travaux de construction, fait l'acquisition de terrains et fonde de nouvelles œuvres. Dans une lettre à Mgr Patrick Phelan, datée du 4 décembre 1848, elle le remercie de sa promesse de lui faire parvenir cent livres sterling pour l'Hôpital général de Bytown et ajoute : «Nous sommes si pauvres cette année que nous attendons votre premier envoi avec hâte. Nous n'avons jamais tant craint la misère que cette année...» Et pourtant, elle est à construire une maison pour réunir toutes ses œuvres qui ont jusqu'alors grandi à l'étroit et dans des lieux dispersés.

Il est édifiant de voir cette bonne Mère écrire à tant de personnes, soit pour témoigner sa reconnaissance pour une délicatesse ou remercier d'une aide apportée dans le besoin, soit pour demander de l'aide ou revendiquer ses droits; elle semble être partout à la fois et exploite toutes les possibilités de chaque situation. Sa délicatesse est remarquable, sa sincérité ne peut que toucher ses correspondants, son sens de la justice a fait bouger plus d'un indifférent. Son arme privilégiée semble être la plume; elle manque rarement la cible. Ses lettres adressées à l'évêque ou à un député ou à un ministre sont aussi directes et habiles que celles destinées au comité des émigrés pour récupérer l'aide financière promise avant l'épidémie, ou encore, à la supérieure générale des Sœurs Grises de Montréal. Ses écrits se distinguent par leur honnêté et sincérité.

Les œuvres grandissantes de la jeune communauté éveillent l'attention des élus municipaux de Bytown; ils s'interrogent sur le statut de l'Hôpital général de Bytown et ils adressent leurs questions à la supérieure de l'institution. Elle leur répond le 23 mai 1849. La municipalité veut savoir si l'Hôpital général est une institution privée ou publique. La réponse est claire : c'est un hôpital privé sous la direction immédiate et entière des Sœurs de la Charité, écrit mère Bruyère. On s'enquiert alors des lois qui régissent l'hôpital et de l'autorité dont celui-ci relève. La supérieure les assure que les règlements à l'origine de la fondation sont toujours en vigueur et que l'autorité leur a été conférée par les lettres patentes de 1753 (décision royale) qui décrètent que l'Hôpital général doit être sous la direction de la supérieure des Sœurs de la Charité et que celle-ci doit être pleinement responsable de la gestion de l'institution. À qui appartiennent les terrains, les bâtiments et le mobilier ? Quand ont-ils été acquis et comment ? Mère Bruyère leur répond avec assurance que les terrains et les bâtiments ont été concédés récemment par la Ville de Bytown et que le mobilier appartient aux religieuses qui en ont apporté pour une bonne part de Montréal et qui chaque année, ont ajouté d'autres pièces de mobilier provenant d'aumônes destinées à la maison, ou de leurs propres revenus.

Combien de malades peuvent-elles admettre et quelles installations offrent-elles ? Les patients sont admis sans aucune distinction de race ou de croyance. «Nous ne pouvons dire combien de malades seront admis, car ceci est en fonction de nos moyens et de l'espace disponible,» écrit-elle. «Nos seules sources de revenus sont les dots des sœurs, les frais scolaires, les dons faits à l'hôpital et le fruit de notre travail.» Elle termine en les assurant qu'il lui sera toujours agréable, le cas échéant, d'accueillir les remarques ou les suggestions des honorables messieurs de la Ville, même si son institution est privée et sous la juridiction des Sœurs de la Charité. Je constate que les questions soulevées à l'endroit de nos institutions n'ont pas tellement changé en cent cinquante ans !

Les réponses de mère Bruyère ont-elles provoqué la décision des conseillers d'imposer des taxes ? Peut-être. Dans une lettre adressée au conseil municipal le 16 juillet 1849, l'administratrice de l'hôpital fait part de sa réaction en donnant quatre raisons pour ne pas les payer : a) la tradition : «les membres des corporations des villes» où les sœurs sont établies «les ont toujours dispensées» de payer des taxes; b) la pratique de la charité : elle se réfère à sa lettre précédente pour rappeler que les économies accumulées «ne sont pas notre propriété mais uniquement celle des pauvres et des malades», et pour souligner qu'il y a réduction des services offerts quand il n'y a plus d'argent; c) la Ville elle-même y envoie des malades : «Plusieurs malades ont été envoyés à l'hôpital au nom des membres de la corporation sans qu'aucune rétribution ait été payée. Nous les avons accueillis et nous nous ferons toujours un plaisir de le faire aussi longtemps que nos moyens le permettront; mais ne semble-t-il pas naturel, quand d'une part on donne une charge, de l'alléger si d'autre part, on en a la possibilité ?»; d) les besoins existants : «Puisque les besoins des habitants de cette ville sont si nombreux et qu'il y a si peu de secours, est-il logique que vous nous enleviez les moyens de donner ces secours ?». Elle termine en rappelant que les conseillers, et «vous, Monsieur le Maire, qui m'avez fait connaître d'une manière particulière l'intérêt que vous portez aux infortunés, vous vous ferez un plaisir de me transmettre une réponse qui sera l'expression de l'intérêt que vous portez à toutes les œuvres qui regardent l'intérêt public».

Le 7 avril 1850, elle doit revenir à la charge au sujet d'une exemption de taxe pour l'année courante et elle précise cette fois qu'il s'agit d'une double taxe (taxe sur la propriété et taxe remplaçant les corvées statutaires). Et c'est ainsi qu'elle doit constamment recommencer à expliquer que l'hôpital est une institution de charité et que la municipalité doit le reconnaître comme tel. Elle emploie des moyens concrets pour bien faire comprendre ce qu'elle entend par une institution de charité. En 1852, un groupe de notables de la ville prend le problème en main pour intéresser la municipalité aux besoins des malades indigents. Mère Bruyère propose au maire d'admettre ces malades, sur la demande écrite faite par un membre de la corporation en échange d'un shilling par jour. En janvier 1855, elle demande un remboursement de seize livres perçues à tort comme taxe, «étant donné que ce terrain fait partie intégrante de l'Hôpital général». Toujours mue par la précarité financière de la congrégation et le souci de justice, le 29 novembre 1855, la directrice réagit à une liste du collecteur indiquant que les sœurs doivent quarante-deux livres et six shillings; elle «proteste en démontrant que l'institution est exemptée (...) en vertu de la Loi municipale de 1853». Les lettres adressées aux paliers municipal et provincial traduisent l'intérêt qu'elle porte aux pauvres et aux malades ainsi que sa crainte de voir les coffres se vider. Jamais, cependant, elle ne perd confiance.

Je ne peux m'empêcher de comparer ces situations à d'autres vécues au même hôpital, cent ans plus tard. Au vingtième siècle, la Municipalité d'Ottawa a poursuivi ses tentatives en vue d'imposer des taxes aux institutions hospitalières. En février 1961, l'Hôpital général d'Ottawa voit son budget réduit du montant totalisant «la taxe d'eau». C'est la première d'une série de tentatives visant à recueillir des fonds remboursables par l'entremise du ministère de la Santé de l'Ontario. Nous avons dû payer la taxe sans recevoir de remboursement de la province et même si le montant était minime, le fait de le débourser n'en était pas moins pénible. Comme à l'époque de mère Bruyère, nous étions à notre tour démunies financièrement et nous devions faire des prodiges pour survivre. Nous avons protesté et la taxe d'eau fut remplacée par une taxe de protection contre le feu, suivie plus tard d'une taxe d'égout, toutes deux refusées par le ministère de la Santé. En 1965, notre conseiller juridique suggère qu'avec l'Hôpital Saint-Vincent, nous poursuivions la Ville d'Ottawa au nom des Sœurs Grises de la Croix. Nous préférons ne pas payer et attendre une réaction. À la fin de l'année, l'Hôtel de ville réclame le paiement du montant dû et menace de prendre des dispositions légales. C'est exactement ce que nous attendions : que la Ville prenne l'initiative. En avril 1967, on annonce que la Cour suprême de l'Ontario doit rendre bientôt une décision sur la légalité des surtaxes imposées aux hôpitaux par les municipalités, pour les services d'égout et d'aqueduc. Nous attendons patiemment le résultat, sachant bien que la municipalité ne coupera pas le service d'eau à un hôpital. La décision favorise les hôpitaux et nous recevons le remboursement des sommes versées au début de l'imposition de ces taxes spéciales. En 1973, le ministère de la Santé et les municipalités de l'Ontario signent une entente qui alloue l'imposition d'une taxe de cinquante dollars par lit mais ne reconnaît aucune autre taxe municipale remboursable aux institutions par le ministère de la Santé.

Je pense que notre façon de réagir ressemble beaucoup à celles de mère Bruyère à l'époque : la justice a son importance mais c'est le soin des bénéficiaires qui demeure prioritaire dans le choix de nos décisions et de nos démarches. Protester, refuser, réclamer, exiger le respect des droits, voilà les seules armes qui nous sont disponibles en 1993 comme elles le furent en 1853.

Pendant huit ans, de 1845 à 1853, mère Bruyère a aplani les difficultés inhérentes à toute œuvre naissante. Elle travaillera désormais au développement de cette œuvre, dans l'esprit de sa mission à Bytown et avec le charisme qui fut le sien, venant ainsi en aide aux plus démunis. Sa compassion et sa charité trouveront amplement matière à s'exercer. Le sort lui sera-t-il favorable pour la période qui s'annonce ?

Chapitre cinq

Mère Bruyère,
la femme forte, pleine de saintes ambitions.

(Sœur Saint-Jean l'Évangéliste, 1920)

Libérée des soucis que lui avaient causés l'organisation des soins aux émigrés, les problèmes financiers et la construction d'un nouvel édifice, et désireuse d'assurer la stabilité de sa congrégation et de ses œuvres en leur procurant un statut légal, mère Bruyère entreprend les démarches en vue de l'incorporation de la congrégation. Le 30 mai 1849, l'acte d'incorporation devint la charte qui établissait le nom officiel de l'institution, *La communauté des Sœurs de la Charité de Bytown*, et identifiait les œuvres pratiquées : le soin des malades, des orphelins et des indigents. Cette charte est demeurée essentiellement la même jusqu'à ce jour, seuls des amendements minimes y furent apportés : une première fois en 1861, afin d'y inclure l'œuvre d'enseignement et modifier le nom qui, dans un amendement du 24 juin 1977, devint *Sœurs de la Charité d'Ottawa*. La corporation est l'entité légale qui chapeaute la majorité des œuvres existantes dont l'Hôpital général d'Ottawa jusqu'à son transfert, promenade Alta Vista, le 3 mai 1980, de même que le Centre de santé Élisabeth-Bruyère qui lui succéda.

Comment s'est fait le choix de ce nom ? J'étais alors directrice de l'Hôpital général d'Ottawa et en pleine planification de son remplacement. On avait défini son nouveau rôle et mon rêve était de donner à la nouvelle institution un nom qui ait une résonance. Je voulais qu'elle soit nommée en l'honneur de notre fondatrice puisque nous retournions à ce qu'elle-même avait fait : s'occuper des malades et des personnes âgées. Ma première suggestion était «Centre hospitalier Élisabeth-Bruyère». La congrégation avait accepté le nom et l'avait même enregistré à Toronto comme désignation d'une œuvre des Sœurs de la Charité d'Ottawa. Mais, j'ai poursuivi ma réflexion. À ce moment-là, mes préoccupations étaient partagées; pourtant l'organisation de la nouvelle œuvre constituait une priorité et je cherchais continuellement une amélioration à apporter à ce qu'allait devenir le Centre. Je me mis à douter du mot hospitalier. Comme on dit, *ça faisait* trop hôpital ! En réfléchissant à l'orientation dans laquelle nous nous engagions, je me suis dit : «Une résidence, ça n'abrite pas nécessairement des gens malades, il ne s'agit pas d'un hôpital mais plutôt d'un centre de santé.» J'en fais part à sœur Marie-Anne Martel, alors économe générale et femme compréhensive qui répond : «Le nom est enregistré, mais ce n'est pas un problème. Si c'est ce que tu veux, on va le modifier.» Chapeau ! Sœur Marie-Anne, je suis aux oiseaux. Donc, le nom est devenu «Centre de santé Élisabeth-Bruyère» et reflète parfaitement ce que je voyais comme fonction du nouveau logis. Mais retournons à mère Bruyère et à ses finances.

Les nombreuses activités de l'institution ont fini par causer des pénuries de ressources et ont contraint les sœurs à recourir à l'Assemblée législative des Canadas-Unis pour obtenir un appui financier. Après plusieurs requêtes adressées tantôt au Haut-Canada, tantôt au Bas-Canada, parce que, dit-elle, «la plus grande partie de ces malades sont des voyageurs du Bas-Canada», et à la suite d'un exposé honnête et éclairant présenté par mère Bruyère, un premier octroi de trois cents dollars est versé à l'Hôpital de Bytown par le gouvernement ontarien de l'époque, le 12 novembre 1852. D'autres sommes viendront s'ajouter à celle-ci jusqu'à l'avènement de la Confédération. Le Bas-Canada n'a rien fourni pour le soin de ses malades, ce qui fut le début des problèmes financiers reliés aux soins des résidants de la province de Québec, un cauchemar pour le directeur général et le directeur des finances de l'Hôpital général d'Ottawa. À mon tour j'y ai été confrontée pendant des années comme directrice des finances, directrice générale et, de 1991 à 1993, à titre d'administratrice à l'Hôpital général d'Ottawa.

En effet, la question des patients du Québec hospitalisés en Ontario s'est avérée difficile depuis les tout débuts de l'assurance-hospitalisation. Il y a eu de courts répits, mais la persistance de l'écueil devenait harassante. Vous vous demandez peut-être : «Qu'est-ce que le gouvernement du Québec vient faire là-dedans ?» Mais non, si vous habitez la région d'Ottawa, vous connaissez le cas de malades de l'Outaouais québécois qui viennent se faire soigner à Ottawa. Peut-être êtes-vous l'un ou l'une d'entre eux. Nous voulons bien les accueillir si c'est possible, mais pas de façon à nous créer des ennuis financiers sans fin. Les résidants ontariens ont, croyons-nous, priorité sur les installations hospitalières et les fonds fournis par le gouvernement de l'Ontario. Qui pourrait le contester ?

Nous avons négocié plus d'une entente avec le Québec afin d'assurer la mise en place d'un mécanisme acceptable qui permettrait d'exercer notre devoir de compassion sans hypothéquer les soins dus à nos frères et sœurs de chez nous, mais ces ententes n'étaient jamais définitives. Il est difficile de travailler conjointement quand un des deux organismes ne se prêtent pas aux règles du jeu de la coopération.

Il était clair que le Québec avait négligé la région de l'Outaouais et s'en était remis aux services offerts de l'autre côté de la rivière pour donner à ses citoyens les soins les plus sophistiqués. L'unique hôpital de Hull n'était pas en mesure de se payer le personnel et l'équipement permettant d'offrir tous les soins spécialisés. Aussi comptait-il sur les hôpitaux d'Ottawa, surtout l'Hôpital général, pour restaurer ou améliorer la santé de ceux qu'il lui était impossible de soigner. Je sais que les dirigeants de cette institution ont essayé maintes fois d'obtenir des fonds pour rendre leur hôpital un peu plus conforme aux besoins de la population de l'Outaouais, mais...

Il était impensable que nous refusions de fournir des soins à ceux et celles qui ne pouvaient se les procurer chez eux. La difficulté n'était pas dans le geste : soigner un Ontarien ou un Québécois... Le problème existait dans cette tentative, ainsi le percevions-nous, de retarder autant que possible les remboursements pour les soins reçus par les résidants québécois. L'Ontario avait établi un processus de paiements réguliers qui nous procurait une avance monétaire suffisante pour nous permettre de gérer convenablement et efficacement l'entreprise, selon le nombre de patients ontariens. Avec le nombre de patients provenant de chez nos voisins, nous avions le droit, nous semblait-il, de demander au Québec de consentir à verser une avance semblable qui puisse permettre de survivre sans que le fardeau fiscal devienne celui de l'Ontario ou encore de l'hôpital. Nous avons vécu de graves situations financières en raison d'une interprétation assez libre de la loi fédérale sur l'assurance-santé, de la part des fonctionnaires du gouvernement québécois.

Notre appréhension fut éveillée dès que le plan d'assurance a été mis en vigueur. Le Québec a établi le sien deux ans après l'Ontario. Déjà, le 2 juin 1960, la direction est alertée par le fait que vingt pour cent de nos patients viennent de cette province. Ceux-ci sont responsables financièrement de leur séjour à l'hopital et nous devons facturer individuellement les services rendus, avec tout ce que cela comporte de problèmes lorsque le système se fonde sur un remboursement global émanant du ministère de la Santé. Les mauvaises créances font aussi partie de la complexité de ces deux systèmes parallèles.

Après la mise en œuvre du programme d'assurance-hospitalisation, les difficultés se sont déplacées et multipliées. Dès le 30 septembre 1963, le conseil d'administration note qu'il y a «un retard dans les paiements du Québec». Depuis plus d'un an, l'Hôpital général éprouve des ennuis parce que la remise des montants qui lui sont dus s'effectue de plus en plus lentement. Le montant très élevé des comptes impayés draine notre compte bancaire qui se retrouve constamment à découvert et, de ce fait, l'hôpital paie de l'intérêt sur les sommes soutirées. Une volumineuse correspondance et de nombreux appels téléphoniques ne produisent aucune amélioration dans le système d'envoi de paiement. L'hôpital se voit dans l'obligation de prendre des mesures sévères pour obvier à cette situation injuste pour les résidants des deux provinces. Dans une lettre du 20 septembre adressée au Service d'assurance-hospitalisation du Québec, l'avertissement suivant est donné : «L'institution devra discontinuer l'admission des patients de la province de Québec jusqu'à ce que les paiements réguliers soient assurés.» Silence total !

Le conseil ne peut abdiquer sa responsabilité. On demande au docteur Henri de Saint-Victor, qui connaît personnellement le Premier ministre Jean Lesage, de tenter une démarche personnelle auprès de celui-ci et faire en sorte qu'il saisisse l'ampleur de l'enjeu. Même avec le taux élevé des patients venant du Québec, nous sommes prêts à continuer à les accueillir si le ministère des Affaires sociales décide de négocier une solution équitable. Les résidants de l'Outaouais ont besoin de ces services et ce n'est pas de gaieté de cœur que nous présentons ces mesures comme possibles. Ne vous y trompez pas, il ne s'agit pas de chantage ni de bluff ! L'avenir de notre institution est en jeu.

La rencontre organisée a porté fruits. M. J.-P. Marcoux se présente chez nous tambour battant et passe vingt-quatre heures à examiner la situation et à élaborer une solution possible. Le 7 octobre, nous avons une copie de la lettre de M. Marcoux adressée à Jean Lesage qui établit un mode de paiement pour nos services offerts aux résidants de l'Outaouais. Son étude conclut que les admissions provenant du Québec représentent presque le tiers des admissions totales de l'Hôpital général. Notre institution n'a pas les moyens de financer à ce rythme l'assurance-hospitalisation du Québec. Le communiqué propose de payer cent mille dollars le 15 et le dernier jour de chaque mois; à la fin du mois un montant anticipé de quarante mille dollars sera ajouté, en assurant l'arrivée du chèque avant la fin du mois. Le solde sera payé sur réception des comptes qui remontent à plus de trente jours pour les patients libérés de l'hôpital. Cette entente constitue une nette amélioration. Mais pour demeurer efficace, elle devra être soumise à des révisions périodiques, ce que la lettre ne prévoit pas. Il faut donc s'attendre à devoir entreprendre d'autres démarches.

En juin 1971, à la suite de l'entrée en vigueur du programme de l'assurance-santé, le problème financier refait surface et s'étend cette fois aux patients externes du Québec. En dépit de la loi fédérale qui inclut, dans son programme universel de santé, la réciprocité des consultations externes, le Québec a décidé de ne pas couvrir ces visites effectuées à l'extérieur de la province. Il faut porter à l'attention du député de l'Outaouais la résistance des fonctionnaires québécois à s'acquitter de leurs dettes envers l'Hôpital général d'Ottawa. Un citoyen de Hull, membre de notre conseil d'administration, verra à transmettre nos inquiétudes et nos obligations au gouvernement du Québec. Résultat : le ministère des Affaires sociales refuse de payer les frais des consultations externes. Notre seule alternative est de diriger ces patients vers l'Hôpital Sacré-Cœur, ce qui n'est peut-être pas une solution humanitaire, ou encore facturer les patients pour les traitements reçus, une solution injuste envers ceux-ci. Nous croyons que toute personne qui a besoin de soins médicaux a le droit d'être examinée par un médecin et conseillée par celui-ci, s'il ne peut pas la traiter. En désespoir de cause, nous annonçons notre intention de recourir à ces moyens si le Québec ne dégèle pas ses fonds avant le 15 novembre (voir Annexe I, page 265).

Le 10 novembre nous recevons un télégramme du ministre des Affaires sociales du Québec dans lequel il indique que la question du paiement, pour les patients du Québec utilisant les cliniques externes, sera négociée avec la Commission de l'Ontario rétroactivement au 1ᵉʳ septembre 1971. Une lettre du Commissaire aux finances de l'Ontario, E. Percy McGavin, vient semer le doute sur cette prétendue négociation. Le conseil décide tout de même de laisser le temps aux élus du Québec d'exécuter leur promesse; nous retardons la mise en œuvre de notre décision. Janvier 1972 arrive. Rien !

Devant tant de mauvaise volonté, le conseil décide d'escalader ses démarches. Cette fois, c'est le président du conseil qui signe un premier télégramme, le 7 janvier 1972. Un deuxième est envoyé le 27 janvier (voir Annexes II et III, pages 266-267). Nous faisons connaître au ministre de la Santé de l'Ontario notre situation précaire et l'absence de réponse de la part du Québec. Nous attendons encore. Toujours rien.

Après avoir considéré et reconsidéré les longues étapes de lutte et hésité longtemps, nous concluons que le manque de diligence de la part du gouvernement du Québec a assez duré et qu'il devra répondre de son inertie auprès de ses électeurs. À regret, nous annonçons qu'à compter du 23 mai 1972, nous n'offrirons nos services aux résidants du Québec que s'ils paient comptant. Un télégramme en avise le Premier ministre du Québec et son ministre des Affaires sociales. Entre temps, une grève se déclenche à l'hôpital de Hull. Pour éviter que les femmes accouchent sous les soins d'un médecin autre que celui qui les a suivies pendant leur grossesse, nous acceptons d'accueillir de façon provisoire les vingt-six obstétriciens concernés, avec l'approbation du Collège des médecins de l'Ontario qui accède à notre demande et leur accorde un permis de durée limitée. Devant cette nouvelle difficulté qui durera environ deux mois, nous reportons à plus tard notre plan d'action.

Le temps passe et le gouvernement du Québec semble avoir oublié ses promesses ! Puisqu'une province a décidé de ne pas observer la loi fédérale de la santé, mon dernier recours se portera donc vers le gouvernement fédéral. Au début de juin, je franchis une étape déterminante et je communique avec le sous-ministre de Santé et Bien-être social Canada. Les choses ne traînent pas. Le lundi suivant une rencontre a lieu à Montréal et le cas se règle enfin. *Deo gratias* ! À la suite de ma démarche, j'ai entendu dire que le sous-ministre des Affaires sociales ne m'avait pas en odeur de sainteté. Et alors ? L'important c'est d'avoir obtenu gain de cause. Les résidants de l'Outaouais aussi. Pour moi, c'est tout ce qui compte ! L'épisode de la veuve de l'Évangile devant le juge me revient en mémoire. J'évoque surtout la persévérance exercée dans la tradition de mère Bruyère, celle qui n'a jamais démissionné devant toutes les formes d'injustice.

De quelle façon le problème s'est-il réglé ? On annonce, un beau jour de juin 1972, que l'Hôpital général et le ministère des Affaires sociales du Québec signent une entente. Dorénavant le Québec paiera les frais hospitaliers des patients du Québec au tarif du Québec, ce qui créera de nouveaux problèmes, mais passons. L'entente contient une clause de rétroactivité effective au 4 mars 1972, et qui reconnaît la responsabilité des créances encourues par les personnes soignées aux Services des consultations externes du 1er septembre 1971 au 4 mars 1972. Une remise sera faite à tous les patients du Québec qui ont payé leur compte pour les services reçus pendant cette période. Peut-on imaginer quel problème cela peut représenter que de retracer les milliers de patients soignés pendant cette période, dans une trentaine de cliniques différentes, et le nombre de chèques à expédier pour de petites sommes individuelles ? Nous ne sommes pas encore à l'ère de l'ordinateur ! En septembre, nous recevons le montant rétroactif pour les services externes. Nous considérons la question close. Amen.

Pas si vite, Gilberte ! La saga des comptes des patients du Québec reprend son cours en décembre 1973. De nouveaux arrivés prétendent interpréter les ententes à leur manière, différente de leurs prédécesseurs et à notre désavantage. Les discussions Ontario-Québec se poursuivent. Un autre télégramme parvient au ministre des Affaires sociales du Québec le 17 décembre 1973 (voir Annexe IV, page 268). Espérons que

Le 10 mai 1970. Mgr Joseph-Aurèle Plourde signe le livre d'or sous le regard de Mme Claire Lamoureux, moi, mère Marcelle Gauthier, M. Lucien Lamoureux, ainsi que leurs Excellences M. et Mme Roland Michener.

Lors des célébrations du 125e anniversaire de l'Hôpital général, le 10 mai 1970, le Premier ministre Pierre Elliot Trudeau assiste à la messe dans notre chapelle, puis à un petit déjeuner. On le voit en compagnie de mère Marcelle Gauthier, supérieure générale, et de M. Peter Malcom derrière moi.

l'atmosphère des Fêtes de Noël assouplira la rigidité... En janvier 1974, les nouvelles semblent favorables. Cette fois, on y est... ou presque ! En janvier 1976, les patients du Québec représentent 39,3 pour cent des adultes et 45,3 pour cent des nouveau-nés admis à l'Hôpital général. La situation commence à se corser et avant qu'elle ne s'envenime, on entame des pourparlers pour ajuster les sommes des paiements. Ce n'est qu'à compter de juillet 1978 qu'apparaît la solution quasi parfaite. Le gouvernement du Québec nous consent un dépôt permanent de deux millions de dollars pour couvrir les délais entre le service et le paiement. Ce fut la dernière négociation pour nous; le nouvel Hôpital général prendra la relève du roman-feuilleton.

Par la suite, un deuxième hôpital est érigé dans l'Outaouais et le Centre hospitalier de l'Outaouais se modernise. De nouveaux services sont offerts et l'Outaouais se suffit presque au chapitre des soins de santé. Treize ans plus tard, je me retrouve membre du conseil du nouvel Hôpital général d'Ottawa. Surprise, surprise ! De quoi parlons-nous ? Du problème occasionné par les soins donnés aux patients du Québec... Ils ont même su arranger les choses à leur avantage, donc au détriment de l'Hôpital général. Je me demande ce qu'en aurait pensé mère Bruyère. Il me semble qu'elle doit dire : «Travaillez, mes enfants, vous finirez bien par trouver une solution.»

La dévouée directrice de l'hôpital de Bytown ne se doutait certainement pas que son problème durerait pendant cent cinquante ans. Il fallut bien qu'un jour elle le mit à l'écart pour se dévouer à d'autres œuvres, car elle n'avait pas uniquement la responsabilité de l'hôpital. Elle était aussi fondatrice et supérieure du jeune institut religieux qui se développait rapidement. Une grande déception l'attendait en 1854. Toujours attachée à la maison mère de Montréal où elle avait reçu sa formation religieuse et s'était consacrée au service de Dieu, elle avait espéré y retourner un jour. Cet espoir lui fut ravi lorsqu'une lettre circulaire de mère Julie Deschamps, supérieure générale des Sœurs Grises de Montréal, lui apprit ce qui suit : «L'Hôpital général de Montréal reconnaît l'indépendance totale des fondations comme un fait accompli.» Sa grandeur d'âme se révéla dans l'accueil plein d'espérance qui lui fit interpréter cette décision comme la volonté de Dieu l'atteignant par l'intermédiaire des autorités de Montréal.

Il est pénible d'apprendre ainsi une décision, qui touche au plus profond de soi-même, par une lettre adressée à tous sans en avoir été avisée au préalable ! Sans prétendre avoir accepté avec la même soumission une décision semblable, je peux m'imaginer ce qu'elle a pu ressentir... En novembre 1976, quand la congrégation a décidé de se dégager de l'Hôpital général, on l'annonça verbalement au président du conseil d'administration et au vice-président du Conseil régional de santé, quelques jours avant d'en aviser le conseil d'administration. Aussi, j'ai appris la nouvelle en même temps que les membres du conseil, sans le moindre préavis. Tout au plus avais-je perçu quelques allusions voilées, ou que je voilais à dessein par mon refus de voir... J'avoue que ce fut un coup dur à encaisser. Mais je pense toujours que ce furent les voies de la Providence, même si je n'ai pas l'humilité et la souplesse de mère Bruyère qui a accepté si humblement le verdict de mère Deschamps en 1854. Sa séparation, pourtant, avait dû être plus pénible que la mienne puisqu'elle était totale. Moi, je demeurais au même endroit et toujours dans la même congrégation. J'ai vécu le deuil de mes châteaux en Espagne pendant deux semaines, tout en travaillant, et je suis repartie avec enthousiasme pour un nouveau voyage...

Mère Bruyère ne se laisse pas écraser par la déception et les regrets que causent certains événements. Elle rebondit, se donne à ses œuvres et à ceux et celles qui y travaillent. En mai 1860, le grand nombre de malades admis oblige la congrégation à isoler l'hôpital de la résidence des religieuses. La vaillante supérieure, forte de sa confiance en la Providence, se met à la recherche de permissions auprès des autorités civiles et religieuses, de fonds pour renflouer la caisse de construction, et d'un architecte pour préparer des plans. L'entrepreneur est choisi le 2 février 1861 et, le lendemain, Élisabeth Bruyère lève la première pelletée de terre. Malgré un démarrage rapide, les entrées de fonds ne se font pas au même rythme que les sorties, ce qui entraîne un arrêt des travaux à l'automne 1861. Des dons généreux permettent de reprendre les travaux en janvier 1863 et de terminer l'édifice à la fin de 1865 (voir Annexe V, page 269).

Cette construction de pierre compte quatre étages et mesure quarante et un mètres sur treize. Les premiers malades l'occupent le 16 mars 1866. Dans le compte rendu de la bénédiction qui a lieu le 19 mars, Mgr Joseph-Eugène-Bruno Guigues fait l'éloge des soins donnés par les religieuses, des efforts de la congrégation pour réaliser ce défi de taille qu'est la construction d'un nouvel hôpital et, surtout, de M. Joseph-Félix Larocque qu'il proclame le principal bienfaiteur de l'institution. Il y avait contribué une somme importante qui avait rendu possible la construction de l'édifice. Mère Bruyère doit soupirer de soulagement : elle a enfin un lieu convenable pour accueillir ses malades et rend grâce à la Providence qui prend soin de ses enfants démunis.

Le 1er juillet 1867, le Canada devient un état fédéral ayant son siège à Ottawa. Dès le début de septembre, mère Bruyère voit son beau travail menacé. À peine un an après l'ouverture du nouvel hôpital, voilà qu'on lui demande de le sacrifier pour quelques années. Le 12 janvier 1867, il est question que le nouvel édifice soit loué. Pendant un moment, on semble l'oublier puis, le 31 août, un haut fonctionnaire de la milice vient exprimer la volonté des autorités d'exercer leur option de louer l'édifice; il annonce que «la dernière réponse arrivera le 1er septembre». Il semble que les locaux aient été utilisés aussi pour loger les parlementaires durant la session de 1867 à 1871. Mère Bruyère était en visite au couvent de Buffalo lorsque le contrat a été signé. À son retour, elle se rend compte que l'hôpital est complètement évacué, et de ses habitants et de ses meubles. Laissons le témoin oculaire nous décrire ce qu'elle a découvert. «Nos sœurs avaient dû sortir tout ce qui était dans l'hôpital de sorte qu'à l'heure qu'il est, nos malades sont installés dans deux maisons louées rue de l'Église (rue Guigues), et notre couvent est rempli de meubles et de monde. Tout ce tracas pour messieurs les ministres qui ont loué l'hôpital.» Le contrat signé le 3 septembre 1867 par sœur M. Honorine Lefebvre, secrétaire générale, et contre-signé par M. Powell, lieutenant-colonel, au nom du ministère de la Milice, ratifiait, pour une période de trois ans, la cession de l'usage de l'hôpital à l'armée canadienne, pour un loyer annuel de cinq mille dollars. Le 23 septembre, le gouvernement décidait de louer aussi le jardin et une partie de la cour en retour d'une somme supplémentaire de mille dollars.

Mère Bruyère doit trouver une solution rapide pour réorganiser l'hôpital. Elle perçoit le contrat qu'elle vient d'accepter comme une intervention de la Providence qui lui donne le moyen de bâtir un hôpital provisoire qui, après la fin du bail, sera utilisé aux fins d'autres œuvres. Dès le 2 octobre, commence la construction d'un bâtiment en bois, de dimensions modestes, mais tout à fait fonctionnel, dans le but de récupérer les malades logés dans des maisons louées et de les ramener près de la maison mère. La rentrée s'effectue le 2 décembre 1867. Cette mesure d'urgence fut appréciée tant des malades que des religieuses infirmières. Le bail s'étant prolongé de six mois, l'hôpital ne fut libéré qu'au début d'avril 1871. En juin, l'hôpital de dépannage devient l'hospice Saint-Charles, l'ancêtre de la résidence Saint-Louis d'Orléans. Quant à l'Hôpital des émigrés, après avoir servi de prison pour les soldats récalcitrants pendant trois ans et demi, il redevient un hôpital pour malades contagieux.

Depuis février, la petite vérole se répand rapidement dans la population. Le maire Henry Friel entre en contact avec mère Bruyère dans l'espoir d'obtenir des soins pour les varioleux. Elle propose de mettre à sa disposition deux salles et une dizaine de chambres privées, dans l'Hôpital des émigrés. La corporation municipale accepte l'offre intéressante, dans les circonstances, et se met en frais de meubler les locaux en promettant une subvention annuelle de mille dollars pour couvrir les coûts du chauffage et de l'entretien général, le salaire du personnel infirmier et une rémunération de cinquante sous par jour pour chaque personne indigente soignée. Elle doit aussi couvrir tous les autres frais : remèdes, nourriture et logement du personnel infirmier. Le projet semble satisfaire aux besoins des deux partis, toutefois il reste en plan. Le syndrôme pas-dans-ma-cour fait son apparition. À l'automne, la maladie menace de devenir une épidémie et la population s'inquiète. Le Bureau de santé décide, avec mère Bruyère, de mettre le plan à exécution. Il faut une discrétion absolue pour ne pas alarmer l'entourage.

L'édifice arbore une large pancarte au-dessus de la porte d'entrée, l'identifiant comme «Hospice Sainte-Anne». Les gens sont tellement habitués de voir apparaître de nouvelles œuvres chez les sœurs qu'ils n'y prêtent même pas attention. Phydime Lemieux, un employé de la maison mère dont la fidélité avait fait ses preuves, transporte les varioleux en voiture, la nuit. L'économe générale, mère Rosalie Demers, les accueille à la porte cochère et les conduit dans leurs quartiers. À l'intérieur, quatre sœurs et deux domestiques se chargent du soin des malades. Le prix à payer pour faire ici œuvre de charité se résume à une vie séquestrée dans un milieu malsain pendant plus de deux ans. Le personnel trouve son réconfort dans les visites clandestines quotidiennes du père Henry Tabaret et des médecins, ainsi que dans les lettres d'encouragement de mère Bruyère. Celle-ci s'inquiète du bien-être de ses filles et des patients, s'assure que tous reçoivent une nourriture suffisante et envoie même des gâteries pour tout le monde.

En revenant d'une de ses visites chez les «picotés», le père Tabaret rencontre un passant qui lui remet une page de journal où se trouve un article accusant les sœurs de manquer de charité et de fuir leur devoir. L'homme demande : «Est-ce vrai Père, que les sœurs ne *veulent* pas soigner les picotés ? Est-ce vrai ?» Le prêtre se souvient à temps du silence qu'il a promis aux religieuses. Il fait demi tour et se rend chez la supérieure pour lui demander la permission de réfuter l'accusation. Après avoir lu l'article, mère Bruyère répond doucement : «Non, mon Père, laissez dire. Dieu nous voit, cela suffit.» Sa récompense, elle la trouve dans le secours que ses filles et leurs aides ont porté à cent quatorze malades, en allégeant leurs souffrances dans l'amour et le respect de chacun. Deux ans plus tard, elles doivent recommencer le même manège alors que la maladie resurgit dans Bytown. Cette fois, elles soignent cent deux malades contagieux.

Au cœur des tracas quotidiens et des pénuries de fonds, mère Élisabeth Bruyère doit s'acclimater à un nouveau régime politique. Depuis la Confédération, la santé relève de la compétence du gouvernement provincial. Elle doit maintenant avoir recours au gouvernement ontarien pour obtenir une aide financière. Les octrois seront accueillis avec soulagement et, avec eux, arriveront les inspecteurs du ministère de la Santé que la chroniqueuse dépeint comme étant sympathiques et intéressés au progrès de l'hôpital.

Le nombre des médecins admis à pratiquer à l'hôpital augmente et ils prennent part, de plus en plus, aux décisions de l'institution. En décembre 1873, les cinq médecins en poste expriment leur souhait de prévoir des règlements qui statueraient sur leurs droits et devoirs en tant que corps structuré. Leur suggestion trouve un écho favorable auprès de la direction car ni la réponse ni l'action ne se font attendre. Le 24 janvier 1874, Mgr Guigues, mère Bruyère et les cinq médecins intéressés élaborent les premiers statuts de l'Hôpital général d'Ottawa. On y traite des droits et des devoirs des médecins, de la direction, de l'admission des malades, de l'accueil des visiteurs, des décès, et de bien d'autres aspects encore. Entre autres, un corps médical est établi et régi par les nouveaux statuts, sous la présidence du médecin consultant.

Mère Bruyère a souvent été contestée par des représentants du milieu des affaires, des politiciens, des religieux ou des contestataires du statut linguistique. En 1847, on refuse de lui remettre les sommes convenues pour le soin des émigrés, on ne lui reconnaît pas le droit d'acheter du terrain pour construire l'hôpital en 1846, et même celui de construire la maison mère sur ce terrain, prétextant que l'édifice logera les sœurs, les pauvres et les pensionnaires sur un terrain concédé pour bâtir un hôpital, même si cet édifice abritera l'hôpital et même si mère Bruyère avait acheté, à titre de *Sœur de la Charité de Bytown*, plusieurs lots au même endroit. Chaque fois, elle a établi la légitimité de ses droits et obtenu gain de cause, avec l'aide de sympathisants qui renseignaient la collectivité au moyen de lettres ouvertes et d'articles dans le journal local. Âme droite, esprit honnête et respectueux des autres, elle allait son chemin, indifférente au sarcasme, au dénigrement, aux accusations. Seul son devoir la guidait.

Le 5 avril 1876, après avoir assuré à son institut et à l'Hôpital général d'Ottawa, la stabilité, la sécurité et un développement constant, la fondatrice retourne vers le Père qu'elle a tant aimé, vers la Providence qui a été son soutien dans les nombreuses impasses qu'elle a dû traverser. Élisabeth Bruyère a vécu des situations souvent précaires, embarrassantes, frustrantes; son audace n'a jamais reculé devant les risques. Elle a accompli sa mission de main de maître et son dévouement n'avait d'égal que sa confiance en la Providence. Son souvenir et son exemple inspireront des générations de Sœurs de la Charité d'Ottawa ainsi que ceux et celles qui collaborent à leurs œuvres. Le flambeau de la mission et le charisme de compassion sont maintenant remis à ses filles. À elles de prendre la relève, de faire grandir la congrégation et ses œuvres en marchant sur les traces de leur vénérée fondatrice.

Chapitre six

Dans toute la communauté, le point le plus important, ce sont les malades.

(Mère Bruyère, le 21 août 1872)

Élisabeth Bruyère n'est plus. Son esprit demeure et l'œuvre si bien amorcée se perpétue. La vie continue et l'institution prend de l'ampleur. Le corps médical recrute des membres compétents et influents qui contribueront à la renommée de l'hôpital au-delà d'Ottawa. L'un d'eux, le docteur James Alexander Grant, diplômé de l'Université McGill et membre du Collège royal des chirurgiens de Londres ainsi que du Collège des chirurgiens d'Édimbourg, arrive à Ottawa en 1854. Il pratiquera la médecine à l'Hôpital général d'Ottawa pendant presque toute sa carrière; aussi il pourra assister à l'évolution rapide de «l'hôpital qui venait à peine d'être fondé mais qui annonçait déjà le rôle important qu'il devait jouer dans la capitale grâce à la dévotion des religieuses, à ses installations modernes, à son école d'infirmières et à son matériel scientifique». En 1879, il succéda au docteur Hammet Hill (1857-1879) à titre de président du conseil des médecins; il occupa ce poste pendant quarante-trois ans. Ce médecin érudit et d'une culture exceptionnelle jouissait aussi d'une renommée scientifique à titre de géologue. Également politicien, il est élu député dans le comté de Russell à la première élection fédérale en 1867. Son esprit d'initiative se manifeste de plusieurs façons dont l'une a résisté à l'épreuve du temps car elle est encore vivace dans tous nos hôpitaux. Le 26 mars 1898 fut fondée à Ottawa la première Association des Dames auxiliaires qui devint plus tard un organisme permanent. Son premier objectif était de recueillir des fonds pour fournir du mobilier à l'hôpital alors en construction. Il était entendu que le bien de l'institution et de ses patients ferait toujours l'objet de leur bénévolat et elles ont tenu parole. Fidèle à la tradition établie lors de la fondation, l'association fut bilingue dès le début.

Lors d'une réception, le 28 mars 1973, l'Association des Dames auxiliaires, présidée par madame Georgette Turgeon en compagnie de la famille Grant et de nombreux invités, on souligne avec fierté le fait d'avoir comme fondateur sir James Grant. L'invitée d'honneur était madame Olive Diefenbaker qui, dans une courte allocution, a su encourager les Dames à persévérer dans leur bénévolat généreux et fructueux. Pour commémorer l'anniversaire, un portrait de sir James Grant peint par J. C. Forbes en 1846, maintenant transféré aux Archives nationales, est remis à l'hôpital ainsi qu'une horloge qu'il avait reçue de l'institution quelque soixante-dix ans auparavant. L'Association des Dames auxiliaires célèbrent également la joie que ses membres éprouvent à s'acquitter des nombreuses tâches contribuant à l'atteinte de leurs objectifs. Leur façon d'appuyer financièrement l'établissement s'est transformée en activités lucratives, plus agréables à gérer qu'une souscription... Les boutiques de cadeaux ont fait leur apparition à l'hôpital, suivies de salons de coiffure, de vente à l'enchère, de kermesses, etc. On peut difficilement imaginer toutes les sommes recueillies depuis 1898. Au cours des seules dernières années d'existence de notre Hôpital général, les Dames me remettaient, à chaque réception de Noël, un chèque dont le montant variait entre quatre-vingts et cent mille dollars !

Grâce à des états de services remarquables parmi le vaillant personnel médical, l'hôpital se développe sur tous les fronts. Les chroniques de l'époque y font d'ailleurs écho.

L'année 1892 marque l'arrivée graduelle de jeunes médecins ayant séjourné dans les hôpitaux de Paris, Londres et New York. Ils reviennent au pays influencés par ce qu'ils y ont vu et réclament une modernisation de l'institution. Avec l'appui des anciens, ils ont suscité les changements nécessaires dans la perspective d'un hôpital moderne. Sur la recommandation du corps médical, l'administration endosse leur suggestion et remplace l'outillage et le mobilier. Les couchettes en bois cèdent la place à des lits en métal, les matelas remplacent les paillasses, les catalognes font place à des lisières de tapis caoutchoutés, et bien d'autres changements encore qui visent le confort du malade et l'hygiène de l'environnement.

Les médecins pensent aussi à la formation des religieuses dans leur tâche d'infirmières. L'un d'eux, le docteur L.-C. Prévost publie l'essentiel de sa démarche pédagogique dans l'édition du 25 mai 1895, du journal *Le Temps* d'Ottawa. Il y souligne d'abord que son initiative est «puissamment secondée par l'intelligence et la sagesse de la supérieure générale, mère Rosalie Demers», puis révèle les résultats positifs de son enseignement : «Deux ou trois fois par semaine, les sœurs recevaient des leçons d'anatomie, de physiologie, de chirurgie, de microscopie, de pharmacie et même d'anatomie pathologique. Des livres traitant de ces divers sujets furent distribués. Tous les jours, au lit des malades, nous leur donnions des conseils cliniques en rapport avec les devoirs qu'elles avaient à remplir, en même temps que nous leur enseignions la pratique si difficile de la cueillette des observations. Par ailleurs les médecins furent bientôt en mesure de pratiquer les interventions les plus délicates de la chirurgie contemporaine.»

Huit religieuses ont suivi ces sessions qui s'apparentaient étroitement à un cours de soins infirmiers. Il ne faut donc pas s'étonner si, le 23 décembre 1895, les quotidiens de la capitale annonçaient l'ouverture d'une école d'infirmières pour jeunes filles. L'institution espérait alors intéresser les citoyens à ce projet et recueillir des fonds pour en soutenir la réalisation. La première rencontre réunit cent cinquante personnes attirées par le projet, «en majorité des dames», note l'archiviste. Le coût annuel par étudiante est évalué à environ 750 dollars et on forme aussitôt un comité pour la gestion des fonds que l'on espère recueillir.

En 1896, l'École Youville ouvre ses portes à six étudiantes laïques. L'enthousiasme débordant du début est de courte durée puisque la première directrice, Mlle McDougall de Brooklyn, New York, démissionne un mois après sa venue. Les fonds n'entrent pas, le bilinguisme devient un obstacle insurmontable et les étudiantes quittent l'une après l'autre. L'école doit fermer. C'est un échec ! La persévérance exemplaire de mère Bruyère reste toujours vivante chez ses filles qui n'abandonnent pas un projet mûri et jugé nécessaire. Les cours reprennent en 1899, sous la direction de Mlle Loretta Hughes, remplacée en août 1900, par sœur Marie-Alice qui occupera ce poste pendant onze ans. Cette religieuse sympathique comprend les jeunes et les aime. Les étudiantes ont gardé d'elle le souvenir d'une femme de foi, de justice et de dévouement. La première collation des grades de l'École Youville a lieu le 18 juin 1902. Dix jeunes filles et six religieuses reçoivent leur diplôme d'infirmière pleinement reconnu par le ministère de la Santé de l'Ontario. L'hôpital avait franchi une étape importante mais, ce faisant, il avait sacrifié une de ses caractéristiques les plus distinctives. Pour donner le temps à l'École de s'établir et ensuite de survivre, voilà qu'on laisse tomber la politique de bilinguisme, établie en 1896, et qu'on offre les cours en anglais seulement. Il est précisé, cependant, que les cours bilingues reprendront dès que les circonstances l'exigeront. Les critiques pleuvent, parfois acerbes. C'est le premier cas signalé dans l'histoire de l'Hôpital général d'Ottawa où l'essentiel prend le pas sur ce qui est considéré comme l'accessoire, et exige une décision arbitraire et cruciale. Ce ne sera pas la dernière fois ! La mission première d'un hôpital, c'est le soin des malades.

Les cours unilingues se poursuivent jusqu'au 3 septembre 1921, puis l'École Youville retrouve son statut bilingue et son caractère unique au Canada. Dès lors, les deux langues officielles n'ont jamais cessé d'être de rigueur, même au moment de la création d'une école universitaire en 1933 et de l'École régionale Vanier en 1969. Entre temps, l'École de l'Hôpital général d'Ottawa continue à progresser, tant et si bien qu'elle compte plus de quatre cents diplômées en 1927, lors de son jubilé d'argent.

Après trente années consacrées, avec succès, à la formation des infirmières, la direction de l'hôpital constate son incapacité à poursuivre cette mission éducative au rythme imposé par le ministère de la Santé de l'Ontario. À la suite du rapport Weir, *Aperçu de l'éducation des sciences infirmières au Canada,* qui souligne «le besoin de professeurs de sciences infirmières mieux qualifiés et l'importance que les écoles d'infirmières soient affiliées à, mais indépendantes d'un hôpital», sœur Madeleine-de-Jésus, directrice de l'École depuis 1928, décide d'explorer, en collaboration avec l'Université d'Ottawa, les possibilités d'améliorer le programme d'éducation des infirmières. Cette démarche ne s'effectue pas sans quelques hésitations car les dirigeants de l'École, et les infirmières en service veulent conserver l'essentiel de leur programme d'apprentissage. Dès 1929, on entame des négociations longues, laborieuses et parfois pénibles. Résultat : une entente d'affiliation entre les deux institutions, signée en juillet 1933 et suivie d'un transfert. Il s'agit de la première école à voir le jour au sein de l'Université d'Ottawa.

Le père Joseph Gravel et sœur Madeleine-de-Jésus sont les cofondateurs de l'École d'infirmières de l'Université d'Ottawa, cinquième du genre au Canada. Dès sa création, l'École utilisa les ressources de l'Hôpital général d'Ottawa : salles de classe, bibliothèque, laboratoire et autre matériel déjà sur place. En 1938, l'Université d'Ottawa aménagea un édifice situé au 30, rue Stewart, afin d'y loger l'École.

Si l'accent est mis sur l'acquisition d'une formation scientifique à l'Université, l'Hôpital garde néanmoins la responsabilité de l'enseignement clinique et de l'entraînement pratique.

Former des jeunes infirmières à la compassion et au respect du malade dans le milieu hospitalier, voilà un élément important du cours. Dans la vie quotidienne, le changement n'est pas apparent pour les aspirantes infirmières qui continuent à vivre à l'hôpital, à y travailler, à recevoir une formation donnée par les mêmes personnes et d'une façon singulièrement semblable à celle reçue auparavant. Pour les professeurs, il est évident que le transfert de l'École Youville a marqué une différence notable. D'un milieu hospitalier, ils sont passés à un milieu académique.

Il était écrit que l'École des infirmières ne jouirait jamais de stabilité. En janvier 1962, une lettre de Toronto laisse entrevoir une nouvelle orientation. La Commission des services hospitaliers de l'Ontario (CSHO) s'interroge sérieusement sur le cas unique qu'elle constitue dans la province. L'École relève de l'Université pour l'enseignement théorique, de l'Hôpital général pour l'enseignement clinique, et les deux institutions se partagent les dépenses. De plus, les postes d'enseignantes cliniques sont peu à peu devenus des postes universitaires aux frais de l'hôpital.

Dès le mois de mars 1962, les parties intéressées se mettent en branle : université, étudiantes, hôpital, enseignantes et, naturellement, la CSHO, et cherchent ensemble une solution. Un comité d'action décide qu'à compter de septembre 1962, l'Hôpital général récupérera l'École, l'Université d'Ottawa décernera le diplôme aux étudiants actuels et louera ses locaux pour une période de deux ans à l'Hôpital général. Mais la proposition se révèle plus complexe et plus contraignante que prévu. «Soumettez une demande auprès du ministère pour la création d'une école d'infirmières», nous dit-on. C'est une fondation que l'on exige, incluant un énoncé d'orientation, des plans pour les salles de classe, des laboratoires, une bibliothèque, une salle d'étude, des bureaux pour les professeurs et une résidence d'étudiantes, bref, une nouvelle école. Le conseil d'administration agit rapidement et le 6 juillet 1962, le ministère donne l'autorisation d'ouvrir l'école en septembre 1963, exactement trente ans après le déménagement en sens inverse. Ce n'est pas le dernier changement que connaîtra cette école. Détail rassurant : le ministère continue d'allouer les fonds pendant qu'a lieu la transition.

Le conseil d'administration embauche, pour le poste de directrice de l'École, sœur Saint-Charles Borromée (Yvette Leduc), afin de planifier les aménagements, établir le curriculum et organiser le bon fonctionnement du nouveau milieu de formation des infirmières. Sur cent cinquante demandes d'admission, soixante-quatre sont retenues, également réparties entre francophones et anglophones. Après bien des compromis, acceptés par les participants, la nouvelle école, fondée en catastrophe, ouvrira ses portes à la date prévue dans une ancienne résidence de stagiaires en médecine. Durant cette courte période de planification, de nombreux problèmes doivent leur dénouement à la coopération exceptionnelle de l'Université d'Ottawa.

Parmi les jeunes aspirantes-infirmières inscrites au premier groupe, en 1963, cinq d'entre elles ont choisi un loisir un peu spécial, agréable et bénéfique. Sous la direction de Suzanne Plouffe (Pinel), elles chantent en groupe pour les enfants hospitalisés, à l'occasion de la fête de Noël. Éventuellement, elles agrémentent leur performance d'un accompagnement à la guitare. Après l'obtention de son diplôme, Suzanne Pinel occupe en 1968 un poste d'enseignante clinique à l'Hôpital général d'Ottawa. Chaque vendredi, elle chante avec des compagnes à la salle de jeux des enfants pour leur apporter un peu de joie. Chacune suivant son appel, le groupe original se modifie mais n'en poursuit pas moins sa mission de bonheur. Suzanne sait recruter les infirmières qui possèdent des voix superbes.

L'animatrice du groupe prend mari et celui-ci devient un partenaire de musique et de chant. Elle est si bien lancée dans cet art que rapidement cela devient une occupation à plein temps. Son auditoire s'élargit. D'abord ce sont des jeunes qui fréquentent un parc d'amusement qui en bénéficient les samedis matin. Puis, à la demande du public, les séances se déroulent dorénavant le samedi soir et les deux enfants du couple y participent en pyjama. Marie Soleil – c'est le nom sous lequel elle est connue à la télévision – est enracinée dans une vocation particulière qui réjouit de nombreux enfants. Elle compose maintenant ses chansons, s'inspirant surtout des conversations des enfants et de tout ce qui les intéresse. «Je leur transmets des messages, des petits secrets», me dit-elle. Et la voilà qui émerveille aussi les patients de l'Hôpital pour enfants de l'Est de l'Ontario, les mardis soir. Son plus grand bonheur est de chanter parce qu'elle fait des heureux. Trente ans après son apprentissage comme infirmière, elle continue sa mission en donnant une parcelle de vie à ceux et celles qui l'écoutent. N'est-ce pas une application originale d'une formation reçue au service des autres ?

Notre deuxième école d'infirmières n'aura pas longue vie. Les pressions se faisant toujours plus fortes pour une régionalisation des écoles de sciences infirmières, l'hôpital profite de la situation pour tenter d'obtenir un remplacement de l'école qui vient d'ouvrir, par une école régionale approuvée par le ministère de la Santé et confiée à un conseil d'administration local. L'École régionale Vanier, fondée selon cette nouvelle formule, accueillera ses premiers étudiants en septembre 1969. Elle remplacera définitivement l'École des infirmières de l'Hôpital général d'Ottawa qui avait formé 1 889 infirmières diplômées en 71 ans.

En livrant le message d'envoi à la dernière cérémonie de la remise des diplômes en juin 1971, j'exerçais le triste privilège de clore une tradition inaugurée en 1899, celle de la formation des jeunes à une vocation très proche de l'œuvre créatrice elle-même puisque les infirmières ont pour mission de contribuer à maintenir, améliorer, parfois restaurer la vie reçue du Créateur, et même d'accompagner les malades jusqu'à Sa rencontre.

Chapitre sept

al continue à prospérer.

ère, le 26 décembre 1869)

e siècle, la formation du personnel r; il devenait nécessaire d'élaborer une compte des installations physiques et ue d'une amélioration constante des n 1896, on décidait de construire des tion aucune ou presque et il fallait mplacer les édifices. Quand le besoin ment surgissait, plus grand et plus t les malades déménageaient dans un struction érigée en 1866 était plus e les logements précédents, mais les ne moderne, le nombre croissant de on des méthodes de travail et la mise ervices rendirent bientôt les espaces c songer à agrandir l'hôpital.

cielle, le 29 septembre 1896, l'inspec- anté, J.T. Chamberlain, recommande un agrandissement. Mère Rosalie Demers invite alors les médecins à collaborer au projet en lui faisant connaître leurs besoins et les «recommandations les plus opportunes». La construction d'une aile de quatre étages et l'ajout d'un étage à l'aile existante, selon les plans proposés par le chanoine

Georges Bouillon, architecte bien connu pour ses réalisations, furent confiés à la firme montréalaise Fauteux-Fauteux, le 24 avril 1897. Lors d'une visite, le 24 septembre, l'inspecteur est émerveillé devant la rapidité des travaux. À cette occasion, il suggère à mère Demers de ne pas donner un nom confessionnel à l'institution. Celle-ci l'assure que le nom d'Hôpital général d'Ottawa demeurera.

La bénédiction des nouveaux locaux eut lieu le 24 octobre 1898. Au cours de la cérémonie d'ouverture, le secrétaire d'État, l'honorable Richard Scott, résume l'apport de la congrégation en rappelant le souvenir de mère Bruyère et de ses compagnes qu'il avait connues alors qu'il était avocat à Bytown. Il souligne que «leurs revenus étaient maigres, et qu'elles durent faire bien des sacrifices. Mais la population charitable les aida; de nombreuses jeunes filles suivirent leur exemple, si bien que, d'étape en étape, elles en sont arrivées au superbe et florissant système d'œuvres de bienfaisance dont la ville d'Ottawa a le droit d'être fière aujourd'hui». La cérémonie se termine par la visite des lieux, au son de la musique exécutée par la fanfare de la garde-à-pied du Gouverneur général. Une étape est terminée mais la croissance de l'Hôpital général en est encore à ses débuts. Les ajouts à l'édifice se succèdent, les services se multiplient, le nombre de malades augmente et la science pousse à la modernisation.

Il serait intéressant à ce moment-ci de rappeler quelques faits et événements qui ont contribué de façon significative à l'orientation et à l'essor de l'hôpital, d'autant plus qu'ils sont le reflet de la volonté des responsables d'être à la fine pointe dans tous les secteurs de la santé, et l'écho de leur dynamisme mis au service de la population. D'abord, le 3 mai 1897, les journaux locaux annoncent que l'hôpital commencera bientôt à recevoir des internes diplômés d'Écoles de médecine dûment reconnues. Le premier interne sera le docteur J. J. Curran, diplômé de McGill et fils d'un juge montréalais. Il sera suivi de milliers d'autres au fil des ans. La contribution de l'Hôpital général d'Ottawa à la formation médicale remonte donc à presque un siècle, longue tradition d'enseignement et de formation que les années n'ont fait qu'intensifier.

Puis en 1905, il y a refonte des statuts de 1874 afin de satisfaire aux nouveaux besoins. Ils sont signés le 25 avril par mère Dorothy Kirby, supérieure générale. Plusieurs des nouveaux règlements tendent à assurer un personnel médical de choix, capable de prodiguer des soins de qualité supérieure et de faire évoluer la médecine pratiquée à l'Hôpital général d'Ottawa.

En 1907, une somme de 75 000 dollars est affectée à l'expansion de l'édifice, le prolongeant jusqu'à la rue Cathcart parallèle à la rue Parent. Ce travail est complété en moins de deux ans et apporte une innovation appréciée des infirmières puisque, au troisième étage de l'édifice (l'aile Bruyère), une résidence moderne est prévue à leur intention. Les religieuses qui œuvrent à l'hôpital logeront au quatrième étage. Le 19 novembre 1909, le Gouverneur général, lord Grey, inaugure officiellement l'édifice.

L'année 1918 met à l'épreuve le personnel de l'hôpital et la population tout entière. Le 10 janvier, à 9 h 30, un incendie se déclare au quatrième étage qui abrite les salles d'opération. L'anxiété envahit tout le monde mais ce n'est pas la panique. On téléphone à l'Imprimerie nationale et l'Imprimeur du Roi dépêche sur les lieux quatre cents employés qui aident à l'évacuation des malades. À mesure que les citoyens apprennent la tragédie, l'aide afflue, entre autres, les frères de l'Académie De La Salle et les pères de l'Université d'Ottawa, avec leurs étudiants. En quinze minutes, 163 malades, dont 17 enfants, sont transportés à la maison mère ou dans d'autres hôpitaux de la ville lorsque leur condition le requiert. L'efficacité et la compassion se conjuguent pour effectuer un sauvetage sans faille, mais en vain. Trois enfants qui s'étaient cachés sous les lits ne seront pas secourus à temps. Une infirmière, consciente qu'il en manque trois, tente de retourner à l'intérieur mais les pompiers l'en empêchent. Les flammes ont déjà envahi tout l'étage.

Un témoignage de sympathie, inattendu et très significatif, arrive six jours après l'incendie, de la part des frères de la Loge orangiste Empire (n° 227) : «Nous voulons faire part de notre plus profonde sympathie à l'occasion des dommages causés par le récent incendie de votre hôpital.» Ils expriment leur «admiration pour le grand dévouement, la bravoure et le sacrifice des sœurs, des gardes-malades et du personnel de l'Hôpital général (...) Plusieurs membres de la loge se sont fait soigner à votre hôpital et ils n'ont que des louanges pour les bons soins prodigués, le confort et la considération qu'ils y ont reçus.»

L'Hôpital général d'Ottawa a traversé d'autres incendies, la plupart du temps allumés par des maniaques. Il est certain que ces personnes n'étaient pas responsables de leurs actes, mais cela n'écartait pas le danger mortel que de tels gestes pouvaient représenter pour les malades. Heureusement que nos systèmes de protection contre les incendies étaient efficaces et qu'ils nous ont épargné des catastrophes. Une de ces alertes, cependant, aurait pu dégénérer au même point que celle de 1918.

C'était en 1975. Après avoir passé quelques jours à Kansas City, dans le cadre d'une tournée de recherche en vue de la construction du nouvel Hôpital général, j'assistais à un congrès de l'Association des hopitaux du Canada qui se tenait à Saskatoon du 3 au 6 juin. Le jeudi matin, à 6 h, la sonnerie du téléphone me réveille. J'étais inquiète car jamais mes adjoints ne m'appelaient pour régler des problèmes tant ils étaient autonomes. La situation devait être sérieuse. Marie Schnobb (Fortier) commence par m'annoncer : «Tout va bien, tout est sous contrôle.» Drôle de raison pour appeler à 6 h le matin ! Puis elle ajoute calmement : «On a eu un feu hier soir vers 21 h 30. Il a débuté dans la salle des pellicules radiographiques et nous avons dû évacuer tout le cinquième et le sixième étages de l'aile Youville ainsi que les quatrième et cinquième étages de l'aile Saint-Joseph.» J'imaginais la scène : la pouponnière, la maternité, la psychiatrie et l'unité de médecine générale composée surtout de personnes âgées. Ma première réaction est de rentrer mais Marie me dit que tout est en ordre. Je reste et rejoins mes trois collègues pour leur communiquer la nouvelle. Nous assistons à la conférence prévue au programme mais ne retenons pas un seul mot du discours de Grace Hartman, secrétaire nationale du *Canadian Union of Public Employees*, sur «les services essentiels et le droit de grève». Comme si nous étions attirés par un aimant, tous les quatre nous avons la même proposition sur les lèvres. L'envolée du midi nous ramène vers Ottawa avec une escale qui n'en finit plus à Winnipeg. Nous arrivons enfin vers 23 h.

Bilan du désastre : une aile endommagée au rez-de-chaussée mais aucun accident. Le personnel, à tous les paliers, a fait preuve de calme et d'initiative devant la situation et démontré un dévouement entier à l'endroit des malades affectés par l'incendie. Ils se sont attiré les éloges du prévôt des incendies et du ministère de la Santé. Je n'étais pas surprise, ils avaient agi en conformité avec ce que j'attendais de préposés au soin des malades. L'entraînement au travail d'équipe, la compétence de tous et la capacité de prendre des décisions à temps a permis d'éviter un désastre. La souffrance causée par la perte de malades au cours de l'incendie de 1918, nous a été épargnée en 1975.

L'incendie ne fut pas la seule difficulté en cette année 1918. Une autre rude secousse attendait la direction et le personnel. Le 30 septembre, la grippe espagnole (l'influenza) envahit l'hôpital. Il y a déjà deux cents malades et d'autres continuent d'arriver. Deux jours plus tard, les médecins ferment les salles d'opération. Le 4 octobre, dix-huit infirmières sont atteintes. Les écoles ferment et une soixantaine de religieuses enseignantes viennent porter secours aux malades hospitalisés, ainsi qu'à domicile. On improvise des infirmeries là où des salles peuvent être aménagées.

Le 27 octobre, l'hôpital abrite 310 malades. C'est un dimanche, il n'y a plus de lits disponibles, ni couvertures. Le maire Harold Fisher, prévenu de la situation, envoie lits, couvertures et vêtements. Le lendemain il fait appel à la population pour prêter main-forte au personnel de l'hôpital. Des dames et des jeunes filles s'y rendent ainsi que des militaires qui fournissent une équipe de cinq personnes, jour et nuit. Au début de novembre l'épidémie semble vouloir s'apaiser et à la fin du mois tout redevient normal. L'hôpital avait soigné au-delà de mille victimes dans l'espace de deux mois. Les docteurs Émile Lambert et Gaston Morin y ont laissé leur vie, après s'être dévoués pendant de nombreuses années à l'Hôpital général. L'épreuve avait de nouveau rapproché la population de l'institution, parce que souffrance, inquiétude et labeur avaient été partagés avec la collectivité.

Au cours de mes années à l'hôpital, je n'ai heureusement pas connu d'autres épidémies; j'ai néanmoins pu apprécier l'aide apportée et le réconfort de la solidarité lors de situations difficiles. Il est connu qu'en Ontario les employés syndiqués des hôpitaux n'ont pas le droit de grève. En dépit de cela, nous avons expérimenté en 1981 un arrêt de travail au moment où nous assumions notre nouvelle vocation de soins prolongés (soins chroniques). Le personnel infirmier était clairsemé et nous en étions encore à l'étape de l'apprentissage. Des religieuses de la maison mère, du Mont Saint-Joseph et de Hull sont venues nous prêter main forte. Quel soulagement ! Ce n'était pas en période d'épidémie mais la nécessité était aussi pressante.

Plusieurs médecins œuvrant à l'hôpital depuis de longues années ont connu une période de développement intense, presque ininterrompu, et ils éprouvent un sentiment d'appartenance à l'institution, même quand l'heure de la retraite sonne. Le 4 mars 1919, le docteur Rodolphe Chevrier résume ainsi la période écoulée depuis 1894 : «Nous avons vu l'hôpital grandir, peu à peu, s'orienter vers le progrès, moderniser son outillage et son installation, établir une superbe école d'infirmières, se créer enfin un renom d'efficacité et de succès dans les deux provinces.» Sœur Paul-Émile, affirme que le personnel prenait conscience de son statut d'excellence reconnu dans le milieu hospitalier. Le succès engendre le succès, dit-on. L'heure est à la qualification et à la spécialisation. Des religieuses infirmières, des médecins et d'autres professionnels vont se ressourcer aux États-Unis où un réseau d'hôpitaux catholiques très développé offre des cours qui tiennent compte des exigences propres aux hôpitaux confessionnels. Quelques-uns font des stages dans des hôpitaux ou prennent part à des congrès. Ils profitent pour la plupart au maximum de ces voyages et visitent des hôpitaux américains reconnus pour leurs progrès rapides en soins médicaux. Ainsi, en 1921, l'Hôpital général est pourvu de techniciennes en laboratoire et en radiologie, d'une archiviste médicale et même d'une anes-thésiste. Viendront se joindre à l'équipe les spécialistes en pharmacie et en diététique.

Ce mouvement inauguré au début du siècle n'est encore qu'une amorce. Il s'accélère de plus en plus et il devient difficile de se tenir au pas avec les progrès de tout genre dans le monde de la médecine. La technologie, les médicaments, les interven-tions chirurgicales se développent à un tel rythme que nous nous interrogeons sur le bien fondé de cette évolution. Parfois, on se demande si le progrès consiste à «faire durer» des personnes souffrantes qui préféreraient ne pas sombrer dans la condition où elles se trouvent. Où est la qualité de vie ? J'ai bien dit «faire durer». Je ne suis pas contre le progrès, loin de là, mais il me semble qu'il va falloir s'arrêter un jour pour réfléchir à l'ensemble du monde médical et non uniquement aux besoins individuels, et se demander une fois pour toute, comment on peut assurer la meilleure qualité de vie pour le plus grand nombre de personnes. Un fait est certain : les fonds sont limités et le seront toujours. Un problème sans fin.

De progrès en progrès, avec une population grandissant de jour en jour, lentement la réalité se fait évidente : on devient de plus en plus à l'étroit à l'hôpital. Jusqu'en 1927, deux obstacles se dressent constamment et retardent la décision. Pour construire, il faut terrain et argent; les deux sont lamen-tablement absents. L'hôpital est déjà cerclé de rues. Il faut agrandir le long des rues Water (Bruyère) et Cathcart, mais la rue Parent bloque le projet. Les négociations aboutissent à des achats de terrains opportuns et, malheureusement en quelques cas, à des expropriations, procédé délicat et pénible. Le pavillon Youville, séparé de l'édifice principal par la rue Parent, ne communiquera avec celui-ci que par un tunnel aménagé sous cette rue. Ce n'est pas l'idéal, mais inévitable dans les circonstances. Les travaux de démolition débutent le 9 mai 1927. Les travaux entrepris en juillet doivent augmenter la capacité de l'hôpital à trois cent cinquante lits. Même si l'aile n'est pas terminée, la section donnant sur les rues Cathcart et Parent, appelée la «Maison des infirmières», est occupée dès le 18 décembre 1928. Les infirmières libèrent ainsi l'étage qu'elles occupent dans l'aile Bruyère, pour y recevoir les malades sans discrimination de race et de religion comme l'indique le rapport annuel de 1928 (voir Annexe VI, page 270). La cérémonie d'ouverture et la bénédiction des locaux ont lieu le 11 février 1929. Au cours de la cérémonie, le maire d'Ottawa, Arthur Ellis, souligne l'œuvre de soixante ans qui a fait de ce premier hôpital public d'Ottawa, «un des plus grands du Dominion».

Dans un témoignage venu de beaucoup plus loin, le même son de cloche se fait entendre. L'hôpital avait mis une vaste pièce à la disposition des organisateurs du congrès de l'Association des médecins de langue française de l'Amérique du Nord, tenu au Château Laurier. Des délégués et des conférenciers venus de France assistaient au congrès. L'un d'eux, le docteur A. Clerc, fait paraître un compte rendu du congrès dans *La Presse médicale*, (Paris, n° 97, 3 décembre 1932). Il consacre quelques lignes à l'Hôpital général d'Ottawa : «Il est juste de réserver une mention particulière à l'Hôpital général, dont les honneurs nous furent gracieusement faits par (...) les filles spirituelles de la vénérable mère d'Youville, (...) et qui assurent avec un dévouement inlassable le fonctionnement de l'établissement dont le début remonte à l'année 1845. Les bâtiments actuels datent de 1866, mais (...) l'an 1929 a vu se terminer une annexe monumentale, dans laquelle ont été installés divers services et dispensaires, généraux et spéciaux, munis des perfectionnements les plus modernes; ainsi ont été groupés les éléments capables, non seulement de constituer un excellent centre de perfectionnement médical, mais aussi de permettre la création d'une école professionnelle florissante où s'instruisent les futures infirmières diplômées.» Ces éloges donnent raison à la congrégation, aux dirigeants, aux professionnels, au personnel et à la population d'Ottawa d'être fiers de leur hôpital.

Voyons un peu à quoi rimaient ces éloges, et ce qu'avaient vu nos visiteurs venus de l'étranger. Le rez-de-chaussée du nouveau pavillon abritait le dispensaire, mieux connu sous le nom de cliniques externes. Ayant constamment été modifiées pour satisfaire aux besoins de la collectivité de la Basse-ville, ces cliniques étaient alors perçues comme un hôpital d'urgence et elles ont conservé cette réputation jusqu'au transfert de l'Hôpital général dans le quartier Alta Vista. Au deuxième étage, il y avait la pédiatrie tandis que le bloc d'obstétrique se trouvait au troisième. Le quatrième étage logeait deux salles de chirurgie dont l'une réservée aux enfants.

La construction avait coûté 600 000 dollars, sans compter l'équipement ni le mobilier. Plusieurs visiteurs, du Canada et d'ailleurs, ont loué la tenue des salles, l'installation perfectionnée de physiothérapie et de radiologie, des laboratoires et des consultations externes. Je sais que ces dernières n'ont pas toujours eu bonne presse dans les années soixante et le commentaire s'y rapportant peut avoir l'air suspect pour quelques clients de l'époque, d'autres souriront avec indulgence ou incrédulité. Il faut se rappeler qu'en 1949, les mêmes locaux avaient subi des rénovations en vue de les adapter aux besoins de l'heure. La population s'était multipliée, la médecine avait progressé à un rythme incroyable, mais l'espace était resté le même. Ce n'est qu'en 1967 que des changements considérables furent effectués dans ces services. Jusque là on avait procédé à des accommodements, des réajustements à l'intérieur du même cadre restreint, rien de plus. C'était toujours un problème de disponibilité de fonds qui s'amplifia jusqu'à ce que l'abcès crève en 1966.

Mais revenons en 1929. Après l'embellissement des lieux, vinrent les changements organisationnels. Pour gérer une clientèle et un personnel plus nombreux, les règlements sont adaptés et les statuts révisés. Les autorités locales de la congrégation confient aux médecins la rédaction des statuts visant l'atteinte des objectifs suivants : l'efficacité de la direction de l'hôpital par le biais d'une étroite collaboration entre le conseil des médecins, le conseil d'administration (la supérieure locale avec son conseil) et le conseil général; le maintien du niveau d'excellence de l'hôpital; le bien-être des malades; et la promotion scientifique du personnel médical et infirmier. Ces statuts, mis en vigueur le 27 janvier 1931, contiennent déjà les éléments réaffirmés et explicités dans les statuts subséquents. Il est manifeste que l'on mise sur la coopération pour obtenir le succès. On a parfois l'impression, à la fin du vingtième siècle, que l'on invente l'entraide et la coopération dans les hôpitaux. Depuis le début de l'Hôpital général d'Ottawa, et à chaque étape de sa longue vie, on trouve la même orientation commune de toutes les composantes de l'institution. Nous avions peut-être perdu de vue le geste fraternel d'entraide couvant sous la cendre et attendant qu'on veuille bien le raviver.

Durant cette même année 1931 fut créée la Conférence des hôpitaux catholiques de l'Ontario, au cours d'une tournée de promotion du docteur Alphonse Schwatalla, s.j., fondateur de l'Association des hôpitaux catholiques de l'Amérique du Nord. Lors de la première réunion, le 23 septembre, sœur Madeleine-de-Jésus, directrice adjointe de l'École des infirmières, est élue présidente de cette Conférence dont le siège est fixé à Toronto. Son mandat sera renouvelé à deux reprises. L'Université d'Ottawa et l'Hôpital général d'Ottawa sont les hôtes de la réunion tenue à Ottawa le 23 avril 1932, rassemblant 130 délégués de 21 hôpitaux canadiens. Comme ceux d'aujourd'hui, les hôpitaux catholiques d'alors sentent le besoin de se serrer les coudes pour assurer un effort commun face aux difficultés qu'entraînent les besoins toujours croissants et les limites inévitables des ressources humaines et financières. Leurs dirigeants sont conscients d'être liés par une mission commune, propre aux hôpitaux catholiques : continuer le ministère de guérison de Jésus, et la nécessité de le faire dans l'excellence. Les relations avec le réseau de la santé des États-Unis se manifestent de plusieurs façons. En décembre 1934, l'hôpital reçoit le brevet de standardisation du Collège américain des chirurgiens et, en 1941, signe avec celui-ci une entente portant sur la formation d'internes et le maintien d'une clinique de cancérologie. La clinique avait ouvert ses portes six ans plus tôt à la suite du recrutement d'un radiologue, le docteur Paul Brodeur, hautement qualifié et jouissant d'une expérience diversifiée dans plusieurs institutions de Paris, dont l'Institut du radium (la Fondation Curie). Sur les instances du docteur R.E. Valin et du député Paul Leduc, l'hôpital reçut en février 1935 le don d'un gramme de radium. Le 24 avril, le ministre de la Santé, James Albert Faulkner, procède à l'inspection du local qu'il juge approprié. Le Premier ministre de l'Ontario, Mitchell Hepburn, vient lui-même visiter l'endroit une semaine plus tard et invite le docteur Brodeur à faire partie du comité formé, à Toronto, pour le traitement du cancer. Les visites répétées des représentants du gouvernement et l'esprit de persuasion des médecins ont pour résultat l'octroi de soixante sous par jour pour les patients indigents.

L'institution ne reçoit pas que des compliments. Comme dans tout service public, il s'y trouve des usagers satisfaits et d'autres qui trouvent à redire. En août 1938, un quotidien anglais de la capitale accuse l'hôpital de ne pas se préoccuper de soigner les indigents, insinuant dès lors que les autorités de l'institution attribuent le déficit de l'hôpital aux soins qui leur sont dispensés. Un conseiller municipal affirme que l'Hôpital général a le souci d'augmenter le nombre de chambres privées, alors qu'en revanche, les salles ne font jamais l'objet d'expansion. L'article poursuit en proposant que tous les démunis soient dirigés vers l'Hôpital municipal. J'aurais aimé voir la réaction du responsable de l'Hôpital municipal à une telle proposition! Il est vrai que cette institution relevait alors de la Ville d'Ottawa, de qui elle recevait des fonds. Ce n'était pas le cas de l'Hôpital général. Deux échevins francophones réagissent donc à cette suggestion en rappelant la promesse faite par les édiles lors de la construction de l'Hôpital municipal (1914-1916), soit de garantir aux indigents, comme à ceux qui ont les moyens de payer leur séjour à l'hôpital, la liberté dans le choix d'hôpital. Statistiques à l'appui, ces mêmes échevins francophones révèlent que les 70 lits réservés aux indigents en 1928 ont plus que triplé, puisqu'il y en a 224 en 1938 et qu'«ils sont presque toujours occupés». Pour faire le poids, nos deux défenseurs rappellent qu'un comptable torontois du ministère de la Santé a déjà mentionné «qu'à sa connaissance, aucun hôpital en Ontario n'assumait la responsabilité d'autant d'œuvres de charité que l'Hôpital général d'Ottawa». Comment réfuter un argument aussi éloquent ? Mère Bruyère n'aurait certainement pas été fière de ses filles si ces insinuations avaient été confirmées. Pour elle, comme pour nous, la liberté de choix exercée par les malades était aussi importante que la compassion qui prévalait dans les soins offerts. Les nécessiteux demeurèrent donc libres de choisir l'endroit pouvant leur dispenser les soins médicaux requis.

Déjà en 1942, les grands problèmes du monde de la santé font leur apparition. Dans un congrès de l'Association des hôpitaux catholiques du Canada, tenu à Montréal pour souligner le troisième centenaire de la fondation de l'Hôtel-Dieu, on discute de l'assurance-hospitalisation, du recrutement des étudiants et de la centralisation des écoles d'infirmières; on ose même mentionner les mots «fusion» et «régionalisation». Tous les délégués parlent de progrès et d'adaptation, et j'ajouterai, de rapidité : celle-ci se reflète dans le ton du congrès. Tout devrait être fait aujourd'hui, sinon hier. Nous

Gâteau qui reproduit le premier
Hôpital général d'Ottawa (1845-1850)

Le 10 mai 1991, lors du dévoilement de la plaque commémorative
de la fondation de l'Hôpital général d'Ottawa, trois religieuses — Denise
Lachapelle, Louise Robillard et Pierrette Leclair — rappellent
le geste des «premières ambulancières de Bytown».

sommes dans le siècle de la vitesse. Les grandes questions débattues dans ces échanges annonçaient les grands changements qui allaient survenir dans les années soixante; voilà qui aurait dû nous alerter et nous préparer à l'avenir. Vingt ans plus tard, ces prédictions se concrétiseront.

Chapitre huit

La Sœur de la Charité, qui est-elle sinon une mère
pour les pauvres et les délaissés de ce monde !

(Mère Élisabeth Bruyère, circulaire à ses Filles, le 24 décembre 1875)

L'année 1945 est une année de célébrations pour toute la congrégation et pour l'Hôpital général d'Ottawa en particulier. Cette institution a vu le jour moins de trois mois après la naissance de la congrégation. Les fêtes du centenaire nous ont fait revivre ces débuts. La parution, à cette occasion, du livre de sœur Paul-Émile, *Mère Bruyère et son œuvre 1845-1876*, a fait mieux connaître notre fondatrice et inspiré les religieuses à vivre plus intensément selon ses valeurs et ses directives. Cet ouvrage, sans en être l'unique facteur, a été l'étincelle qui a fait jaillir un regain de confiance et de dévotion envers mère Bruyère et a contribué, à sa manière, à l'introduction à Rome de la cause de canonisation quelque trente années plus tard. Un autre moment fort a été l'enquête canonique tenue dans le diocèse d'Ottawa en 1989, vingt-trois ans après l'exhumation du corps et la translation des restes de notre vénérée Mère à la maison mère, le 5 avril 1966. Ce jour en fut un de grande joie pour toutes les Sœurs de la Charité d'Ottawa, dans l'espérance d'un autre jour à venir : celui de la béatification.

Dans l'ouvrage cité plus haut, sœur Paul-Émile fait le bilan à la fin de la centième année d'existence de l'Hôpital général, comparant ce bilan à celui de l'année de la fondation.

La première année, une infirmière et un médecin avaient soigné seize patients; en 1944, 8 500 personnes avaient bénéficié des soins prodigués par 183 infirmières et 61 médecins. Le petit hôpital de 1845 ne comprenait que sept lits tandis que celui de 1944 en comptait trois cent cinquante. Affilié à l'Université d'Ottawa pour la formation des infirmières, l'hôpital gérait une école de technologie en laboratoire, des unités modernes de radiologie et de pharmacie, des dispensaires, des laboratoires, autant de services inconnus en 1845.

Dans sa description de la situation, l'auteure fait état des difficultés qu'éprouve l'Hôpital général en cette fin de siècle. L'espace est insuffisant et les bâtiments ne sont pas conformes aux exigences de protection contre les incendies. Les salles de chirurgie ne suffisent plus. Les dirigeants rêvent de locaux spacieux, d'une centralisation des services favorisant un meilleur usage de l'espace et du personnel, d'une entrée principale digne de la réputation de l'hôpital, de lieux plus appropriés pour loger les services de laboratoires, d'une modernisation de l'outillage et de l'équipement scientifique que souhaitent vivement les médecins pour une meilleure pratique de leur profession. Rêver ne coûte pas cher. Les obstacles ? Nous avons déjà de lourdes dettes et le terrain ne se prête plus à un agrandissement. L'histoire se répète, non seulement dans les difficultés mais surtout dans la confiance qui animait mère Bruyère et ses compagnes. Son audace est encore bien vivante !

Un événement vient précipiter la décision. L'Université d'Ottawa fonde la Faculté de médecine qui ouvre ses portes en septembre 1945. Les dirigeants sondent le terrain auprès des autorités de l'Hôpital général qui acceptent de collaborer à ce nouveau programme qui, éventuellement, comblera les besoins de personnel médical dans la région. Le défi de participer à la formation clinique des étudiants en médecine est salué avec enthousiasme chez les administrateurs. La requête de la Faculté de médecine spécifiait la nécessité d'avoir deux cents chambres privées et semi-privées en plus des trois cents lits d'assistance publique. Il faudra trouver des moyens de vaincre les barrières existantes, et vite. On décide de bâtir en hauteur pour remédier à la rareté du terrain disponible dans les environs de l'hôpital. L'architecte A. D. Gascon et les entrepreneurs Collet Frères, de Montréal, sont retenus pour la planification et l'exécution des travaux.

En avril 1948, débute la construction qui inaugurera une autre ère pour l'Hôpital général d'Ottawa. Il sera désormais un hôpital d'enseignement jouissant d'une croissance constante et d'une réputation toujours grandissante. Au 31 décembre 1949, le pavillon Youville s'est déjà haussé de deux étages qui se dressent fièrement au-dessus des autres ailes de l'édifice. Il a raison d'être fier ! N'est-il pas ultra-moderne ? N'abrite-t-il pas le service d'obstétrique où des générations futures verront le jour ? Le service de médecine où tant de personnes âgées se prépareront à paraître devant leur Créateur, ne sera-t-il pas le lieu du passage ultime ? N'a-t-on pas rénové le rez-de-chaussée pour le tranformer en cliniques fonctionnelles et respectueuses de la dignité de la personne, qui soulageront tant de souffrances et de maux ?

C'est à cette époque que j'ai établi un premier contact, bien qu'indirect, avec l'hôpital, un lien transitoire qui laissa alors peu de marques. Ma jeune sœur Thérèse arrive à Ottawa le 30 août 1949, pour s'inscrire au cours d'infirmières à l'Université d'Ottawa. Elle loge à l'Hôpital général comme toutes les étudiantes en sciences infirmières. Je réside à la maison mère adjacente à l'hôpital; j'ai donc l'occasion de connaître l'institution dans un moment de turbulence extraordinaire. Mais l'ai-je jamais connu tranquille ? Cet établissement s'est révélé d'un dynamisme exceptionnel et communicatif par surcroît. Je voyais alors ce qui se passait sans en déceler toute la vie bouillonnante à l'intérieur. Je me souviens de la bénédiction des deux étages ajoutés aux extrémités de l'édifice, le mercredi

25 janvier 1950. Mgr Alexandre Vachon agissait au nom de l'Église, pour faire de ce lieu un endroit où s'exercerait dans la foi, le ministère de guérison et de soulagement de la souffrance qui prolonge la mission de Jésus.

La période de construction et de perturbation des services n'est pas terminée pour autant. L'exécution des plans proposés se poursuit. Les obstacles disparaissent un à un. Il s'en trouve un de taille, plus difficile à surmonter que les autres. Il faut obtenir la fermeture de la rue Parent entre les rues Bruyère et Cathcart. C'est au conseil municipal de statuer. Après quelques mois d'une étude approfondie du projet, un vote des échevins, vingt-quatre contre onze, accorde à l'institution le droit de construire la nouvelle aile à l'endroit prévu, rue Parent. Cette autorisation est vitale pour assurer un bon fonctionnement de l'hôpital. Elle rend possible la communication entre les deux sections de l'édifice sans en limiter l'accès par l'unique voie à ce jour, soit le tunnel creusé lors de la construction du pavillon Youville en 1927.

Les travaux de construction de l'aile Saint-Joseph débutèrent le 25 juin 1950. Les cinquième et sixième étages de cette aile, familièrement nommés «le trait d'union», étaient destinés à héberger l'une des premières unités psychiatriques au Canada, sinon la première dans un hôpital général. Elle comprenait trente chambres et des cliniques externes. Le service ouvrit ses portes en septembre 1952 sous la direction du docteur Karl Stern, diplômé de l'Institut de Munich et attaché à l'Hôpital national de Londres. Son assistant était le docteur Victorin Voyer, initié à la psychiatrie à la Salpêtrière (Paris). En 1959, le docteur Angela Hefferman met sur pied une section juvénile en psychiatrie à laquelle elle rattache une clinique d'audiologie et d'orthophonie pour les enfants de un à seize ans. C'est la deuxième clinique du genre au Canada, après celle de l'Université McGill. Le service de psychiatrie a toujours maintenu ce rythme de développement et connu des directeurs dignes de leurs devanciers. Je m'en voudrais de passer sous silence la première infirmière, sœur Saint-Bertrand

(Thérèse Bertrand) qui a reçu en 1959 la médaille *Marjorie-Hiscott-Keyes,* de la Société canadienne de l'hygiène mentale. On la «considérait comme l'infirmière qui, au cours de ses activités professionnelles, s'est approchée le plus près de l'idéal dans le traitement des maladies mentales». Elle est demeurée à ce poste jusqu'en 1966. Ce service exceptionnel, décrit brièvement ici, a joué un grand rôle psychosocial, bien que discret, dans la population de la région. En l'instaurant, les autorités avaient témoigné d'une audace peu commune. Ce fut un succès au plan de la compassion et de la guérison.

Les trois étages situés sous le service de psychiatrie devaient à l'origine loger les internes, mais devant le refus de ceux-ci d'occuper de petites chambres, les étudiantes infirmières en bénéficièrent jusqu'en 1965, appréciant ces locaux qu'elles trouvaient agréables.

Le nouvel espace hébergeait les services ajoutés depuis 1945. Il restait à donner aux sections existantes la même qualité de construction, de fonctionnement, d'équipement, d'espace et de sécurité dont jouissait la partie neuve. Les démolisseurs se mettent à l'œuvre le 21 juin 1951 et dépouillent les ailes Notre-Dame et Sainte-Élisabeth de leurs revêtements intérieurs, des mille et un fils qui sillonnent les murs, et des tuyaux qui parcourent toute la structure. C'est en présence de nombreux dignitaires représentant les divers paliers de gouvernement, la presse, le milieu académique et les associations professionnelles que l'archevêque d'Ottawa bénit la pierre angulaire renfermant des documents authentiques de l'époque, en plus du contenu de la pierre angulaire de la construction de 1861, indiquant ainsi que l'hôpital, quoique entièrement renouvelé, est une continuation de l'œuvre fondée le 10 février 1845.

Deux ans plus tard, les deux coquilles vidées et reconstruites abritent les salles de chirurgie aménagées au sixième étage de l'aile Sainte-Élisabeth, se prolongeant sur quelques mètres dans l'aile Notre-Dame. Au premier étage, se greffe une magnifique chapelle inspirant la piété et le recueillement à ceux qui viennent y prier : malades, visiteurs, religieuses, membres du personnel, étudiants.

Dans cette même vague de construction, l'aile Bruyère reçut aussi un complément de deux étages destinés à des chambres de patients. Quant au dernier étage, spacieux et abondamment éclairé, il se transforme en un temps éclair sous l'habile direction du docteur Desmond Magner, en laboratoires de bactériologie, d'hématologie, de biochimie, d'histologie et abrite également la banque de sang. Un grand solarium complète le panorama de l'étage supérieur. Cette section est la dernière à entrer en fonction. Quatre années de labeur, de soucis et d'inquiétude avaient porté leurs fruits et tous s'en réjouissaient.

Cette construction jointe à une rénovation extensive avait ajouté 246 nouveaux lits à l'institution, pour lesquels l'hôpital reçut du gouvernement provincial, un octroi de 246 000 dollars. Une vraie bénédiction, pour le moment, car en 1959, nous commencerons à subir les conséquences des emprunts qui avaient permis de payer les travaux de construction, le matériel, le mobilier, l'équipement, etc.

Mais d'abord l'allégresse. Le 7 octobre 1953 fut un jour de fête pour la congrégation, les dirigeants, le personnel et tous les amis de l'Hôpital général d'Ottawa. Le grand rêve de 1945 s'était réalisé. L'hôpital était enfin ultra-moderne, à la fine pointe du progrès, et en outre, c'était un hôpital d'enseignement. Il fut le seul hôpital affilié à l'Université d'Ottawa jusqu'en 1959, alors que l'Hôpital municipal vint joindre nos rangs pour collaborer à la formation des médecins.

En ce mercredi 7 octobre, Mgr Joseph-Marie Lemieux consacrait cette nouvelle mission de l'institution en bénissant l'édifice, d'une capacité de 615 lits, mis à la disposition des malades, des étudiants et des chercheurs. Dans son discours, l'officiant met en évidence «l'idéal élevé qu'entretient le personnel entier de l'Hôpital général, idéal fait de compétence, de désintéressement et de ce fond spirituel qui permet d'être la Providence visible des affligés et l'instrument de son action au chevet des malades». Chacun présente ses compliments et exprime ses attentes. La mairesse Charlotte Whitton, le recteur de l'Université (R.P. Rodrigue Normandin), le président du corps médical (docteur J.F. Gilhooly) et son vice-président (docteur J.R. Tittley) se font un devoir et un plaisir d'exprimer leur satisfaction devant la réalisation célébrée en ce jour. On loue le travail, la collaboration, le bilinguisme de l'hôpital, son ouverture au progrès, on évoque la continuité de l'œuvre, la ténacité qui a permis de survivre au sein de contrariétés et de contraintes sans nombre, et la facilité d'adaptation de l'institution qui a déjà commencé, avec les moyens du bord, à recevoir en janvier 1947 les étudiants en médecine et à accueillir et loger les trente premiers diplômés de la Faculté de médecine dès le 3 juin 1950. Il y avait de quoi être fier et nous voulions que le monde entier en soit témoin !

La décision de collaborer avec l'Université d'Ottawa dans le développement de sa Faculté de médecine avait hâté la création de nouveaux espaces et la rénovation des locaux existants. Pendant que l'hôpital accomplissait sa partie du contrat, les médecins préparaient les cours, géraient le programme et évaluaient les résultats obtenus. Le docteur Anthony Fidler fut nommé médecin-chef et assuma la responsabilité de la coordination de l'enseignement clinique. L'organisation de l'entreprise sera entièrement régie par une entente d'affiliation avec l'université, ayant pour but de «promouvoir la formation médicale à l'hôpital et à l'université, favoriser la prestation de soins exemplaires en médecine, ainsi que la recherche, et assurer l'évolution du programme de formation de la Faculté de médecine». L'entente a subi des modifications au cours des ans et fut complètement révisée en 1976, s'adaptant ainsi aux changements apportés au programme de formation.

Au cours de la construction, se succédèrent les ajustements, les nouvelles fonctions et des changements majeurs; les activités régulières se poursuivirent et s'intensifièrent une fois l'installation physique permanente bien en place. Fidèle à la tradition, le personnel enseignant et administratif se retrouve à l'œuvre au sein des associations provinciales et nationales. Le 22 novembre 1957, la directrice de l'École des infirmières, sœur Françoise-de-Chantal (Françoise Robert), est élue présidente, et la directrice générale de l'hôpital, sœur Saint-Philippe, élue conseillère de la Conférence des hôpitaux catholiques de l'Ontario. L'Hôpital général d'Ottawa n'a jamais cessé de promouvoir cette participation à la formation continue, nécessaire pour rester à la page dans un monde toujours à l'affût du progrès, tant scientifique qu'organisationnel. C'est l'ère de la spécialisation et les chroniques font état de nombreuses religieuses qui consacrent un mois, même une année, à se perfectionner, qui en psychiatrie, qui en technologie ou en pharmacie.

Sœur Françoise Robert, qui a consacré toute sa vie à la formation des infirmières à l'Hôpital général d'Ottawa, à Sudbury et à l'Université d'Ottawa, est décédée le 21 décembre 1992 alors qu'elle était encore active et s'employait à faire bénéficier les autres de sa connaissance de l'histoire des écoles d'infirmières en Ontario. Le jour de son décès, elle devait rencontrer une personne pour échanger dans le cadre de son travail. Elle m'avait fourni une bonne partie de la documentation dont s'inspire le chapitre traitant de la formation des infirmières.

Ce dont il vient d'être question ici décrit l'Hôpital général tel que je l'ai trouvé à mon arrivée, en 1959. Il devait par la suite subir toutes sortes de changements. Quelques-uns bénéfiques, d'autres contestables. Depuis 1953, les discussions se sont intensifiées autour de grandes questions déjà soulevées en 1942. Elles refont surface. Les écoles d'infirmières font l'objet d'études particulières dans les congrès des associations d'hôpitaux catholiques. Vingt-cinq congrégations religieuses représentant soixante-six écoles d'infirmières s'interrogent sur les conséquences d'une régionalisation des écoles d'infirmières. La nôtre est déjà affiliée à l'Université d'Ottawa et voit même sa directrice, sœur Madeleine-de-Jésus, promue au sénat de l'Université d'Ottawa en septembre 1959, première

La formation, du personnel ou de spécialistes, a toujours occupé une place de choix à l'Hôpital général d'Ottawa. Ci-haut, Mlle Linda M. Tompkins, notre première résidente en pharmacie, à qui je remets le certificat de l'Hôpital général d'Ottawa, en 1973.

femme à y accéder. Elle y demeurera jusqu'en 1961, lorsque sœur Françoise Robert lui succédera comme directrice de l'École des infirmières. Sœur Madeleine recevra, le 21 octobre 1973, un doctorat honorifique reconnaissant sa contribution à la fondation et la direction de l'École des sciences infirmières de l'Université d'Ottawa.

Pendant ces années d'essor, de nouveaux services ont continué à améliorer les soins offerts aux malades. Le 4 octobre 1946, une clinique spécialisée pour les soins de l'arthrite et du rhumatisme débute modestement. Le 18 novembre 1950, elle devient une clinique régionale, grâce à l'unité mobile que l'honorable Paul Martin, alors ministre fédéral de la Santé, a remise à la Société canadienne de l'arthrite et du rhumatisme.

Le 1er janvier 1959 restera une date mémorable pour les hôpitaux de l'Ontario, puisque le programme d'assurance-hospitalisation met en cause chaque institution, bouleversant tout ce que nous avions connu comme gestion hospitalière. Les hôpitaux appartenant à des congrégations religieuses ont dû faire face à des changements organisationnels qui avaient peut-être été prévus, mais qui semblaient encore si lointains... C'est à ce moment que je me joins à l'Hôpital général d'Ottawa dans le but d'y travailler à la comptabilité. Or, il s'avéra que mon travail fut tout autre et, quant à moi, beaucoup plus intéressant !

Chapitre neuf

On ne connaît que les choses que l'on apprivoise.

(Antoine de Saint-Exupéry, *Le Petit Prince*)

Le mardi 1ᵉʳ septembre 1959, j'arrive de vacances, après avoir donné, pendant le mois de juillet, des cours de gestion à des religieuses de ma congrégation. Dès le lendemain, je quitte le Couvent de la rue Rideau pour m'installer à l'Hôpital général d'Ottawa. Le temps est venu pour moi de faire connaissance de façon toute personnelle, avec l'institution. Au fil des chapitres précédents, vous l'avez vu naître et grandir. Voilà que je deviens un témoin de première ligne de ses activités, puisque je suis nommée adjointe administrative. J'arrive telle une novice à sa première mission, un peu craintive, avec beaucoup de bonne volonté et décidée à m'acclimater à ce nouvel environnement. Je ne connais l'hôpital que d'une façon superficielle, mais j'aurai l'occasion de le découvrir sous toutes ses facettes pendant les vingt et une années où j'y travaillerai, occupant différents postes administratifs. D'emblée, je me sens chez moi et mon travail me plaît. Chaque matin, stimulée par une source d'énergie renouvelée, j'entreprends des tâches variées, souvent difficiles, toujours intéressantes. Ce travail me fascine et je ne me souviens pas de m'être rendue travailler à regret. J'explore un domaine inconnu qui ne deviendra jamais fastidieux ou fatigant. Je suis privilégiée de faire l'apprentissage d'une fonction si étroitement liée à la vie humaine et si captivante par ses aspects multiples.

Je vous invite à cheminer avec moi sur une belle et longue route en revivant ces années de grâces qui me sont venues sous toutes les formes, avec parfois des déguisements qui les rendaient difficiles à reconnaître, mais qui me donnaient d'autant plus de satisfaction une fois les difficultés surmontées.

J'ai un mentor compétent et surtout patient, sœur Marie-Joseph (Élisabeth Rapin), qui m'initie aux principaux rouages et me laisse découvrir les autres en puisant dans ma propre expérience, laquelle se résume à l'enseignement de la comptabilité élémentaire pendant trois ans et à l'obtention d'un baccalauréat en études commerciales. Après une période d'orientation, sœur Marie-Joseph me confie une première responsabilité, soit la préparation du budget de l'hôpital pour l'année 1960. Sous sa direction, je constate peu à peu l'ampleur d'une telle tâche; je découvre surtout l'envergure de l'institution. Il faut vraiment être à l'intérieur d'un tel organisme pour en saisir toute la complexité. Ainsi, après avoir complété cette première tâche, je connais les mille deux cents employés et leur nom, je sais dans quel département ils travaillent, mais je peux rarement mettre un nom sur les visages ! J'ai l'impression d'œuvrer dans une ville immense que je ne finirai jamais d'explorer.

Ce sentiment de complexité était évidemment relié à la nouveauté de mon travail qui coïncidait avec les débuts de l'assurance-hospitalisation en Ontario. Ce programme avait été inauguré huit mois plus tôt et les hôpitaux en étaient encore à leurs premiers balbutiements dans leur adaptation à une nouvelle forme de gestion. Les contraintes se révélaient nombreuses et frustrantes. Il ne fallait pas s'étonner que la plupart des problèmes soient de nature financière. À ce moment-là, les finances constituaient le principal élément de contrôle du système. Ce n'est que plus tard qu'on ajoutera d'autres procédures englobant des aspects différents : personnel, traitements, programmes spéciaux et autres. La réaction du ministère de la Santé aux budgets soumis pouvaient s'avérer des plus décevantes. L'examen consistait à tout scruter, item par item. Les coupures nous paraissaient arbitraires et non justifiables. On y découvrait des incongruités, comme par exemple, la soustraction d'une somme de cinquante dollars sur un item totalisant vingt-cinq mille dollars ou plus, et sans aucune explication. Au fil des années, les fonctionnaires de la Commission des services hospitaliers de l'Ontario (CSHO) et, plus tard, du ministère de la Santé, devinrent plus au fait des besoins des hôpitaux et, par conséquent, examinèrent les prévisions budgétaires d'une façon plus rationnelle. Dès lors, le dialogue de sourds céda la place à un climat de bonnes relations. Et les gestionnaires et les fonctionnaires en bénéficièrent, tant et si bien que, après quelques années, ces derniers se transformèrent en conseillers et servirent de négociateurs entre les gestionnaires des hôpitaux et les ministres ou leurs sous-ministres. La situation de vérification se muta en situation de partenariat.

Avant de décrire plus longuement les effets de l'assurance-hospitalisation sur les hôpitaux, je mentionnerai rapidement un autre aspect de mon travail pendant ces deux premières années à l'hôpital. Avec ma patronne, sœur Élisabeth, je remplissais le rôle de consultante et de guide auprès des comptables de nos hôpitaux, tant au Québec qu'en Ontario. Il y en avait sept ainsi répartis : Sudbury, Mattawa, Ville-Marie, Noranda, Buckingham, Hawkesbury et l'Hôpital Saint-Vincent à Ottawa. Tous les mois, nous allions à chacun de ces endroits, d'abord en train puis en automobile, pour aider à préparer le rapport mensuel et vérifier le travail du mois selon les nouvelles directives. Ensuite, nous revenions chez nous pour compléter notre travail. Souvent, il ne restait qu'une semaine pour l'accomplir, et c'était à recommencer le mois suivant. À la fin de 1962, les titulaires des postes de comptable purent en assumer seules toute la responsabilité, à notre très grande satisfaction.

Il n'y a pas de doute que, au début des années soixante, la plus grande contrainte de l'Hôpital général demeure monétaire. Elle résulte, entre autres, de pratiques comptables antérieures, mais surtout d'une dette d'environ sept millions de dollars, contractée pendant la construction de 1949-1953. Jusqu'en 1948, les sœurs considéraient l'hôpital comme «leur affaire» et prélevaient à même les fonds qu'elles possédaient juste ce qu'il leur fallait pour vivre convenablement. Elles vivaient sur place et y prenaient leurs repas; les seuls déboursés en leur faveur étaient destinés à acheter ou se confectionner de modestes vêtements, selon la coutume. Elles étaient conscientes que l'hôpital fonctionnerait bien dans la seule mesure où elles y investiraient des fonds. Durant les années 1933 et 1934, le père Georges Verreau, o.m.i., initia le personnel des hôpitaux catholiques à une tenue de comptabilité double, en vue de les préparer à ce qui pourrait survenir plus tard. Cette démarche visait, d'une part, à refléter plus exactement la répartition des revenus et des dépenses entre l'institution et le couvent et, d'autre part, à permettre une présentation des livres comptables claire et facile à interpréter par des experts, si le besoin devait s'en faire sentir dans l'avenir. En 1948, on parlait déjà de l'assurance-hospitalisation. L'Hôpital général commença donc à tenir une comptabilité distincte pour les deux entités. Ce processus permit d'établir clairement la répartition des fonds, mais la même situation persistait : il n'y avait pas plus d'argent au total. C'est ainsi qu'on enregistrait les salaires dus aux religieuses dans les livres de l'hôpital, mais on ne les versait pas à la congrégation; les déboursés pour les religieuses demeuraient les mêmes, quoique comptabilisés différemment. Or, en 1958, l'institution commença à verser les salaires courants des religieuses au fonds communautaire. Je dois mentionner que ces salaires, en général, étaient moindres que la moyenne provinciale et que les religieuses, nombreuses à cette époque, ne fixaient aucune limite aux heures consacrées à leur travail ni réclamaient de temps supplémentaire. Cet usage s'étendait aussi aux employés laïques, jusqu'à un certain point. Si l'on tient compte que le premier budget soumis à la CSHO se fondait sur l'expérience de l'exercice financier précédent, notre hôpital était nettement désavantagé au départ. Plusieurs années s'écoulèrent et d'innombrables démarches furent entreprises avant que cette situation précaire ne soit assainie.

Une autre pratique comptable défavorable fut la comptabilisation d'une dépréciation accélérée de l'équipement et du mobilier acquis pendant la construction de 1949-1953. Normalement, la dépréciation est calculée sur la durée probable de l'item, ce qui varie entre cinq et vingt ans; par conséquent, la dépréciation annuelle se chiffre entre cinq et vingt pour cent. Chez nous, les vérificateurs avaient enregistré annuellement un taux uniforme de vingt pour cent englobant l'équipement et le mobilier. Il en résulta donc un amortissement complet, dans les livres, de tout l'équipement ayant cinq ans et plus d'existence, ce qui représentait la quasi totalité. Selon la Loi des hôpitaux, la dépréciation constitue des frais admissibles, donc remboursables à titre de dépenses, puisque le coût initial de ces objets est couvert par l'institution et non par la Commission. Pour l'année 1959, nous avons reçu un remboursement de moins de quinze mille dollars pour cette dépense justifiée. Il est évident que cela limitait le remplacement d'un équipement médical nécessaire. La suite a démontré que lorsqu'un hôpital dispense des soins aigus, il ne peut continuer à progresser sans que l'équipement en soit constamment renouvelé. Or, selon la Loi des hôpitaux de l'Ontario, toute dépense en immobilisation est la responsabilité de l'institution et non celle de l'assurance-hospitalisation. Nos procédures, exécutées avant que la Loi n'établisse les règles du jeu, ont donc eu pour effet de nous désavantager sérieusement. Le résultat ? Notre allocation journalière pour chaque patient (le per diem), en 1959, totalisait 13,50 $, plus quelques sous ajoutés pendant l'année. Il est vrai que le budget total affichait un per diem de 21,45 $, mais tous les revenus, autres que la dépréciation et cinquante pour cent des suppléments de chambre, sont appliqués contre les coûts de l'opération totale, ce qui explique la différence indiquée. Les directives administratives ont été modifiées par la suite, mais dans l'ensemble elles demeurent les mêmes.

Est-ce que la découverte de cette situation a refroidi mon ardeur au travail ? A-t-elle réduit la satisfaction que j'en retirais ? Non ! car les défis sont stimulants. Il est vrai que, en perspective, ce ne fut pas rose, loin de là, mais le dialogue fut maintenu entre la CSHO et l'Hôpital général. Plus encourageante encore fut la détermination de sœur Marie-Joseph dans ses efforts pour régler les problèmes. De concert avec la directrice générale, sœur Saint-Philippe, elle a mis sur pied un comité consultatif laïque pour épauler la congrégation, propriétaire de l'hôpital depuis sa fondation, dans le maintien de la qualité des soins offerts aux malades dans un climat de respect et de compassion.

À la fin des années 1950, les autorités de l'Hôpital général considéraient la possibilité de s'adjoindre des laïcs qui les appuieraient dans la direction de l'Hôpital général d'Ottawa, en partageant notamment leur expertise en gestion. La direction, composée alors uniquement de religieuses, se rendait compte que l'évolution rapide des pratiques administratives aussi bien que médicales commandait un changement dans les méthodes d'approche et dans les relations sociales ou politiques. Le groupe que l'on voulait alors former devait se composer de conseillers compétents et expérimentés dans des disciplines variées, représenter la collectivité, collaborer à l'orientation de l'institution, promouvoir honnêtement et habilement les intérêts de l'établissement auprès des dirigeants élus à tous les paliers de gouvernement et être des témoins crédibles au sein de la collectivité. Ce comité ne jouirait d'aucun pouvoir de décision, mais il présenterait des recommandations au bureau de direction composé de la supérieure locale et de ses conseillères. On se mit donc à la recherche des perles rares et plusieurs citoyens dévoués acceptèrent de siéger au nouveau comité consultatif laïque.

La première rencontre a lieu le 26 avril 1960. On décrit les responsabilités des membres, on explique ce que l'hôpital attend d'eux et on présente un premier rapport financier. Peu à peu, la stupéfaction se manifeste et grandit au fur et à mesure que défilent les chiffres. Consterné, le comité n'en revient pas de la détérioration qui prévaut depuis l'avènement de l'assurance-hospitalisation.

À la réunion suivante, le 21 juin 1960, le père Hector Bertrand, s.j., professeur à l'École d'administration hospitalière de Montréal, familiarise le comité avec le processus d'agrément des hôpitaux. Il précise que cet agrément est accordé après un examen de l'institution, mené par des représentants du Conseil de l'agrément des hôpitaux du Canada. Il décrit clairement les avantages, pour un hôpital, d'être agréé par le conseil national. Ceux-ci se résument ainsi : une sécurité plus grande pour les patients, assurée par les normes établies; un meilleur soin des malades, selon les critères établis pour les divers services; une meilleure formation du personnel; une aide à la promotion de la santé et à la prévention des maladies; la promotion de la recherche scientifique. Toutes les normes sont clairement définies par le programme d'agrément. Le comité consultatif est heureux d'apprendre que l'Hôpital général d'Ottawa est agréé depuis 1948, année où l'agrément était géré par le *Joint Council on Hospital Accreditation* (États-Unis), et qu'il n'a jamais perdu ce statut. Mais l'avenir nous réservait des surprises. J'anticipe un peu et vous dis tout de suite que l'état de nos installations matérielles allait susciter de graves problèmes. En décembre 1975, ce fut la consternation générale lorsque l'Hôpital apprit que l'agrément octroyé n'était valable que pour une année seulement. Une telle décision reposait non pas sur une diminution de la qualité des soins mais sur une détérioration de l'édifice. En voici les circonstances.

Depuis 1963, le ministère de la Santé avait décrété qu'il fallait remplacer l'édifice mais, de tergiversations en revirements d'opinions, l'approbation n'arrivait toujours pas, surtout qu'une période d'inflation commençait à poindre à l'horizon. Impuissants, nous avons vu l'hôpital stagner et s'acheminer vers une catastrophe que nous avons essayé d'éviter, déployant tous les moyens possibles. Pour nous, ne pas recevoir notre «passeport» pour les trois années suivantes représentait un désastre. Nous avons réagi comme on réagit en temps de crise, sans attendre le rapport officiel...

Au terme de leur visite, les visiteurs demandent toujours une rencontre avec le conseil d'administration et le conseil des médecins. Cette année-là, en raison de la situation critique annoncée la veille par l'inspecteur principal, nous avons deux invités de plus, soit le père Roger Guindon, o.m.i., recteur de l'Université d'Ottawa, et Jean Pigott, présidente du Conseil de planification de la santé d'Ottawa-Carleton. Après le départ des observateurs, nous tenons une conférence avec nos invités spéciaux et il en résulte un plan commun pour aborder le ministère de la Santé et lui faire part de nos déboires. Bien que cette approche ne plaise pas aux représentants du gouvernement — ils ne veulent pas être liés par un organisme indépendant et ne s'en cachent pas —, ils réagissent néanmoins à notre plan et nous recevons la permission d'entamer les rénovations, même si une construction entièrement nouvelle est prévue dans un proche avenir. Je crois que cette accélération du programme de construction n'est pas étrangère à nos démarches : le feu vert pour les appels d'offre nous a en effet été donné en 1976.

Au moment de l'incident décrit ci-avant, le comité consultatif laïque était déjà remplacé par un conseil d'administration, conformément à la Loi des hôpitaux en vigueur en Ontario, depuis 1968. L'expérience acquise depuis 1960 avait convaincu la congrégation de la nécessité de rendre permanente une formule qui inclurait les laïcs dans l'administration de l'Hôpital général. Plusieurs membres de ce comité s'étaient succédé, chacun apportant une aide inestimable à l'institution. Outre les George Addy, Gratton O'Leary, Raymond Labarge, Aurèle Gratton, Laval Fortier, John Grace, tous ouvriers de la première heure, je mentionne avec gratitude Peter Malcolm qui, depuis le 24 janvier 1961, a agi avec constance et dévouement en tant que membre du comité consultatif laïque, puis à titre de membre du nouveau conseil d'administration, jusqu'à son décès le 20 mai 1986. Il a consacré vingt-six années de bénévolat au service de l'Hôpital général d'Ottawa et du Centre de santé Élisabeth-Bruyère. De nombreux organismes reliés au monde de la santé, d'une façon ou d'une autre, ont aussi bénéficié de la sagesse de ses conseils et de l'efficacité de ses démarches auprès des autorités en place. Une de ses contributions les plus remarquées dans ce domaine fut son engagement, dès sa fondation, auprès du Conseil de la santé du district régional d'Ottawa-Carleton, soit de 1974 à 1980. Son décès en 1986 a mis un terme à un quart de siècle de coopération à l'œuvre hospitalière des Sœurs de la Charité d'Ottawa. Comme membre de cette congrégation, je suis heureuse de lui rendre ici hommage.

J'ai déjà mentionné à quelques reprises le conseil d'administration. Celui-ci est régi par des statuts qui varient d'un hôpital à l'autre, mais qui reposent essentiellement sur des fondements semblables. Nos premiers statuts remontent à mère Bruyère qui, avec l'aide de Mgr Guigues et les cinq médecins de l'hôpital, en a commencé la rédaction le 24 janvier 1874. Les statuts furent révisés maintes fois au cours du siècle et demi d'existence de l'hôpital. Plus près de nous, c'est le 3 décembre 1958 que le conseil d'administration adopte des statuts rédigés selon la loi régissant les hôpitaux, puis approuvés par le lieutenant-gouverneur de la province, le 12 mars 1959. Ces nouveaux statuts prennent la forme d'une loi adaptée à notre hôpital et stipulent que la supérieure générale, à titre de présidente de la corporation, nomme les membres du conseil. Y siègent la supérieure provinciale, la supérieure locale et son conseil, le président du comité consultatif laïque et les médecins désignés par la Loi sur les hôpitaux, dont le nombre varie selon la capacité de lits approuvés et la catégorie de l'institution.

Le corps médical forme un secteur particulier à l'intérieur d'un hôpital et est régi par ses propres règlements, lesquels déterminent les devoirs et privilèges des membres. Le lien entre le corps médical et l'hôpital s'exerce grâce à deux comités : le comité médico-administratif, qui relève de la gestion, et le comité médical consultatif, qui dépend du corps médical. Ces deux comités se rapportent au conseil d'administration, car il est nécessaire que le corps médical et l'équipe administrative travaillent main dans la main. La directrice générale a le mandat de négocier avec les médecins lorsqu'il y a divergence d'opinion, mais chacun peut présenter son point de vue au conseil d'administration. Mon premier contact avec le conseil d'administration de l'Hôpital général d'Ottawa remonte à 1963; c'est à titre de conseillère locale que j'en devenais membre de droit. De 1968 à 1980, j'y ai siégé en tant que directrice générale.

Rappelons que la supérieure générale institue les comités, choisit les présidences et en dicte les mandats. Les principaux comités sont les suivants : administration, finances, installations matérielles, relations publiques et le comité médico-administratif. Ce dernier est important pour la bonne entente entre le corps médical et l'équipe administrative. C'est là que se règlent les problèmes ou les conflits qui peuvent surgir entre les deux groupes. Le 23 mai 1958, lors de la discussion portant sur les moyens à privilégier pour assurer la qualité des soins à l'hôpital, le corps médical s'objecta à la proposition de créer le poste de directeur médical. On ne voulait pas se soumettre à un médecin qui serait ni praticien ni membre du corps médical. Il est vrai que les directeurs médicaux n'étaient pas très nombreux dans les hôpitaux de l'Ontario, à cette époque. Ils le sont devenus par la suite.

La proposition de 1958 était fondée sur le fait que la qualité des soins aux patients reste toujours une responsabilité conjointe de l'équipe administrative et du corps médical. La directrice générale embaucha un consultant (Dr Paul Laplante) pour renseigner les médecins sur les responsabilités d'un éventuel directeur médical. Il fit valoir la nécessité d'un tel poste dans une institution de l'envergure de l'Hôpital général d'Ottawa. Il insista sur l'aspect administratif de certaines responsabilités médicales, que les médecins n'ont pas toujours le temps d'assumer ou qu'ils ne veulent tout simplement pas assumer. Ces tâches sont néanmoins importantes puisqu'elles fournissent des statistiques de recherches ou d'études qui constituent des bases sûres en vue de déterminer les moyens susceptibles de maintenir et d'améliorer la qualité des soins aux malades. Dr Laplante rassura les médecins en affirmant que le directeur médical ne s'immiscerait pas dans la relation médecin-patient. En bon pédagogue, le docteur Laplante réussit à rallier l'opinion du corps médical et celle de la direction de l'institution.

C'est donc après de franches discussions et quelques mois de protestations que les médecins acceptent de coopérer avec l'administration, les deux parties souhaitant accroître la qualité des soins offerts. Le compte rendu de la réunion du 18 octobre 1958 note d'ailleurs que «l'atmosphère de la réunion en était une de coopération où tout le monde cherchait le bien des patients et celui de l'hôpital». Je pense que cette phrase reflète ce qui se passe dans les délibérations de tout conseil sérieux. Du choc des idées, jaillit la lumière. Les décisions prises ne sont pas nécessairement le dernier mot sur le sujet. Selon les circonstances, nous avons oscillé entre médecin-chef et directeur médical, comme principal agent de surveillance de la qualité des soins médicaux. Il n'y a pas de formules toutes faites; il faut plutôt s'adapter au besoin de l'heure et viser à réaliser les grands objectifs de notre mission.

Je trouve intéressant, que dans ces mêmes statuts de 1958, se trouve décrit sommairement la fonction d'ombudsman, poste que l'Hôpital général d'Ottawa a créé en février 1975. Cette tâche incombera au comité de relations publiques puisqu'on lui confie la responsabilité d'aider la «surintendante à concilier les différends entre les patients, ou les familles de ceux-ci, et l'hôpital».

Un article des statuts qui m'a fait sourire est celui qui traite du vérificateur. Il y est dit que «les honoraires du vérificateur, s'il y en a, seront déterminés par la présidente de la corporation à qui le rapport sera adressé». Par la suite, je me suis posé quelques questions. Est-ce une indication que les livres n'étaient pas toujours vérifiés ? Les vérificateurs offraient-ils gratuitement leurs services ? Acceptaient-ils les honoraires que la présidente décidait de leur verser ? Je n'ai pas la réponse. Toutes ces hypothèses sont plausibles, puisque, dans le passé, la tenue des livres comptables était sommaire et qu'aucune loi n'obligeait encore l'hôpital à présenter des états financiers ayant fait l'objet d'une vérification comptable. Depuis sa fondation, l'Hôpital général avait toujours été considéré comme une institution de charité, hébergeant et soignant les indigents sans rémunération, ou recevant des sommes dérisoires de la ville ou de la province. Il est possible que, dans ce contexte, des personnes charitables aient offert gracieusement leurs services, contribuant ainsi à la gratuité de services accordée par l'hôpital. D'une part, les archives de la maison mère contiennent des rapports financiers, signés par la firme Lawrence R. Ryan, de 1935 à 1955, et par la firme Massé-Viens, de 1959 à 1967. Il y a donc eu des vérifications comptables avant 1959. Par ailleurs, je peux affirmer que depuis 1959, nous n'avons jamais obtenu des services de vérification gratuits !

La «surintendante», désignée par le conseil, est la gestionnaire principale de l'institution. Elle relève de la supérieure provinciale et est responsable de la gestion de l'hôpital : ressources humaines, financières, matérielles et techniques. En collaboration avec le comité médical consultatif, elle assure une saine gestion des ressources nécessaires aux soins des malades. Enfin, elle doit constamment renseigner le conseil sur la situation en cours. Cette description des tâches de la surintendante, plus tard appelée administratrice, puis directrice générale, résume bien le poste tel qu'il a existé et tel qu'il se présente encore aujourd'hui.

La section des statuts qui a subi le moins de changements au fil des ans est celle ayant trait au corps médical, les principes de base demeurant sensiblement les mêmes. Dans l'ensemble, cependant, le corps médical se voit de plus en plus engagé dans la gestion de l'institution, ce qui semble normal puisqu'il est la source de la plus grande part des dépenses encourues par l'hôpital. Les récents statuts sont moins rigides, et laissent donc place à beaucoup plus de flexibilité dans leur application. En 1959, les nominations des médecins se faisaient par le seul conseil de l'Hôpital général; depuis 1968, toutes les nominations se font conjointement avec l'Université d'Ottawa. Alors que la formation continue de chaque médecin était recommandée en 1959, elle est exigée depuis 1968. En 1959, le comité médical consultatif n'était composé que de médecins; plus tard, la directrice générale et la directrice des soins infirmiers en seront également membres.

Un chapitre des statuts traite des Dames auxiliaires. Elles existent encore aujourd'hui mais sous le vocable de «bienfaiteurs et bienfaitrices». Ces personnes se dévouent dans le but de promouvoir la mission de l'institution et le bien-être des patients ou résidants, ainsi que nous l'avons vu au chapitre six.

Jusqu'à 1962, la supérieure locale était habituellement la directrice générale de l'hôpital, pratique qui existait depuis les débuts et qui remontait même à une prescription des règlements observés par les Sœurs Grises de Montréal, d'où partit mère Bruyère pour venir à Bytown. En 1962, sœur Élisabeth Rapin est la première directrice générale à ne pas remplir la fonction de supérieure locale. Toutefois en 1965, elle endossa cette responsabilité communautaire, en plus de celle de directrice générale, jusqu'en 1968. Ce fut cependant la dernière fois qu'une religieuse assuma simultanément les deux fonctions (voir liste complète des directrices générales à l'Annexe VII, page 271). Il faut reconnaître que les statuts de 1959 présentaient des occasions de conflits puisqu'ils assignaient, à la supérieure locale, plusieurs fonctions importantes, notamment le contrôle des finances et la responsabilité de tous les comités. La supérieure et la directrice acceptaient la situation et toutes deux avaient à cœur, sans contredit, le bien de l'institution, ce qui permit au système, malgré ces anomalies, de fonctionner selon une logique plutôt que des règlements. Sous la direction de mère Saint-Paul, la congrégation a choisi de récrire les statuts en entier plutôt que de réviser uniquement certains chapitres. Il en résulta une toute nouvelle orientation donnée à l'administration et à la direction de l'hôpital. Ces statuts, approuvés en 1968, au moment où je faisais mes débuts comme directrice générale de l'Hôpital général d'Ottawa, énumèrent d'abord les orientations de notre hôpital. Nous existons pour soigner et traiter les malades, maintenir et améliorer la santé communautaire, éduquer et maintenir des normes éducatives de haute qualité ainsi que pour promouvoir la recherche médicale. Il y a nul doute que cette orientation de 1968 favorise l'essor de la santé communautaire et de la recherche médicale, tout en donnant le coup d'envoi dans le milieu hospitalier.

Ces statuts évoluent sous le signe du changement et de l'innovation. Pour la première fois, le conseil de l'Hôpital général est formé d'une majorité de laïcs. Sa principale innovation se trouve dans la composition du conseil d'administration. À la suite d'une longue recherche auprès des membres du comité consultatif laïque, il est possible de doter le conseil d'administration de vingt et un membres dynamiques : huit personnes choisies dans la collectivité, sur la base de leur formation et de leur expérience, et représentant une variété de disciplines; six religieuses, trois médecins et la directrice générale et ses adjoints. Il va sans dire que la congrégation

À ma table de travail.

La dernière assemblée du comité médical consultatif
coïncidera avec mon anniversaire de naissance, en 1980;
les médecins en profiteront pour le souligner.

prenait un risque en acceptant cette recommandation. Elle a fait confiance au comité qui l'avait formulée et n'a proposé que des changements mineurs. Une difficulté est cependant demeurée, à savoir que les changements devaient se réaliser au moment d'un Chapitre général (instance suprême de la communauté). Or, la nouvelle direction générale ne semblait pas prête à agir aussi rapidement que la précédente, préférant d'abord se renseigner sur les motifs des nombreux changements. Certains ont craint que la décision soit retardée, mais cette crainte n'était pas fondée. Le processus d'approbation s'est déroulé normalement.

J'étais aux premières loges pour le démarrage du nouveau conseil, qui après une courte période d'adaptation, s'est mis à l'œuvre avec enthousiasme et ténacité. Les vingt et un membres sont rapidement devenus l'équipe souhaitée : attentive aux besoins, ingénieuse et efficace. J'ai toutefois été témoin de l'étonnement de mes collègues des autres institutions. Surpris d'apprendre la formation de «mon» conseil, ils me prédisent les pires catastrophes et se demandent comment je pourrai travailler en toute quiétude avec des adjoints qui, au sein du conseil, seront au même niveau que moi. Franchement, je n'y ai trouvé aucun inconvénient, car nous nous respections mutuellement. Avant de porter un projet à l'attention du conseil, il est normal que l'équipe administrative l'étudie d'abord et ait l'occasion de le considérer, et d'en évaluer les conséquences, d'en analyser sérieusement les paramètres pour en dégager le pour et le contre. Ce processus accompli, le projet est habituellement présenté sans intervention de la part des directeurs-adjoints. S'ils ont des commentaires à ajouter pour renseigner les membres de l'extérieur, ils peuvent le faire. Ils sont membres à part entière et je ne me sentais alors aucunement menacée par leur présence. De plus, les administrateurs peuvent entendre tous les points de vue, ce qui permet de prendre des décisions plus éclairées, plus impartiales et plus pratiques que s'ils avaient accès uniquement au corps médical. Ce dernier est toujours assuré par la Loi d'une présence au conseil; pourtant il a été le seul à ne pas accepter d'emblée la composition du conseil. Était-ce la peur de perdre le prestige et l'influence dont ses membres jouissaient auprès du comité consultatif laïque ? Peut-être. Il n'en demeure pas moins que la composition de notre conseil offrait un grand avantage : tous participaient à la décision et il n'y avait pas lieu de craindre les réactions à la suite des décisions du conseil. Cette formule a duré jusqu'en 1978, puis, las de subir la critique de certains médecins et soucieux d'accroître la représentativité du milieu desservi, nous avons décidé de modifier la composition du conseil en révisant encore une fois les statuts. En 1993, le conseil d'administration du Service de santé des Sœurs de la Charité d'Ottawa reprend une variante de cette formule suggérée par le ministère de la Santé. «I do think that if one group such as physicians is represented, so must be the other non-medical health professions and hospital workers» (Frances Lankin, ministre de la Santé, 21 septembre 1992).

Les relations entre le conseil et la congrégation sont régies par les mêmes statuts. La congrégation délègue les pouvoirs du conseil d'administration assurant ainsi une gestion de l'institution selon la Loi des hôpitaux de l'Ontario. La corporation se réserve cependant certains pouvoirs, conformément aux exigences du droit canon (code de loi établi par l'Église). Ces pouvoirs sont : la nomination des administrateurs et de la directrice générale, l'achat et l'aliénation des biens immeubles dont la congrégation est propriétaire, les prêts et les emprunts, l'approbation des statuts ou de leur révision, ainsi que l'établissement ou le changement des grandes orientations et de la mission de l'institution.

Après avoir vécu toutes ces expériences, et bien d'autres encore dans une même période, je crois pouvoir affirmer que j'ai réussi mon apprentissage. J'ai apprivoisé cet univers qu'est celui de l'Hôpital général d'Ottawa, qui m'a lui aussi apprivoisée. L'initiation est plus que complète et mon intégration dans le système est entière. Elle fut accompagnée d'une kyrielle de situations difficiles vécues au sein d'une problématique plus vaste. Il a fallu un si grand nombre d'interventions, de si nombreuses personnes et de si longues années pour mater cette «crise» que je lui consacre tout le chapitre suivant.

Chapitre dix

Nous n'avons jamais tant craint la misère que cette année...

(Lettre de mère Bruyère à Mgr Patrick Phelan, le 4 décembre 1848)

L'Hôpital général d'Ottawa a été la propriété des Sœurs de la Charité d'Ottawa et a été géré par celles-ci de 1845 à 1980, c'est-à-dire jusqu'à son transfert à une corporation laïque chargée du nouvel Hôpital général d'Ottawa sis sur le chemin Smyth, dans le quartier Alta Vista. Un chapitre fort important de cette histoire demeure le programme d'assurance-hospitalisation inauguré en 1959. À compter de ce moment-là et en vertu de la Loi sur les hôpitaux, la Commission des services hospitaliers de l'Ontario est intervenue dans des décisions qui limitaient l'autonomie des gestionnaires. Ces limites découlaient du système mais ne nous rendaient pas la vie facile pour autant. L'État s'était fait providence pour les citoyens de l'Ontario, mais cette providence restait contrôlante et pointilleuse. Il y a toujours des difficultés inhérentes à un système provincial de cette envergure, surtout au début, sans compter les problèmes engendrés par le contrôle fédéral dans certains domaines. Sans doute en raison de mes connaissances accumulées sur le tas, je n'ai pas eu à changer mes habitudes, mais uniquement à me familiariser avec une toute nouvelle façon de faire les choses. L'adaptation au nouveau système s'est réalisée dès la première année d'existence.

J'étais prête à affronter de grandes difficultés et elles n'ont pas tardé à se manifester.

Le principal accrochage du nouveau programme d'assurance tenait à l'absence totale de prévisions pour l'avenir et à l'impossibilité de réparer les pots cassés du passé. La province avait pourvu aux besoins courants : gestion générale, occupation moyenne des institutions hospitalières, développement spécial mais restreint dans certains cas, quelques rares projets de construction autorisés au préalable. En peu de temps, l'hôpital a vu ses économies s'envoler en fumée, et ce n'est pas un simple jeu de mots. L'installation de nouvelles chaudières d'énergie thermique, au coût de huit cent mille dollars, avait débuté avant le régime d'assurance et, comme il n'y avait plus d'entrées de fonds possibles, c'est la réserve destinée au remboursement de la portion de la dette, dû en 1959, qui a servi à payer la note de ces travaux. Demeure donc cette dette implacable encourue lors de la construction de 1948-1953. En fait, elle nous liera les mains jusqu'en 1971 et nous accablera tel un joug. Les conséquences commenceront d'ailleurs à se faire sentir et à restreindre nos activités dès le premier remboursement de 1959. Véritable hantise pour les dirigeants de l'hôpital...

L'année 1959 s'est terminée par «un déficit de 351 816 $, principalement dû à l'intérêt considérable (257 518 $) payé à la banque». Il faut préciser ici que les octrois du gouvernement sont ordonnés de façon à ce que le premier versement de l'année n'arrive que vers le 21 janvier et ne représente que le tiers de la dépense moyenne d'un mois. Résultat : nous finançons continuellement la valeur de trois semaines des coûts d'opération. Le déficit de l'année 1959 s'explique en raison d'un per diem (calcul visant à déterminer le coût moyen d'un patient, pour une journée) insuffisant pour permettre de continuer la prestation de soins qualitatifs équivalents à ceux d'avant 1959. Je ne cherche pas une justification après coup; je suis tout simplement convaincue que les malades, les usagers et le personnel devinrent plus exigeants «parce que, disaient-ils, c'est le gouvernement qui paye». Ils n'acceptaient plus aussi facilement les contraintes qui leur paraissaient toutefois normales quand les Sœurs avaient le contrôle sur toute l'opération. Il y a aussi une autre ombre au tableau. L'Hôpital général et l'Hôpital municipal offrent des services équivalents à Ottawa. Or, en 1960, le premier ne reçoit que 17,15 $ par jour-patient alors que le second reçoit 22,15 $, en plus des subventions annuelles que la municipalité d'Ottawa lui verse pour couvrir son déficit.

Nous sommes certains d'une seule chose : il y a une dette à laquelle il faut faire face. De plus, la CSHO semble réaliser que le nouveau plan d'assurance a enlevé aux hôpitaux toute possibilité d'obtenir des fonds pour d'autres fins que les opérations courantes. La situation est cruciale pour l'Hôpital général d'Ottawa. Je n'ai jamais subi un emprisonnement physique, mais il me semble qu'on doit éprouver des sentiments semblables à ceux éprouvés au début des années soixante. Aucune issue en vue, aucune lueur d'espoir ! Nous avions des obligations qui nous liaient, légalement et financièrement, mais l'incertitude la plus complète régnait sur les moyens à prendre pour les rencontrer. Intérêts et capital étaient payés en deux versements par année, soit un total annuel d'environ 520 000 $. Une telle somme ne se trouve pas par hasard. Il faut organiser un système quelconque pour y arriver, mais comment ?

La solution nous est venue de la CSHO, après force enquêtes et recherches auprès des vérificateurs et des autorités de la congrégation. En mars 1960, le nouveau président de la CSHO, le docteur John Neilson, entre dans la ronde et juge correctement de l'urgence du problème. Il communique avec sœur Saint-Philippe et sœur Élisabeth Rapin pour obtenir des précisions au sujet des problèmes de fond qui ont acculé l'institution à cette situation critique. Puis la firme Clarkson, Gordon & Co. examine la situation de notre dette capitale, identifiée par le gouvernement comme impossible à acquitter. Sous la direction de Duncan Gordon, des experts financiers visitent l'hôpital dans le but d'obtenir tous les renseignements nécessaires et apprennent que la dette remonte à la construction effectuée entre 1948 et 1953. Le coût total de celle-ci s'élevait à 8 500 000 $ et l'équipement se chiffrait à 609 300 $. L'appui du gouvernement fédéral s'est élevé à 583 280 $, celui du gouvernement provincial à 900 939 $. Nous comptions organiser une collecte de fonds pour éliminer la dette. Une autre façon de réduire ce fardeau devait être l'emploi d'un grand nombre de religieuses travaillant de longues heures sans rémunération supplémentaire, ce qui aurait diminué le montant des salaires à payer. Mais le nouveau régime nous a enlevé tous ces moyens.

L'étude menée par la firme Clarkson, Gordon & Co. recommande un plan de remboursement de la dette sur une période de vingt ans, avec une aide financière spéciale de la CSHO, basée sur l'utilisation de toutes les sommes disponibles, y compris les salaires versés aux religieuses par l'hôpital (moins leurs dépenses personnelles). Cette dernière exigence a suscité beaucoup d'opposition de la part de l'Association des hôpitaux catholiques du Canada, qui considéraient que la dette obligataire demeurait impossible à acquitter uniquement en raison de l'avènement de l'assurance-hospitalisation. L'Association a aussi fait valoir le fait que la congrégation est une entité distincte et autonome, qu'elle n'a donc pas de compte à rendre à la CSHO au sujet des salaires reçus par ses membres. Mais la CSHO a insisté et signifié son intention de compléter les montants collectifs, selon une formule bien précise qui, d'une part, ne laissait à l'hôpital que la dépréciation du mobilier et de l'équipement, plus cinquante pour cent des suppléments de chambres (privées et semi-privées), et qui, d'autre part, n'accordait aux religieuses que leurs frais d'hébergement payés à l'hôpital et leurs dépenses personnelles. Cette formule, connue sous le nom de formule Gordon, avait été développée par la firme embauchée à cet effet par la CSHO. Nous étions les premières à franchir le Rubicon. Cinq autres institutions devaient suivre la même route par la suite, pour les mêmes raisons que nous.

Je n'étais qu'une novice dans le métier et les montants en question me paraissaient astronomiques. Je me rendais compte, cependant, que cette formule nous liait pour une éternité. Nous pouvions croire le problème réglé, mais nous allions devoir vivre des années d'austérité, ce qui convient mal à un hôpital dont le mandat inclut l'enseignement. Nous n'étions pourtant pas au bout de nos peines. Cinq ans après la première crise financière, il en surgit une autre, plus intense, plus rigoureuse et plus étendue. Cette fois, nous l'avons vécue conjointement avec les médecins, les médias et nos fournisseurs.

Pour satisfaire aux exigences de notre statut d'hôpital d'enseignement, nous avions développé une unité rénale et métabolique. De concert avec l'Université d'Ottawa, nous avons même amorcé la création d'une unité cardiaque, la première dans la région. Le 16 juin 1961, à l'occasion de l'inauguration d'un appareil cardio-vasculaire, au coût de 68 000 $, la mairesse Charlotte Whitton y voyait déjà «les débuts d'un futur Institut de cardiologie». Ce sont les fruits de ce début prometteur que nous avons accepté plus tard de céder à l'Hôpital municipal. À ce sujet, quelques explications s'imposent car il s'agit d'une question connue d'un petit nombre de personnes, la plupart maintenant hors du circuit de la santé. L'Hôpital général d'Ottawa a été le collaborateur de l'Université d'Ottawa dans le recrutement d'un spécialiste pour son unité cardiaque. En effet, le 25 janvier 1968, le conseil d'administration approuvait l'établissement d'un service de chirurgie cardiaque à l'Hôpital général d'Ottawa et en confiait la direction au docteur Wilbert Keon. La décision de laisser tomber le projet d'une unité cardiaque a été prise quelque temps après cette nomination, lors d'une rencontre avec Don Teasdale, planificateur au ministère de la Santé. Nous avons décidé de laisser ce service se développer à l'Hôpital municipal, même si nous l'avions déjà accepté. La raison en est bien simple : pénurie de fonds et d'espace dans l'hôpital existant.

Les services de l'institution ne tardent pas à sentir les effets de la formule Gordon. Le 19 novembre 1963, nous recevons la visite du ministre de la Santé. Dr Matthew B. Dymond et ses experts visitent toutes les unités, examinent l'utilisation des espaces, notent nos besoins pour le service à la clientèle ainsi que pour l'enseignement et nous communiquent leurs réflexions qui se résument ainsi : vous avez besoin d'un hôpital neuf ou d'une rénovation majeure. Facile à dire, difficile à accomplir dans notre situation actuelle. Le 15 septembre 1964, la CSHO demande à la directrice générale de soumettre un sommaire des besoins, tant pour les services que pour l'enseignement. En mai 1965, le président du comité consultatif laïque se rend à Toronto dans l'espoir de faire avancer le dossier puisque nos rapports, lettres et appels n'obtiennent aucun suivi. Le 4 juin 1965, John Neilson annonce à sœur Rapin que des experts-conseils se rendront prochainement à l'hôpital pour étudier de près la situation...

Le 27 septembre 1965, l'Hôpital général rencontre enfin le président et quelques membres de la CSHO. On y discute du besoin urgent d'équipement pour maintenir la viabilité de l'hôpital, on constate que la dette paralyse l'institution au détriment des services et de l'enseignement, on déclare qu'il y a nécessité de procéder à une rénovation ou une nouvelle construction. Le 10 novembre 1965, la CSHO refuse d'aider, voire d'autoriser la réfection aux départements de radiologie et de diététique, rendus inefficaces en raison de l'équipement vétuste encore en usage, de la structure non conforme aux nouveaux procédés et de l'augmentation des services depuis les cinq dernières années. Aucune réponse relative aux autres communications ! La courtoisie la plus élémentaire n'exigerait-elle pas un accusé de réception ? C'est définitivement une histoire de procrastination chronique ! Je serais tentée de dire une histoire de fou... Nous voudrions bien trouver un remède à cette maladie, mais quelle bombe fera bouger ces gens ?

Un rapprochement avec les expériences de mère Bruyère, en 1850, s'impose. Elle aussi avait endetté la congrégation en construisant un hôpital, le seul entre Kingston et Montréal.

L'institution de la rue Saint-Patrick, construit en 1845, comprenait seulement sept lits et ne suffisait plus aux besoins de la population de Bytown et des environs. Élisabeth Bruyère adressa pétitions sur pétitions, mais sans réponse du gouvernement. Pourtant, deux ans auparavant, ce même gouvernement avait accordé un terrain de grande valeur à la congrégation, en stipulant qu'un hôpital y serait érigé, dans une limite de temps imposé, pour y admettre «tous les malades sans distinction de religion». Les religieuses tinrent parole. L'hôpital presque terminé, l'argent fit douloureusement défaut. Fait intéressant, la pétition du 14 mai 1850 mentionnait que l'Hôpital général de Bytown n'avait reçu aucune aide du gouvernement, jusqu'à ce jour, alors qu'on sait qu'à la même époque, les hôpitaux de Kingston et Toronto bénéficièrent d'octrois pour des raisons semblables.

Cent seize ans plus tard, l'Hôpital général d'Ottawa se trouve dans une situation analogue. L'institution est paralysée. La frustration est à son comble ! Les médecins perdent patience devant le «roc de Gibraltar» qu'est la Commission des services hospitaliers de l'Ontario, la direction témoigne de moins en moins de confiance vis-à-vis les promesses vaines du gouvernement, le public prend conscience que quelque chose ne tourne pas rond. Quant à moi, je demeure partagée; j'éprouve même des sentiments conflictuels.

La Sœur de la Charité d'Ottawa, en moi, se sent humiliée par le soupçon que laissent planer certains commentaires du gouvernement et de la Commission qui sous-entendent que la congrégation a manqué de sagesse et de prudence en s'engageant dans l'aventure qui a fait de l'Hôpital général d'Ottawa un hôpital d'enseignement et une institution de premier ordre, en 1953. Les religieuses ont peut-être manqué de prudence humaine, j'en conviens, en acceptant de coopérer avec l'Université d'Ottawa et en assurant à la Ville d'Ottawa un service de santé répondant à ses besoins. Je suis par ailleurs convaincue que ce geste de collaboration était nécessaire, voire essentiel, en 1945. C'est facile de juger vingt ans après l'événement ! Au moins une personne du ministère de la Santé — Stan Martin, président de la CSHO —, a mis le doigt sur la vraie raison qui a motivé, indirectement, la démarche de collaboration de la part des Sœurs de la Charité. Cet homme sincère et d'un jugement droit a frappé dans le mille lorsqu'il a lancé spontanément cette boutade : «Les Sœurs ont bâti l'Hôpital général avec beaucoup de foi et de prières, mais pas beaucoup d'argent». C'est vrai. Et la congrégation marchait dans cette voie depuis déjà cent ans ! C'est de cette façon que mère Bruyère a bâti le réseau d'écoles bilingues à Bytown, qu'elle a assuré l'éducation des adultes autant que des jeunes, et qu'elle a développé tout un système de santé à Ottawa. Ses filles ont emboîté le pas dès que des fonds devenaient disponibles pour ces œuvres. Chez nous, la compassion et la foi ont toujours eu leur place dans nos décisions. Mon désir est qu'il en soit toujours ainsi. L'audace des Sœurs de la Charité d'Ottawa doit survivre si l'on veut atteindre les personnes qui ont besoin de nous. Ce n'est jamais facile. Mais nous ne cherchons pas la facilité, plutôt l'efficacité. Voilà mon point de vue en tant que membre de la congrégation.

À titre d'administratrice, je me dois d'avoir une autre approche. Je siège au conseil et, comme lui, je suis frustrée par les multiples refus et les silences aussi incompréhensibles qu'insensibles de la CSHO face à toutes nos suggestions et demandes. Je n'hésite pas à dire que nos supplications sont presque toujours tombées dans l'oreille d'un sourd. Un sentiment d'impuissance envahit donc notre équipe qui cherche constamment des solutions. Tour à tour, le président du comité consultatif laïque, la directrice générale et le médecin-chef expliquent leurs points de vue, tentent l'impossible pour rétablir la communication. Hélas, la démarche demeure toujours vaine ! Un beau jour l'abcès crèvera... C'est arrivé la veille de Pâques 1966.

Quelques semaines avant Pâques 1966, des membres du comité médical consultatif, las et déçus de tant de démarches vaines, de tant d'efforts infructueux, ont accompagné le

146

médecin-chef, le docteur Conway Don, à Toronto pour présenter leur point de vue et les conséquences prévisibles sur les soins aux malades, si rien ne changeait bientôt. Le ministre de la Santé, Dr Matthew Dymond, les a bien reçus, ainsi que quelques membres de la CSHO. Le ministre Dymond aborda de nouveau cette question de la probabilité que l'Hôpital général aurait été insolvable même s'il n'y avait pas eu d'assurance-hospitalisation en 1959. Une lettre du docteur Don lui montrera plus tard que ce n'était pas la perception des gens d'affaires d'Ottawa (voir Annexe VIII, page 272). Un commentaire rapporté dans l'*Ottawa Citizen*, le 2 juin 1966 et fait par M. Horace Racine, député libéral, résume la teneur de cette lettre : *The Grey Nuns have been running hospitals for 150* (sic) *years in the capital, and their bonds were better than Ontario's own government.* Le personnel du ministère de la Santé recommande aux visiteurs d'entrer en contact avec le bureau des commissaires de la Ville d'Ottawa en vue d'obtenir une aide financière.

Fidèle à la recommandation du ministre de la Santé, le groupe de médecins obtient une rencontre avec le maire Don Reid et le comité exécutif. Ce dernier promet son aide dans la recherche d'une solution. Les médecins trouvent l'accueil sympathique, ce qui leur redonne courage et espoir en des jours meilleurs. Lors de la rencontre avec le ministre, celui-ci avait conseillé de ne pas communiquer aux médias l'objet de la réunion. Cette consigne fut transmise aux édiles municipaux qui acceptèrent de s'y conformer, afin de ne pas inquiéter inutilement la population, puisque des démarches avaient déjà été prévues pour remédier à la situation.

Le Samedi saint, 9 avril 1966, coup de théâtre ! À la une du *Ottawa Citizen* on y lit : *General Hospital faces shutdown* (L'Hôpital général envisage la fermeture). Des représentants du ministère et de la CSHO ont discuté avec la presse de notre problème et fait des commentaires de nature à envenimer la situation. Certaines remarques sont même douteuses. L'article rapporte le contenu des entrevues des médecins avec le ministre de la Santé et le personnel de la Commission. Le maire de la Ville d'Ottawa s'est montré plus circonspect dans ses remarques que les députés eux-mêmes. L'article laisse d'abord entendre qu'il existe une scission entre le personnel médical et la direction de l'institution, mentionnant que la direction ne supporte pas la recommandation des médecins, de faire de l'Hôpital général d'Ottawa un hôpital public, ce qui faciliterait, pensent-ils, l'obtention d'octrois, ou d'autres formes d'aide. (Il s'agit plutôt d'un conseil comprenant des laïcs, ce que la congrégation a déjà accepté en principe.) L'Hôpital général d'Ottawa est un hôpital public selon la Loi des hôpitaux de l'Ontario. Le journaliste enchaîne : *Provincial health officials say there appears to be a serious conflict between medical and administrative officials at the hospital.* Qui a lancé cette affirmation ? L'article précise que la personne a exigé l'anonymat... Le docteur John Aldis, qui a le courage de s'identifier, parle de *desperate mess.* Un autre avance — de façon tout à fait gratuite, à notre avis — que : *Inter-hospital rivalry, complicated by racial and religious differences, have brought the situation to a full-blown crisis.* Nous étions sidérés.

Qu'il y ait eu rivalité entre les deux hôpitaux d'enseignement, je suis d'accord, mais jamais sur une base raciale ou religieuse. Sous-jacente à cette compétition entre institutions, il y avait la rareté des fonds : ce qu'un hôpital obtient du gouvernement n'est plus accessible à l'autre, donc chacun essaie de présenter la meilleure image possible dans l'espoir de recevoir une aide financière gouvernementale, et ce à divers paliers. Loin d'être à proscrire, cette compétition peut s'avérer saine lorsqu'elle s'exerce dans l'honnêteté et que les présentations ne sont pas que des subterfuges, mais visent véritablement à élaborer les meilleurs programmes de santé à l'intention de la population.

Quant à la race et la religion, à ma connaissance, cela n'a jamais été un élément important pour l'une et l'autre institution. Chacune attirait sa clientèle sur la base des services offerts et de la qualité des soins. Comme au temps d'Élisabeth Bruyère, la liberté de choix du malade était respectée.

Notre problème était un problème bien particulier à l'Hôpital général d'Ottawa et n'avait rien à voir avec des préjugés raciaux ou religieux. Il n'aurait pu être réglé, d'aucune façon, dans un rapport différent avec un autre hôpital. La coopération était facile et les rapports excellents, voire cordiaux, dans les contacts quotidiens entre les deux hôpitaux à vocation d'enseignement.

Le choc s'est produit simultanément au sein des trois composantes : le conseil d'administration, le corps médical et la direction générale. La réaction fut rapide. À 14 h, ce samedi 9 avril, nous étions réunis dans le cabinet de la directrice générale, sœur Élisabeth Rapin, où le rédacteur en chef d'un quotidien de la région, membre du comité consultatif laïque, agissait à titre d'expert et nous guidait vers une action. Nous en arrivons à la conclusion que nous ne pouvons ignorer cet article qui risque d'entacher la réputation de l'institution en raison de sous-entendus et de demi-vérités. Le groupe décide alors de convoquer une conférence de presse, dès le lendemain. Plusieurs personnes travaillent fort tard dans la nuit à la rédaction d'un texte objectif et éclairant qui calmerait les esprits et rétablirait les faits.

Quand *The Ottawa Journal* a paru, plus tard dans l'après-midi, nous avons trouvé une version beaucoup plus objective des faits. Les renseignements fournis par le docteur John Neilson, président de la Commission, décrivaient les problèmes auxquels étaient confrontés les deux hôpitaux, sans juger ni de l'un ni de l'autre, mettant l'accent sur les vrais problèmes : l'obsolescence de l'Hôpital général et son équipement insuffisant, et la taille immense de l'Hôpital municipal, tout en assurant que les deux institutions recevraient une attention adaptée à leurs besoins. «Déjà, dit-il, une firme de consultants torontoise, a commencé à examiner le cas de l'Hôpital municipal, et une autre firme, torontoise également, fera de même avec l'Hôpital général.» Cette version était plus rassurante que la première, et déjà plus près de la réalité.

Nous connaissions notre situation mais, consciemment ou non, nous ignorions comment cette tangente s'était introduite, blâmant les relations internes et externes de notre hôpital, entraînant avec nous l'Hôpital municipal, et reléguant aux oubliettes les vrais problèmes, les vrais besoins. Si l'état de nos relations tel que décrit n'était probablement pas pure invention, il ne fallait pas néanmoins laisser croire à la population que ces allégations étaient fondées. Pour quiconque a connu le milieu hospitalier des années soixante, il est clair que les relations entre les médecins et la direction avaient subi un ajustement pouvant créer des situations difficiles. L'avènement de l'assurance-hospitalisation avait modifié les rôles, ce qui ne pouvait laisser indifférente aucune partie intéressée.

Dans notre établissement, le corps médical avait une tradition plus que centenaire qui avait habitué les médecins à exercer une certaine autorité sur les décisions prises à l'hôpital. Soudain, il fallait tenir compte d'une autre présence dans le système. Celle-ci avait pour nom Commission des services hospitaliers de l'Ontario, et détenait les cordons de la bourse. Personne n'y peut rien, c'est la loi. Ce changement manifeste obligeait à la soumission d'un certain contrôle et entraînait toutes sortes de frustrations. Le système exigeait de se conformer au processus établi pour faciliter et expédier, disait-on, les communications entre l'institution et la CSHO. Plus souvent qu'autrement, il l'entravait, si l'on compare avec l'expérience précédant la venue de l'assurance-hospitalisation. La nouveauté de cette approche s'avérait onéreuse pour des personnes habituées à se présenter chez la directrice générale et, dans plusieurs cas, à décider avec elle sur-le-champ des mesures à prendre. Ce nouveau mécanisme fut décrié par plusieurs groupes de disciples d'Esculape qui n'aiment pas particulièrement s'encombrer d'intermédiaires lors de négociations et qui trouvaient exaspérante une telle procédure. De là jaillissaient, de temps à autre, des frictions prévisibles dans les circonstances, mais pas d'antagonisme durable comme le laissait entendre le communiqué du *Ottawa Citizen*.

Pour rétablir la vérité et rassurer la population, nous décidons d'aller de l'avant et préparons le communiqué pour le lendemain, jugeant que le premier texte paru avait dû faire une plus forte impression que le second, pourtant plus conforme à la réalité. La teneur de l'énoncé présenté aux journalistes se résumait à une déclaration conjointe de la direction et du corps médical de l'Hôpital général d'Ottawa, reconnaissant l'existence de lacunes à l'Hôpital général d'Ottawa, causées par les carences du système d'assurance-hospitalisation créé en 1959. On y relève aussi l'inexactitude de certaines affirmations parues dans les journaux locaux et qui présentent la situation d'un point de vue défavorable. On y souligne également la longue expérience de l'institution en indiquant qu'elle est la cinquième des fondations hospitalières canadiennes qui tiennent encore le coup. Rien d'étonnant qu'elle souffre d'essoufflement et nécessite des améliorations, un rajeunissement, sinon un remplacement. L'hôpital s'est endetté, y lit-on, pour faciliter la création de la Faculté de médecine de l'Université d'Ottawa, en acceptant de satisfaire aux exigences stipulées lors de sa fondation en 1945, cent ans après l'ouverture du petit hôpital de la rue Saint-Patrick. Il a été le seul hôpital d'enseignement dans la capitale jusqu'en 1959, date à laquelle l'Hôpital municipal assuma à son tour ce même rôle. Cette année coïncidait avec le cortège de restrictions, et le gel des rénovations et de la construction, pour une très longue période. C'était le cadeau présenté par le programme d'assurance-hospitalisation. Et pourtant...

Les années soixante ont été marquées par des progrès énormes et rapides dans le domaine des sciences médicales et on vit apparaître une prolifération d'équipement extraordinaire suscitant une demande croissante chez les malades. Dans le cours de cette évolution, nous étions paralysés par la dette et par le système. Naturellement, nous avons, alors, aussi abordé le sujet de la rivalité entre les hôpitaux, un aspect important pour la réputation du milieu hospitalier de la région. Nous avons nié catégoriquement l'existence d'une telle rivalité.

Le directeur général de l'Hôpital municipal, dans une entrevue avec les journalistes, déclara : *It's the first I ever heard of it*, et je sais qu'il était sincère. C'était la première fois que nous en entendions parler nous aussi et ce fut la dernière.

La réaction de l'ensemble de la population fut sympathique. Celle-ci s'est réveillée et a manifesté sa solidarité de différentes manières. La commissaire Ellen Webber qui avait assisté à la conférence de presse a déclaré aux journalistes que «la municipalité comprend le dilemme actuel (...) la ville ne peut se permettre de voir l'Hôpital général fermer ses portes».

Le lendemain, 11 avril, l'Hôpital général d'Ottawa faisait, encore une fois, la une des quotidiens de la capitale avec des titres aussi percutants que «Impasse financière à l'Hôpital général d'Ottawa» et «Le docteur Don s'en prend à l'incompétence des administrateurs de la Commission des hôpitaux» (*Le Droit*, 11 avril 1966), «Aid or we close, says Hospital» (*Toronto Daily Star*, 12 avril 1966). Presque tous les jours, jusqu'au 2 juin, les articles se succédèrent et, fait intéressant, plusieurs hôpitaux de la province ont saisi l'occasion pour exprimer leurs doléances auprès du ministère et des municipalités. La marmite hospitalière provinciale bouillait et une fois la soupape ouverte, la vapeur s'est échappée.

La situation, telle que décrite ci-avant, était de nature à susciter le mécontentement et la critique. Je ne suis pas surprise que ces manifestations aient fait surface mais plutôt qu'elles ne soient pas plus répandues et plus virulentes. J'ai encore l'impression, vingt-sept ans plus tard, que cette bévue commise par le ministère de la Santé fut une bénédiction pour l'Hôpital général d'Ottawa et les hôpitaux de la province en général. Elle nous a permis de présenter au public *notre* histoire, *nos* problèmes et *nos* plans. Elle nous a aussi permis de sortir de l'impasse financière qui durait depuis 1960. Toutes les lettres envoyées et les appels téléphoniques à Toronto, les nombreux déplacements, tout cela a soudain pris corps et les hauts fonctionnaires du ministère ont réalisé la véracité de nos plaintes, demandes, pressions, mécontentements, angoisses, supplications et frustrations. Ils ont ouvert les yeux et ont pu constater combien ces liens nous coinçaient dans un étau. Ils se sont réveillés et ont compris quels étaient nos besoins et notre dilemme. Ils ont délié les cordons de la bourse et réagi avec célérité. Je dois reconnaître leur rapidité à trouver des solutions une fois qu'ils ont été convaincus de l'urgence de pourvoir l'hôpital de nouvelles sources de financement. Ce qui n'est pas négligeable, à mon avis, c'est qu'avoir fait état de nos difficultés ait aidé d'autres institutions hospitalières de l'Ontario à exprimer leurs mécontentements. Le 25 avril, l'*Ottawa Citizen* citait les problèmes d'autres hôpitaux de la province. Le journaliste Patrick Best écrivait : *The financial crisis at the Ottawa General Hospital has thrust the issue into sharp focus.* Nous voilà «indemnisés» après toutes les tracasseries subies, si par cette prise de conscience, nous avons pu aider d'autres hôpitaux à mettre en lumière leurs propres situations.

Après la conférence de presse, la directrice a dû quitter pour un engagement qu'elle avait déjà reporté au lendemain à cause de cet événement. Je me trouvais donc responsable de l'institution. Les événements se sont précipités au cours de la semaine. Dès le mardi matin, le téléphone ne dérougissait pas. D'abord, la population locale sentait le besoin de communiquer, encourager, offrir de l'aide et suggérer des solutions à l'institution menacée. Le ministère de la Santé réclamait un rendez-vous avec le conseil d'administration. La firme de consultants Gordon Friesen offrait ses services. Le maire d'Ottawa demanda lui aussi à nous rencontrer car, dit-il, la Ville «a une dette morale envers l'Hôpital général». Au cours du mois d'avril, nous avons eu des rencontres fructueuses avec tous ces intervenants. Le soutien nous est venu aussi d'articles de fond publiés dans les journaux, des lettres provenant de particuliers et d'organismes. Quelques personnes ont même fait parvenir des chèques, de modestes sommes, mais qui prenaient alors tout leur sens. Ces multiples manifestations de solidarité furent d'un grand réconfort. Il y eut même des répercussions politiques. L'*Ottawa Citizen* du 14 avril rapporta que «plusieurs échevins [furent] inondés d'appels dénonçant l'injustice de la Ville qui appuie financièrement l'Hôpital municipal et non l'Hôpital général».

Vers 10 h, ce même mardi, on m'annonce un visiteur venant de la CSHO. En me dirigeant à sa rencontre vers l'entrée principale, il m'accueille ainsi : *I am one of those totally incompetent people from the Commission.* C'était John Barrett que je connaissais bien et qui était sympathique à notre cause. Je lui fais part de mon embarras devant l'expression qu'avait laissé échapper le docteur Don dans le feu de la discussion, pendant la conférence de presse et que les médias, bien évidemment, n'avaient pas manqué de souligner. Il me prit par le bras et me dit d'un ton rassurant : *Really, Sister, I don't know why you didn't do it before. I'm sure it's going to help.* Notre échange sur les événements des derniers jours fut éclairant et réconfortant. Son ouverture à nos revendications rétablit un climat de confiance de part et d'autre. Pendant plusieurs années, John Barrett a été notre meilleur allié à la CSHO, mais tous, sans exception, avaient changé d'attitude envers l'Hôpital général d'Ottawa. Parmi ceux-ci, je nomme J. P. McGavin, John Hornal, John Neilson et Stan Martin, des hommes sympathiques qui ont orchestré le redressement de nos finances en employant toutes les ressources disponibles, dans le cadre de la loi en vigueur.

Le 25 avril, se tenait la première de plusieurs rencontres, entre la direction de l'hôpital et les représentants de la Commission, dans le but de préciser les besoins en regard des possibilités. Plusieurs dispositions furent prises, la plupart relevant d'une aide particulière propre à notre statut d'hôpital d'enseignement. Nous avions du rattrapage à faire ! Lentement nous nous apercevions que des zones inaccessibles jusqu'alors à cause de la dette menaçante, véritable épée de Damoclès, présentaient dorénavant une gamme de possibilités. Dès le 22 juin 1966, le premier geste, très apprécié par le corps médical, fut une subvention spéciale de 500 000 $

pour l'achat d'équipement. Cet octroi fut renouvelé chaque année, selon les besoins, jusqu'à l'extinction de la dette en 1971. L'équipement acquis avec ces fonds n'était pas dépréciable et laissait planer encore une inquiétude pour le renouvellement des pièces dans les prochaines années. La décision la plus écrasante fut celle du maintien de la fameuse formule Gordon décrite plus tôt. L'aide la plus utile fut une modification apportée à la loi permettant à toutes les institutions qui en avaient besoin, d'effectuer des rénovations à l'édifice, au moyen d'une aide financière, qualifiée d'emprunt et amortie sur une période déterminée pour chaque projet, sans affecter nos budgets. Ces mesures nous ont permis de respirer plus à l'aise et nous ont libérés de nos soucis immédiats. C'est ainsi que nous avons pu nous remettre à planifier certaines rénovations d'une urgence criante.

Comment s'est terminée cette histoire de dette ? Comme dans les romans d'autrefois ! Normalement, le 1er juillet 1971, nous aurions dû reprendre les pourparlers pour obtenir de nouveau un financement de 3 900 000 $. Nous ne l'avons pas fait. Dès le mois de janvier, j'ai commencé à négocier, avec l'autorisation du conseil et l'aide d'un comité ad hoc, l'obtention d'un prêt bancaire. Parallèlement, avec l'approbation de la congrégation, j'ai demandé au ministère de participer avec la corporation à l'extinction de la dette. Les religieuses sont prêtes à payer rubis sur l'ongle, un million de dollars si le gouvernement accepte d'en payer deux millions de la même façon; le solde sera endossé par l'Hôpital général. À la réunion du conseil du 25 mars 1971, nous avons déjà une réponse encourageante du ministère de la Santé qui considère prioritaire une solution à cette impasse. Le 27 mai, la supérieure provinciale, sœur Marie-Michelle, écrit à la CSHO, au nom de la congrégation, demandant que la formule Gordon soit abandonnée si nous allons de l'avant avec ce plan. M. Stan Martin prend les mesures nécessaires pour concrétiser cette requête. Le 15 juin, je reçois une lettre du commissaire des finances de la Commission, M. J. P. McGavin, indiquant que les négociations avec la corporation ont porté fruit. Un accord détermine, qu'en principe, la dette capitale sera remboursée selon les conditions suggérées, quand toutes les sommes, selon la formule Gordon, seront payées (il y avait un retard de deux ans parce que nous avions remis au gouvernement, en 1961, le produit des salaires des religieuses gagnés en 1959). Le règlement final établit une somme de quatre millions de dollars répartie comme suit : 1 300 000 $ versés par la corporation et 2 500 000 $ par le gouvernement, la balance étant la responsabilité de l'hôpital. Le conseil d'administration témoigne sa reconnaissance envers mère Marcelle Gauthier, supérieure générale, pour ce geste libérateur en notre faveur (voir Annexe IX, page 273). Enfin ! Nous pouvons envisager l'avenir avec confiance, après douze ans et demi d'un casse-tête quotidien pour tenter de joindre les deux bouts sans jamais y parvenir. Cette période, une des plus sombres de toute l'histoire de l'Hôpital général d'Ottawa, est derrière nous et nous regardons devant avec espoir. Nous sommes déjà engagés dans une reconstruction de l'Hôpital général d'Ottawa et Dieu seul sait, à ce moment-ci, comment le projet se terminera.

Chapitre onze

*Je n'avais jamais songé à me trouver chargée de
cette œuvre aussi importante et difficile pour laquelle
je ne me croyais pas de vocation.*

(Mère Bruyère, 1845)

À la suite des événements que je viens de raconter, je croyais
avoir apprivoisé complètement l'Hôpital général d'Ottawa. Le
4 septembre 1968, j'ai compris que sœur Marie-Michelle, alors
supérieure provinciale, avait conclu que mon intégration à
l'Hôpital général offrait suffisamment de garantie pour qu'elle
me confiât la mission de le guider dans ses prochaines
aventures; elle me demandait d'en assumer la charge.

Sœur Élisabeth Rapin devait quitter son poste pour d'autres
fonctions et, dans les circonstances, j'étais probablement
parmi les Sœurs Grises de la Croix la plus prête à lui succéder,
mais pas à la remplacer. Témoin de l'ampleur de la tâche
accomplie de main de maître par sœur Élisabeth, je croyais
comprendre les exigences rattachées au poste de directrice
générale et je ne me sentais pas prête à m'y engager. Si
j'acceptai, ce n'est qu'après maintes représentations, dont la
plus sérieuse était la difficulté que j'anticipais dans les relations personnelles, en raison probablement des habitudes
acquises durant une longue période d'enseignement; en effet,
le rapport professeur-élèves présente une dynamique différente de celle qui prévaut entre patron et employés. Un

dialogue avec ma supérieure réussit à vaincre mes craintes et mes hésitations. J'acquiesçai enfin à sa demande, promettant de remplir cette tâche de mon mieux.

Endosser une telle mission m'effrayait ! Depuis six ans je remplissais plusieurs fonctions importantes mais... dans un rôle d'adjointe. Dans ce cas, les conséquences sont moindres et on peut toujours s'en remettre à la patronne. Devenir la patronne ne m'enchantait guère. Je ne craignais pas la tâche, ni les responsabilités. Par contre, les à-côtés m'inquiétaient. Dans le passé, mon travail s'était toujours effectué dans l'ombre et j'appréciais cette situation, je m'y sentais à l'aise. En somme, je n'étais pas préparée à me trouver face aux situations où il faut participer à des rencontres plus sociales que d'affaires, rencontres avec des personnages qui détiennent le pouvoir de changer l'orientation et le rythme de l'évolution de nos institutions de santé, voire de décider de leur avenir. Je n'étais pas habituée à côtoyer les dignitaires. Tout à coup, je me vois dans la perspective de perdre l'intimité que favorise un cercle restreint d'intervenants, pour me retrouver dans le vaste monde des dirigeants de la santé. Premier mot d'ordre : je ne vivrai qu'une journée à la fois. Au fil des ans, j'ai découvert que, parfois, une heure à la fois suffit. Vingt-cinq ans plus tard, ma résolution tient toujours. Je crois même que c'est ce qui m'a le mieux servie et permis pendant vingt ans, de «durer» dans ce poste, avec passablement d'énergie.

Cette disposition m'a assuré la sérénité dans une diversité de situations et m'a toujours garanti une réserve d'énergie à consacrer aux besoins réels. J'ai aussi misé sur d'autres points forts : une bonne connaissance de la situation financière et des rapports financiers. Ma mémoire a toujours été excellente et cela m'a été utile. De plus, je fais facilement confiance aux personnes avec qui je travaille et je délègue volontiers sans vérifier à chaque instant où en est rendu tel projet. De mon point de vue, l'important n'est pas tant comment la tâche s'accomplit, mais plutôt si c'est une réussite. Quand j'entreprends quelque chose je me rends jusqu'au bout, à moins d'être convaincue, par des raisons valables ou de nouveaux développements, de la nécessité de changer l'orientation ou d'abandonner le projet.

On a, dit-on, les défauts de nos qualités. Je suis d'accord sur ce point; il est difficile de toujours garder la juste mesure. Ainsi, on a pu interpréter mon insistance comme de l'entêtement; à tort ou à raison, je l'appelais de la persévérance. La délégation des projets peut avoir été perçue comme une démission face à mes responsabilités; pour moi, il s'agissait de confiance. Une excellente mémoire peut exposer à tenir pour une certitude ou une exactitude selon le cas, ce qui avec le temps écoulé aura pris une autre direction. Mon intérêt pour les questions financières m'a peut-être parfois poussée à scruter plus que de raison les rapports financiers. Et la sérénité manifestée face aux événements troublants a été interprétée, à plusieurs reprises, comme de l'indifférence ou de l'hésitation non justifiées. Le lot d'une journée me suffisait amplement. Je puis, cependant, affirmer que mes préoccupations ne m'empêchaient pas de renouveler mes énergies, par des loisirs rassérénants et un sommeil réparateur. Ma vie professionnelle fut remplie à capacité, en gardant, toutefois, dans ma vie personnelle, l'espace nécessaire pour ne pas être perturbée par les difficultés vécues. Cette attitude fut ma planche de salut pour affronter les années difficiles.

La première année de ce régime a été, sans aucun doute, la plus pénible. Une nouvelle fonction demande toujours une adaptation. Pour compliquer la tâche, pensais-je, je suis arrivée dans des circonstances qui m'ont obligée à me débrouiller toute seule et, en plus, à initier d'autres débutants et débutantes comme moi.

Pour les Sœurs de la Charité d'Ottawa, 1968 était l'année d'un Chapitre général. Pour les six religieuses élues au conseil général, il s'agissait de nouvelles fonctions. Elles ont dû apprendre les rouages d'un hôpital, tout en tenant compte qu'elles étaient responsables de mille huit cent soixante-quinze religieuses et de cent quarante-cinq maisons dans six pays différents, tous relevant de la direction générale de la congrégation. L'Hôpital général venait d'obtenir l'approbation des nouveaux statuts et la congrégation devait nommer un nouveau conseil d'administration. Bien entendu, nous avons suggéré des noms après consultation avec des amis de l'institution, mais le conseil général devait approuver et nommer chacun des nouveaux membres.

La création, la même année, d'une province religieuse, celle d'Élisabeth-Bruyère, la province des hôpitaux, eut pour conséquence d'ajouter six nouveaux membres au conseil provincial dont je faisais partie. De plus, la supérieure locale et ses conseillères étaient, elles aussi, nouvelles. Je ne pouvais vraiment pas compter sur l'expérience des autorités pour me guider. Ensemble, nous avons cheminé, à tâtons parfois, mais chacune a fait de son mieux. Ma confiance en la Providence a eu de quoi s'exercer. C'est aussi à ce moment que j'ai vraiment commencé à prier mère Bruyère, en prenant conscience que l'institution que je dirigeais était celle qu'elle avait fondée et dirigée pendant trente et un ans. Souvent, je disais : «Mère Bruyère, c'est ton hôpital, aide-moi», et je poursuivais en toute confiance. Oui, j'ai commis des bévues, mais de nature personnelle, sans conséquence néfaste pour l'hôpital, ni pour l'ensemble du personnel. J'étais la seule impliquée et ces gaffes étaient plus embarassantes que nuisibles. C'est ça l'expérience, paraît-il !

Malgré les événements qui semblaient vouloir retarder la nomination des administrateurs, la première réunion du conseil d'administration, présidée par mère Marcelle Gauthier, eut lieu le 2 octobre 1968. Pas mal pour des novices en organisation ! Les huit laïcs invités à se joindre à la nouvelle administration avaient tous accepté et assistaient à cette première réunion où l'honorable Lucien Lamoureux fut élu président et Peter Malcolm, vice-président. Étaient également présents Me David Dehler, Stan Hedger, Claude Lauzon, l'honorable A. B. R. Lawrence, C.R., Norman A. Loeb et Mme Georgette Turgeon. Ces citoyens engagés et dévoués apportent à l'hôpital une réserve inépuisable d'expérience et de bonne volonté. Grâce à leurs efforts et à leur collaboration avec les Sœurs de la Charité d'Ottawa, l'institution a pris un nouvel essor. Après cent vingt ans d'existence, la direction de l'Hôpital général d'Ottawa s'adjoignait des collaboratrices et collaborateurs laïques qui mettaient au service de la congrégation et de l'institution leur vaste expérience dans des domaines variés. Après ce démarrage, nous comptions garder le pas vers l'accomplissement de nombreux projets. La première activité sous le nouveau conseil, impliquant des personnes de l'extérieur, se déroula le 22 novembre, à l'occasion de la visite du ministre provincial de la Santé, Matthew Dymond. C'était l'ouverture officielle de l'unité de dialyse rénale de l'hôpital. Ce fut aussi ma première occasion de mettre les pieds dans les plats... Après les cérémonies d'ouverture où un spécialiste en hémodialyse, venu de Seattle, donna une conférence, un déjeuner réunit les quarante-cinq invités au Cercle universitaire d'Ottawa. Plus tard dans la journée, ils visitent l'hôpital, puis se rendent au Parlement pour un tour rapide des lieux et se dirigent ensuite vers la résidence du président du conseil où les attend une réception. C'est là que mon peu de familiarité avec les mondanités m'a fait trébucher. Le serveur demanda aux invités leur choix de boisson et je commandai un Sherry, seul alcool que je connaissais. Quand il est revenu avec le plateau plein de verres, de formes variées et remplis de boissons différentes, j'étais perdue. Trop fière pour avouer mon embarras, ce qui aurait pourtant réglé immédiatement le problème, je prends un verre au hasard. Malheureusement, ce n'était pas le verre de Sherry et je m'en suis rendu compte seulement lorsque le dernier invité a pris son verre, l'a regardé en disant entre les dents : «Il me semble que j'avais demandé un Dubonnet». J'ai compris ! Depuis, ce premier cocktail, j'ai eu l'occasion d'apprendre la différence entre un Sherry et un Dubonnet ainsi que la forme des verres qui les contiennent, et plusieurs autres particularités utiles lors de réceptions de tous genres.

M. Lucien Lamoureux, président du conseil d'administration pendant six ans, a largement contribué à mon «acclimatation» sociale. Sa perspicacité lui avait sûrement révélé les quelques lacunes qui étaient miennes en ce domaine et il y avait remédié en m'invitant souvent chez lui à des déjeuners et des dîners. C'est au cours de ces réceptions que j'ai rencontré de nombreux politiciens et notables de la région. Des collègues disaient de moi que j'utilisais fréquemment des approches politiques, avec succès, pour faire avancer les dossiers de l'hôpital, insinuations que sur le coup, je niais en toute honnêteté. Mais quand je fais un retour sur certaines de ces situations, je me rends compte qu'ils avaient peut-être raison. Si j'ai acquis cette habileté, je le dois au président du conseil qui a fait mon éducation en ce domaine très particulier.

La vie en milieu hospitalier n'est pas faite que de réceptions et de banquets; ce sont des événements peu fréquents, appréciés sans doute mais pas nécessairement recherchés ni même essentiels au succès. Le quotidien se loge à une autre enseigne, puisqu'il est empreint d'imputabilité quant à la mission de la congrégation devant l'institution. À l'interne comme à l'externe, il faut constamment écouter, négocier et décider. Cela est d'autant plus manifeste lorsqu'il s'agit de planification, de mise en œuvre des programmes, de supervision, de contact permanent avec le ministère de la Santé, le conseil d'administration, la congrégation, le personnel, les malades et monsieur et madame tout-le-monde. Aucun danger d'ennui mortel, mais le risque de se laisser prendre par le travail nous guette constamment. J'y ai succombé presque à chaque jour pendant vingt ans. C'est une passion qui nous habite !

Le mandat de directrice générale que j'ai reçu en 1968, malgré la crainte qu'il m'inspirait au début, m'a apporté plus de satisfaction, de joie et un sentiment d'accomplissement de mes rêves que toutes les autres années mises bout à bout. Chaque matin, la perspective de la journée à entreprendre m'emballait; je n'éprouvais pas de fatigue. On me trouvera peut-être prétentieuse d'affirmer ce qui peut paraître une énormité, ou on imaginera que je ne me consacrais pas sérieusement à mon boulot. Il n'en est rien. J'étais dans mon élément, voilà ! Je n'ai pas dit que tout a toujours «marché sur des roulettes». Loin de là ! Les problèmes, tant qu'ils existent, ne sont que des situations difficiles en attente d'une solution; une fois élucidés, ils ne sont plus des problèmes, du moins on peut y remédier ou les amoindrir. Dans cette optique, la vie prend l'allure d'un défi perpétuel jamais menaçant.

On trouvera peut-être que mon attitude contraste avec la description que j'ai faite de l'Hôpital général au cours des années 1960 à 1966. Je le concède volontiers. Nous avons vécu des défis tellement grands à cette époque que par la suite nous ne pouvions expérimenter que des progrès. Nous percevions le bout du tunnel... Il y a, cependant, une autre raison. Je suis une optimiste incorrigible. Au milieu de ces difficultés financières, il y avait suffisamment de belles relations qui se vivaient au sein du personnel pour faire oublier, par moment, les déficits des fins de mois et les mécontentements occasionnels exprimés par le personnel. Dans l'ensemble, les employés et les soignants ont manifesté un extraordinaire courage, une remarquable coopération et une patience à toute épreuve. Ils ont maintenu une atmosphère joyeuse habitée d'un dévouement exemplaire. Le fait est que nous avons quand même progressé durant cette période, malgré les difficultés et les contraintes quotidiennes.

Le programme d'assurance-hospitalisation n'a pas été uniquement une source d'ennuis. Du point de vue de la population, il apportait un grand soulagement. La maladie perdait ce caractère désastreux qu'elle avait pour ceux qui ne pouvaient se prémunir d'assurance contre la calamité que peut représenter la maladie. Pour les institutions, l'assurance comportait aussi des bénéfices. Disons que le rythme de développement que les hôpitaux ont connu, après l'avènement du programme d'assurance-santé, n'aurait pas été le même si les institutions n'avaient disposé que de leurs seules ressources pour envisager l'application des nouvelles techniques scientifiques. Ceux qui avaient expérimenté des situations normales dans les années précédentes ont pu en bénéficier plus que nous. Mais parce que ces changements se sont effectués si rapidement, le gouvernement n'a pu répondre à toutes les demandes. De plus, au fil des ans, certains facteurs ont eu pour effet d'accroître les complications financières; citons, entre autres, les abus quant aux médicaments et à la durée de séjour à l'hôpital, de même que l'équipement vendu à grand renfort de publicité annonçant des miracles. Cependant, le gouvernement de l'Ontario n'a jamais laissé en plan une institution dans l'incapacité de remplir ses obligations; l'Hôpital général d'Ottawa et d'autres institutions en sont la preuve vivante. J'ai toujours respecté les autorités de la CSHO et, plus tard, celles du ministère de la Santé, pour leur écoute sympathique et leurs efforts réels en vue d'aider ceux aux prises avec des difficultés engendrées par le système. Elles acceptaient plus difficilement de régler des situations perçues comme le résultat d'une mauvaise gestion, mais ne condamnaient pas sans retour. Je sentais chez elles certaines affinités qui donnaient à nos rapports une dimension humaine.

Ma mission de gardienne de l'hôpital a pris son essor à une époque favorable. L'hôpital venait de recevoir, du Conseil canadien d'agrément des hôpitaux, un renouvellement pour trois ans; la question de la dette était réglée pour quelques années; chaque année nous avions accès à des fonds spéciaux pour renouveler l'équipement désuet et acquérir des pièces haut de gamme; les démarches pour reconstruire l'hôpital allaient bon train; et le moral du personnel était bon. Le conseil avait approuvé une demande de fonds adressée à la CSHO afin de rénover quelques secteurs plus détériorés par le temps et l'usage, dont la salle des urgences et les consultations externes. Les travaux de rénovation étaient en cours dès la fin de 1967. Il y avait du pain sur la planche et tous se sentaient revivre. C'était presque réjouissant pour des démunis qui se voyaient dorénavant dotés de nouvelles possibilités d'amélioration quant à leur sort et à celui des malades, en général.

❖ ❖ ❖

Face à un projet de construction, le conseil d'administration et la congrégation sentent le besoin d'examiner leurs forces et faiblesses respectives. S'il survenait un revers, la congrégation en serait affectée puisqu'il n'existe qu'une seule corporation. Le conseil et la congrégation décident alors d'explorer la possibilité d'incorporer séparément l'Hôpital général d'Ottawa. Ce projet me semblait valable et j'y ai consacré toute mon énergie. Un comité fut formé et on retint les services de conseillers juridiques pour nous guider dans cette étude. Toutes les avenues possibles furent explorées et diverses solutions présentées à la corporation qui jugea prématuré un désengagement de l'Hôpital général d'Ottawa. Le gouvernement provincial avait d'ailleurs d'autres visées... L'incorporation n'aurait pas changé notre mission, pas plus que celle-ci sera changée quand, en 1993, la congrégation fusionnera ses institutions de santé de la région. À ce moment-là, les climats politique, économique et social en feront presque une condition de survie. Devant cet impératif, le Centre de santé Élisabeth-Bruyère se joindra à l'Hôpital Saint-Vincent et à la Résidence Saint-Louis pour devenir, au fil des événements, une force de collaboration ou de résistance, selon les circonstances.

Nul doute que l'intérêt accordé à la planification remplace avantageusement les jérémiades, parfois justifiées, qui ont si nettement caractérisé les années précédentes. Il m'importe, dans ce contexte, de me tenir au courant des idées nouvelles pour qu'en jaillissent des réalisations créatrices relatives à l'organisation, à la planification ou à la gestion. Les lectures, les échanges, les conférences, les commentaires du personnel, tout me nourrit et, en temps opportun, s'avère utile au progrès de l'institution. Inutile de chercher à réinventer la roue, mais n'empêche qu'on peut réorganiser ou réorienter, ce que j'ai peut-être su faire, même si j'ai toujours cru être peu imaginative. Les autres y ont suppléé et c'est en équipe que tout s'est accompli.

Il ne faut pas s'y méprendre, je ne suis pas partie pour la gloire, je reste bien les deux pieds sur terre. Dans un hôpital, le quotidien alterne entre deux pôles bien connus du travailleur de la santé. Constamment, nous allons de la vie à la mort et inversement : les situations d'urgence éternellement présentes, et la thérapeutique aussi. L'exaltation du devoir accompli et la déception devant l'échec, ce sont des extrêmes qui nous rappellent en permanence notre force mais aussi notre impuissance. Ces deux états cohabitent dans le temps et dans l'espace d'une institution hospitalière. Les progrès sont lents et nous avons souvent l'impression d'accuser du retard. Toutes ces activités, au sein d'un établissement hospitalier, portent l'empreinte de la mission exigeante qui la guide. L'Hôpital général d'Ottawa ne diffère pas des autres à cet égard. À quelqu'un qui me demandait si j'avais été témoin de beaucoup de changements à l'Hôpital général, je répondis : «Si vous n'êtes pas venu depuis six mois, ne prenez pas pour acquis que vous retrouverez tout au même endroit et que tout se fait toujours comme autrefois». Le mot d'ordre : la meilleure façon de donner les meilleurs soins possibles. Tout doit viser à combler cette exigence. Si l'on commence à travailler avec en tête un autre motif, il est peut-être temps de quitter, et vite. Voici quelques changements qui se sont produits entre 1968 et 1980.

En 1966, au moment où nous venons à peine de commencer à rénover l'édifice, on parle déjà de remaniement. Après vingt-cinq ans d'existence, les cours de technologie médicale donnés à l'hôpital seront transférés sous peu au Collège Algonquin. Les démarches entreprises en mars 1968 aboutissent à une fusion des cours offerts par les hôpitaux de la ville d'Ottawa, dès septembre de la même année. La formation des techniciens de laboratoire est centralisée afin d'assurer une plus grande économie du personnel et de l'équipement, une formation académique plus poussée et des professeurs mieux qualifiés. Les techniciens seront donc mieux formés d'où une amélioration dans les soins offerts. Ce fut le premier pas vers une centralisation des services de santé dans la région. En 1975, cette même logique achemine les programmes de formation en archives médicales et en radiographie vers le Collège Algonquin.

Le pas le plus décisif fut celui impliquant la centralisation des soins pour enfants. Depuis plusieurs années, le projet d'un hôpital pédiatrique était dans l'air et les opinions étaient partagées quant à la nécessité d'une telle institution à l'intention des enfants. Le temps a pourtant donné raison à la grande promotrice du projet, Shirley Post.

Au cours de l'impasse financière de 1966, le maire de la ville d'Ottawa avait promis d'aider l'Hôpital général, exigeant toutefois que nous fermions le service de pédiatrie quand l'hôpital pédiatrique ouvrirait ses portes. L'engagement fut facile à prendre puisque nous reconnaissions les bienfaits d'une fusion des services pédiatriques existants tant du point de vue médical qu'économique. De leur côté, les pédiatres envisageaient cette perspective d'un œil favorable tandis que plusieurs autres spécialistes hésitaient avant de se prononcer. Ils estimaient qu'un service de pédiatrie demeurait nécessaire au sein d'un hôpital général et que dans toutes les villes, où il existait un tel établissement, la municipalité devait assumer une partie des coûts de gestion, d'ailleurs extrêmement élevés. Le dilemme se résumait ainsi : personne n'avait le choix et il fallait s'engager à se départir éventuellement du service de pédiatrie ou passer outre à l'aide financière de la ville d'Ottawa. Voilà qui était impensable au cœur de l'austérité où nous nous trouvions.

Quoiqu'en 1965, ils aient refusé de se prononcer, en 1966, les médecins spécialistes se rallièrent à la décision du conseil d'administration. Ce n'est qu'à l'été 1974 qu'eut lieu l'emménagement du service pédiatrique à l'établissement situé dans le quartier Alta Vista. Le 8 février, on nous prévient que notre budget sera diminué à compter de la date du transfert. Nous disposons d'une capacité d'admission de cent quatre enfants. Au moment du transfert, j'étais en mission communautaire à l'étranger. J'avais une confiance totale dans la compétence de ma représentante, Marie Schnobb (Fortier) qui a accompli un excellent travail en collaboration avec les autres cadres administratifs. À la réunion du conseil de septembre, le médecin responsable félicite «la direction pour l'effort efficace des adjoints lors de la transition qui a exigé beaucoup de travail et de temps supplémentaire». Le compliment adressé à mes adjoints, par le médecin responsable, m'a grandement réjouie. C'était là une expérience que nous allions répéter six ans plus tard, sur une plus grande échelle. L'espace libéré par ce départ a servi à accommoder des services de consultations externes, à l'étroit au rez-de-chaussée depuis des années. Voilà qui permit de respirer un peu mieux.

Au début des années soixante, la région d'Ottawa commençait à planifier un service central de lingerie et blanchissage qui consoliderait les services de tous les hôpitaux de la ville. Le 18 mai 1966, le conseil d'administration accepte, en principe, d'y participer. Le projet approuvé par la CSHO en mars 1968 prendra du temps avant de se réaliser, comme cela arrive souvent dans les projets collectifs. Au cours des diverses étapes de la planification, du développement et de la réalisation du projet, nous avons eu le temps de renouveler tout l'équipement de notre buanderie que nous avions espéré garder fonctionnel jusqu'à l'ouverture du nouveau service, mais en vain. Les pièces d'outillage comptaient entre vingt et quarante ans d'utilisation et ne *voulaient* plus fonctionner. En mai 1970, nous avons dû présenter une demande au ministère qui accorda un octroi de 180 000 $ pour absorber les coûts de l'équipement nécessaire. Lorsqu'on annonça la construction de la buanderie centrale, en février 1972, la nôtre était déjà en fonction depuis le 21 juin 1971. Le grand projet de centralisation du service de blanchissage pour les hôpitaux d'Ottawa-Carleton fut inauguré à l'été de 1974. Seulement six institutions de la capitale avaient accepté d'y participer.

La collaboration semble de mise à cette époque. En novembre 1974, le président du Conseil régional de planification hospitalière d'Ottawa annonce la formation d'un comité qui se penchera sur la création d'un centre de production des aliments pour l'ensemble des hôpitaux de la région. À première vue, l'idée ne nous sourit pas vraiment. Néanmoins, afin d'en découvrir le potentiel, nous décidons de participer à l'étude et le conseil nomme ses représentants, F.B. Slattery et J.-Claude Lauzon, qui seront des participants fidèles et perspicaces. Le centre se développe graduellement et, en décembre 1977, nous décidons d'en faire partie, ce qui entraînera certaines modifications dans l'aménagement de notre cuisine. Elles se feront lors de la rénovation qui suivra le changement de rôle de l'établissement. En janvier 1979, la Société des services alimentaires hospitaliers de la région d'Ottawa-Carleton est constituée. Les employés des services de diététique œuvrant dans les six hôpitaux-partenaires ont collaboré activement à la planification de la nouvelle société.

Il est évident que les efforts de centralisation préconisés par le ministère de la Santé et promus par le Conseil régional de planification de la santé, remplacé plus tard par le Conseil de district régional de la santé d'Ottawa-Carleton, visaient l'économie de sommes substantielles. Et c'est dans cette perspective que nous avons accepté de devenir membre. Le résultat a-t-il comblé nos attentes ? Oui et non. Au début, les coûts ont augmenté sensiblement. Avec les années, ils ont diminué et se sont stabilisés à un niveau comparativement inférieur à ceux des hôpitaux non participants. À la fin de 1992, le président du conseil d'administration de la buanderie centrale, Jean-Guy Bourque, me confie que tous les hôpitaux, sauf un qui le fera quand sa reconstruction sera terminée, ont joint les rangs du service. La même situation s'applique au service des aliments; une institution produit, encore aujourd'hui, ses propres aliments. Par ailleurs, les indices publiés par l'Association des hôpitaux indiquent que dans cet établissement, les coûts sont considérablement au-dessus de la moyenne. On peut donc conclure que, en terme économique, le système a atteint son objectif.

Qu'en est-il de la qualité du service ? Ma réaction n'est pas aussi positive sur ce point et n'est pas la même pour les deux services. Le service du blanchissage est plus éloigné du malade que celui de la nourriture. Dans ce cas, la présentation des aliments est aussi importante que leur préparation. Je m'empresse de dire que les ingrédients utilisés dans la préparation des aliments sont d'excellente qualité et que le personnel de cette usine, car c'en est une, remplit son rôle d'une façon exceptionnelle. Leur seul défaut est de travailler à distance et de ne jamais avoir de contact avec les consommateurs, ce qui explique en partie qu'il soit plus difficile de satisfaire le client. Tout est précuit, tout doit être réchauffé, et c'est là un problème. La solution flexible idéale est encore à découvrir. À vrai dire, j'ai regretté les mets appétissants préparés par notre personnel et servis tout chauds sortis du four ou de la marmite, pleins de fraîcheur et de saveur. C'était le bon temps ! Les malades aussi les ont regrettés. Même les visiteurs du temps de notre pâtissier hors pair, Hans Vogelsang, nous rappellent encore ces délicieuses pâtisseries servies à la pause en matinée. Ah, les bons beignes !

Il y eut d'autres efforts pour centraliser des programmes affectant surtout les employés, et en petit nombre. Le service d'informatique demeure un bel exemple. Dès octobre 1968, le service d'analyse des systèmes recommandait une révision de tous les formulaires en vue de la création d'un système d'informatique. En mars 1972, l'hôpital nomme un représentant au comité central pour participer à une étude régionale sur la rentabilité d'un système d'ordinateur dans la région d'Ottawa. En 1974, l'Hôpital général collabore au développement du réseau d'ordinateur dont l'inauguration est prévue en 1975. En juin 1978, l'unité d'informatique, formée trois ans plus tôt, souhaite regrouper les établissements de Toronto et de London. Étant donné que nous sommes déjà client et membre fondateur de l'organisme, nous décidons de nous associer au regroupement et tout le système déménage à London. Nous éprouvons le besoin d'avoir accès plus facilement à l'informatique pour des fonctions particulières et, en 1979, nous commençons à établir des programmes individuels répondant à nos besoins. Les départements de médecine familiale, d'obstétrique et de gynécologie utilisent des ordinateurs reliés à l'Université d'Ottawa pour élaborer leurs propres programmes qui prendront de l'ampleur et s'établiront de façon définitive après 1980. Le cycle de la centralisation ainsi complété, nous sommes en mesure de reconnaître que tous les projets de centralisation, sauf l'informatique, ont généré, à long terme, des économies substantielles tout en maintenant une qualité de service dont les institutions elles-mêmes demeurent juges.

J'ai encore peu parlé du corps médical ou, plutôt, des médecins. Je préfère y référer en tant que personnes plutôt que groupe, car le rapport s'établit de façon totalement différente dans l'un et l'autre cas. Je ne me suis jamais habituée à l'idée que les stagiaires des programmes de gestion de la santé se faisaient des rapports entre médecins et gestionnaires. La plupart d'entre eux s'attendaient à y trouver de l'antagonisme et s'étonnaient de constater que tout ce monde se parlait. Je suis convaincue que cette perception venait du fait qu'il était toujours question, comme il se doit dans un contexte de gestion de la santé, du corps médical vu sous l'angle collectif et non pas de personne à personne. Le corps médical considéré dans son ensemble a davantage une vision orientée vers la promotion professionnelle, tandis que le médecin, en tant que personne, s'intéresse au bien-être du malade.

Comment cela peut-il influencer les relations ? Rien de bien compliqué. Chacun aura compris que lorsque je parle du groupe, la situation prend un aspect syndical puisqu'il est question des intérêts particuliers des travailleurs. Quand je fais allusion au personnel d'une institution de santé, il est davantage question de la personne qui travaille dans une situation déterminée, dans un but humanitaire. Rien de neuf ici. En somme, gestionnaires et médecins travaillent dans le même but : le rétablissement de la santé chez le malade, le maintien ou l'amélioration de sa qualité de vie. Les moyens pour y parvenir diffèrent. Ils sont sources de conflits, la plupart du temps, en raison d'une perception brouillée par l'inquiétude ou la fatigue, par un manque de connaissances des responsabilités de l'autre, ou encore par un conflit de personnalité.

J'ai gardé en mémoire certains commentaires qui m'aidaient parfois à passer outre aux réflexions désagréables. Un jour que je tentais de convaincre un chef de département qu'il devait lui-même parler aux médecins pour les persuader de tenir compte des limites et des contraintes imposées par les réalités de la vie, il me répondit : «Ça semble si facile quand vous m'en expliquez les raisons mais quand j'essaie à mon tour de le transmettre à mon personnel, je n'y parviens pas». J'ai compris son problème : je m'adressais à une personne alors qu'il essayait de convaincre un groupe. Un jour je lui ai lancé : «Vous, les médecins, vous êtes les plus charmants des hommes quand on échange avec vous individuellement mais, en groupe, vous devenez impossibles». Il a accueilli mon propos en riant !

J'ai eu des rapports amicaux et noué des relations de travail agréables avec les médecins-chef, dont je reconnais, avec gratitude, la collaboration entière et indéfectible. Se sont succédé les docteurs Conway Don, de 1965 à 1970, George Walker, de 1970 à 1976, et David Skene, de 1976 à 1980. Chacun, à sa façon, a servi l'Hôpital général avec un dévouement remarquable, durant des périodes d'activité intense, parsemées de difficultés sans pareilles. Je me dois de souligner la participation du docteur George Walker durant son mandat de médecin responsable. Il a établi un record de durée dans cette fonction difficile et exigeante qu'il a remplie pendant près de sept ans. Je me souviens des longues heures qu'il a consacrées à sa tâche, et de sa précieuse participation aux travaux de nombreux comités. Fumeur invétéré, il fut mon plus important soutien dans l'application de la politique antitabac à l'hôpital. Il s'est montré dévoué à la cause et observait les moindres points de la politique établie par le conseil. Il est décédé à Whitehorse (Yukon) en mars 1990.

Le docteur David Skene, en fonction pendant les années difficiles du transfert dans le quartier Alta Vista, a contribué grandement à l'administration de l'hôpital, en plus de créer un climat de sérénité au sein du conseil des médecins. Il a les qualités du conciliateur, précieux atout pour œuvrer dans un entourage où doivent collaborer un grand nombre de professionnels de disciplines variées. Son honnêteté, son écoute imperturbable et son sens de l'humour lui confèrent une autorité efficace. Avec quel brio, il a su faciliter les derniers milles de l'Hôpital général d'Ottawa.

Vers la fin de 1958, le poste de médecin-chef fut créé lors de l'élaboration de statuts adaptés à la nouvelle Loi des hôpitaux de l'Ontario qui préparait la mise en vigueur du programme d'assurance-hospitalisation. Ce poste a beaucoup évolué durant mon mandat à l'Hôpital général d'Ottawa. Au début, les responsabilités du directeur médical et celles du médecin-chef se chevauchaient et cette situation donnait lieu à des difficultés d'interprétation entre les titulaires des deux postes, et qui parfois pouvaient s'étendre à tout le corps médical. Le directeur médical était perçu comme un agent de la direction, ce qui ne plaisait pas du tout aux médecins. Plusieurs accommodements ont dû être négociés au cours des années. En 1972, à la suite d'une étude confiée à des consultants, il fut décidé de donner plus de responsabilité au médecin-chef et d'abolir le poste de directeur médical, ce qui fut fait dès janvier 1973. Le résultat fut inespéré. Le médecin-chef endossa sérieusement les devoirs de gestionnaire et se constitua le gardien de la gestion financière relative aux besoins exprimés par les médecins, toujours dans l'optique d'assurer une qualité optimale des soins aux malades.

C'est à ce moment que nous avons adopté, en collaboration avec le médecin-chef, notre réseau de comités administratifs auxquels siégerait au moins un représentant des médecins. Le dernier comité à les intégrer fut le comité des traitements et salaires, en 1973. Je croyais fermement à l'importance de la collaboration des médecins avec les cadres de direction. Je souhaitais un maximum de transparence et c'était un moyen d'y parvenir. Les attitudes ont évolué au fil des années, mais les problèmes ont-ils disparu ? Pas du tout. Une gestion sans opposition, au sein d'une institution de l'envergure de l'Hôpital général d'Ottawa, cela reste impensable; tant de disciplines se côtoient et toutes sont soumises aux contraintes budgétaires freinant ainsi projets et ambitions. Dans toute prise de décision à cet égard, le principe demeure toujours le même : le médecin est responsable du soin de ses malades; les administrateurs sont responsables de l'ensemble des soins administrés aux malades. Naturellement, il faut éviter de créer deux solitudes.

Durant ma première année à l'Hôpital général, ma perception des médecins fut celle d'un groupe démontrant une attitude qui prévaut souvent chez les personnes qui exercent leur profession d'une façon entière mais qui oublient parfois qu'elles ne sont pas seules à le faire. Comme n'importe où ailleurs, peut-être plus qu'ailleurs, l'organisation d'un hôpital comprend une agglomération de personnes dotées de caractère, formation, valeurs, tendances, intérêts et tempéraments différents, tous des facteurs pouvant influencer les comportements. Au cours de ma carrière en milieu hospitalier, j'ai pu constater une évolution marquée chez les médecins. D'individualistes impénitents en 1959, je les quitte en 1988, partenaires de l'équipe de gestion, œuvrant dans un esprit qui facilite la prise de décisions au sein d'une équipe où les budgets restreints exigent de la part de tous des réorientations cruciales. Sans doute ce changement est-il dû à l'évolution du système de santé sous le régime d'assurance-hospitalisation, à la coopération établie avec les gestionnaires et les autres professionnels, et au renouvellement des programmes tel que survenu dans les facultés de médecine, dans tout l'Ontario.

Après la formation d'équipes sportives
au sein du personnel de l'Hôpital général,
j'exécute le premier lancer de la saison de balle molle.

Ces dernières ne forment plus des médecins qui soignent en milieu familial, mais des professionnels qui travaillent avec une pléiade d'autres professionnels et qui doivent tenir compte de cette dimension multidisciplinaire. On s'éloigne de la formation essentiellement individualiste que nous avons connue avant les années soixante.

On sait que certaines gens entretiennent un culte envers les professionnels de la santé. Aussi, il ne faut pas s'étonner d'entendre un administrateur, pourtant doué d'intelligence et destiné à devenir très en vue dans le gouvernement provincial, affirmer des propos aussi ineptes que : *as a lay Trustee if there is a collision between the medical staff and the nursing staff of a hospital, axiomatically the medical staff has to win because that's what the hospital is all about.* Permettez que je manifeste mon désaccord. Je trouve aberrant qu'un administrateur en fonction fasse preuve d'une telle ignorance. Le cœur de l'hôpital est, et demeurera toujours, le patient. Mère Bruyère serait certainement d'accord avec moi, mais voilà que ce monsieur en remet en déclarant : *the judgement of the physician has to be more significant than either the nursing or the administration or any body else.* Après cela, on s'interroge sur les sources de conflits !

Pour illustrer à quel point certaines difficultés peuvent entacher les rapports entre la direction et le corps médical, voici l'histoire d'un accroc médico-administratif révélateur, même s'il n'est pas fréquent, parmi les plus difficiles que j'aie connus. Il reflète l'attitude sous-jacente décrite ci-avant.

Un climat d'incertitude ou de pression continue peut exacerber les sensibilités et conduire à des situations embarrassantes, parce qu'elles restent ambiguës ou manquent de transparence. Les dernières années de l'Hôpital général d'Ottawa, rue Bruyère, réunissaient tous ces éléments propices aux situations explosives : la surcharge de travail, le désir de ne rien laisser au hasard pour conserver à l'institution son statut d'excellence, la planification d'un autre hôpital qu'on voulait aussi bien coté que le premier et jouissant, en plus, de l'avantage d'un milieu perfectionné et adapté aux besoins de chacun et chacune.

Un de ces jours où la mesure était comble, les membres du comité médical consultatif ont préparé une résolution visant à se défaire d'un de mes adjoints qu'ils percevaient comme encombrant et inefficace. Dans une motion de non-confiance, ils exigeaient purement et simplement sa démission, sans explication. Je me suis aussitôt dit que ça ne les concernait pas. Je l'avais embauché et j'aviserais s'il devait effectivement être coupable de manquements graves; pour le moment, je n'avais rien à lui reprocher. À entendre les commentaires qui accompagnaient l'élaboration de la résolution, la direction était incompétente, n'avait jamais rien accompli et était responsable de tous les maux de la terre; eux, par contre, étaient sans reproche. On m'a accusée d'avoir été trop tolérante envers le gestionnaire devenu soudainement leur bouc émissaire. Un des médecins a laissé entendre, après coup, qu'il avait changé d'avis. Un de ses collègues a tenté de convaincre les intéressés que ce geste posé par le corps médical pourrait être néfaste dans nos rapports ultérieurs. Les autres ne voulaient rien entendre. Tout cela ne me paraissait pas honnête. Depuis quand les torts sont-ils tous du même côté ? Le véritable problème résidait dans un manque de solidarité. Il fallait réagir, chercher la vérité et trouver les raisons qui avaient motivé cette démarche. Je vous fais grâce des délibérations qui se sont éternisées, croyez-le ou non, pendant six mois, le temps peut-être de désamorcer les composantes émotionnelles et d'y voir clair.

S'il est vrai que les raisons invoquées étaient à tel point floues qu'on ne pouvait même pas les réfuter, il n'en demeure pas moins que la résolution indiquait un malaise évident. Puisque le comité médical consultatif est responsable au conseil d'administration pour la qualité des soins au malade, la résolution s'est rendue jusqu'au conseil qui l'a référée à la direction pour vérification et explications. Le président du conseil et moi-même avons pris notre responsabilité et mené une enquête élaborée auprès des membres du comité médical consultatif. Nous avons rencontré individuellement chacun des treize chefs de services médicaux, membres du comité. Un seul croyait qu'on devait donner une chance au présumé coupable en lui laissant l'occasion de contribuer à la solution du problème. Tous les autres étaient d'avis que le conseil devait entériner leur recommandation. Résultat de notre petite enquête : la situation demeurait aussi nébuleuse qu'au début. Aucune faute sérieuse n'avait été signalée, aucune preuve de négligence ou de dommage causé à des personnes de l'institution.

Il existait dans les hôpitaux un mécanisme permanent appelé la Commission médico-administrative. Elle se composait d'un nombre égal de membres du conseil, du corps médical et de l'équipe de direction; elle avait pour rôle de concilier les perceptions, négocier les ententes, régler les problèmes et les différends, et élaborer les projets d'avenir dans l'harmonie. La plainte fut donc confiée à la Commission médico-administrative. Son président a rencontré au moins un membre du personnel de chacun des services relevant du secteur dirigé par la personne contestée. Tous et toutes étaient en désaccord avec l'évaluation du comité médical consultatif. Non, la personne n'était pas parfaite. Et alors, qui l'est ? De l'avis du personnel consulté, ses qualités compensaient largement ses lacunes. Ils considéraient cette personne compétente et productive. La conclusion du président de la Commission, à la suite de ses rencontres, a été la même que la nôtre : la recommandation est inacceptable parce que les «accusateurs» n'ont réussi à faire la preuve d'aucune faille sérieuse et les renseignements recueillis auprès du personnel démontrent au contraire qu'il apprécie le travail de leur chef.

Si, dans toute cette histoire, on peut trouver quelque chose d'amusant, c'est bien la décision personnelle du président du comité médical consultatif qui me confia : «Dites-nous donc que vous n'acceptez pas notre recommandation et nous serons satisfaits.» Tel fut l'avis de la Commission médico-administrative. Le conseil fit sienne cette décision. Deux des représentants du corps médical siégeant au conseil ont exprimé leurs regrets que celui-ci n'ait pas accepté leur proposition. Le conseil reçut et nota leur commentaire, puis ce fut la fin de l'incident.

Dans cet exercice de discernement, la Commission a identifié trois composantes se révélant les véritables motifs du malaise. Le président de la Commission, dans sa sagesse, les a regroupées avec justesse sous le titre de «Conflits de philosophie et d'orientation». La première composante reliée au budget réunissait les motifs suivants : un soupçon quant à la procédure de répartition des fonds; les médecins obtiennent-ils leur juste part; les médecins ne veulent rien modifier de leurs habitudes dans la pratique médicale, en dépit des restrictions budgétaires. Tient-on compte des priorités dans la répartition des fonds ? Quel est le pourcentage du budget alloué à la recherche ? Bref, on ne peut pas dire que la confiance règne !

La deuxième composante concerne l'institution et le conseil d'administration. Quel est leur objectif premier ? Le soin du patient ou l'enseignement ? Sommes-nous un hôpital d'enseignement ou un hôpital universitaire ? L'équipe de soins doit-elle nécessairement être dirigée par un médecin ? Est-ce possible que le chef d'équipe soit un professionnel non médical, selon les situations ? Pourquoi n'y a-t-il pas de durée limite prévue au mandat des gestionnaires ? Les soins médicaux sont-ils totalitaires ? Représentent-ils seulement une partie des soins de santé ? Questions centrales pour lesquelles il n'existe pas de réponses toutes faites.

La troisième composante questionne l'orientation médicale. Le comité médical consultatif peut-il soumettre une recommandation au conseil sans avoir à présenter des éléments vérifiables ? Avons-nous une double norme de ce qui est juste et équitable ? Est-ce qu'on accepte l'incompétence chez un médecin ? Le chemin qui conduit à l'entente passe-t-il par le respect et la coopération ou par la critique adressée aux gestionnaires et au personnel infirmier ? Ces questions jettent un regard réaliste sur la vie quotidienne du monde hospitalier. Il ne faut pas non plus exclure les conflits d'intérêt sous-jacents qui peuvent envenimer, de part et d'autre, les contrariétés quotidiennes qui s'expliquent en partie par la taille de l'institution et ses restrictions budgétaires.

Un bon examen de conscience aidera à répondre aux questions posées et à trouver des solutions. Je pense que le dialogue renoué pendant le déroulement de ce cas a permis à tous d'ouvrir les yeux et de percevoir les acquis nous permettant d'aller de l'avant en toute confiance. Il est vrai que l'avenir pouvait paraître menaçant à cette époque. Depuis de nombreuses années, il était question de construire un nouvel hôpital. L'édifice ne suffisait plus et plusieurs services étaient dispersés à l'extérieur, exigeant dès lors beaucoup de temps et d'énergie de la part du personnel. Le but semblait toujours plus inaccessible. Arrivera-t-on jamais à ce superbe hôpital qu'on ne cessait de nous promettre ?

Après tout ce qui vient d'être dit, on croira peut-être que seules les questions financières occupaient mon temps et mes énergies. En réalité, il s'agissait plutôt de situations ponctuelles bien qu'elles aient pu provoquer parfois un impact considérable. Les autres domaines d'activités, moins tangibles sans doute, avaient cependant à mes yeux plus d'importance et me passionnaient davantage. Il en sera question dans les pages qui suivent.

Chapitre douze

Le lieu où tu te tiens est une terre sainte (...)
J'ai vu la misère de mon peuple (...) va, je t'envoie (...)
Je suis avec toi.

(Actes des Apôtres, 7, 33.34)

Dans les années 1970, la société a évolué très rapidement et
le changement s'est fait sentir partout, y compris au sein des
congrégations religieuses. Autant les sœurs avaient exercé
une influence sur les secteurs de l'éducation et de la santé,
autant elles tendaient à se désengager des postes qu'elles
occupaient jadis. Les religieuses, en général, n'étaient plus
intéressées à remplir des tâches qui comportaient autrefois un
certain prestige. Au cours de ces années, j'ai donc pris
conscience de l'évolution à l'intérieur de ma congrégation, ce
qui a provoqué chez moi un sérieux examen de conscience. À
cette époque, toutes les sœurs étaient engagées dans la
préparation du Chapitre général de la congrégation, prévu
pour l'année 1974. Au cours de mes réflexions, je me suis posé
les questions suivantes : «Qu'est-ce que je fais ici comme
directrice générale d'un hôpital d'enseignement quand d'autres
ne veulent même plus assumer un poste d'infirmière-chef et
que le nombre d'enseignantes décline au profit de nouvelles
œuvres comme le soin des enfants handicapés, la réhabilitation
des alcooliques et des prisonniers ? Est-ce que je ne devrais
pas être plus conforme à l'orientation de Vatican II ? Est-ce que

je ne serais pas mieux de me joindre à une communauté contemplative ?» Désireuse de poursuivre ma recherche intérieure, je décide de me recueillir pendant huit jours à l'abbaye des Cisterciens de Rougemont, endroit on ne peut plus propice à la réflexion. Je me coule dans le silence de la retraite, imprégnée du questionnement soulevé par le vécu de ma communauté et par la tenue prochaine du chapitre général qui offre, lui aussi, un temps propice à ce genre de réflexion puisqu'il concerne l'orientation de la communauté.

Dans ce climat favorable au retour sur soi devant le Seigneur, je consacre beaucoup de temps à la prière et au discernement. J'écoute attentivement les conférences. Je rencontre le responsable de la retraite et lui confie mon dilemme. Il m'écoute et me recommande de prier. Le lendemain de cet entretien, à la chapelle, je prends la Bible et je l'ouvre au hasard en posant, à l'aveuglette, l'index sur ce texte : «Ôte les sandales de tes pieds, car le lieu où tu te tiens est une terre sainte. Oui, j'ai vu la misère de mon peuple en Égypte et j'ai entendu son gémissement; je suis descendu pour le délivrer. Et maintenant, va, je veux t'envoyer en Égypte.» (Actes des Apôtres, 7, 33.34). Je lis et referme le livre pour réfléchir à cette parole. J'ouvre de nouveau le livre et, singulièrement, je tombe sur le même passage. Confirmation de la Parole.

Convaincue que ce passage des Actes me livre un message, je tente de le déchiffrer. D'abord, il me parle de respect pour le lieu où je suis; il est une terre sainte... Ce lieu où je suis et où je travaille, que je questionne et que je voudrais changer, c'est l'Hôpital général d'Ottawa. Terre sainte ? Pour moi, oui. Il s'agit d'une œuvre fondée par Élisabeth Bruyère, ma mère spirituelle, et celle où mes supérieures m'ont envoyée en mission; elle est donc sacrée pour moi. Je n'ai peut-être pas assez apprécié le privilège de travailler dans un endroit où, chaque année, des milliers de démunis viennent chercher la santé qui leur manque pour vivre sereinement leur mission personnelle. Respecter ce lieu équivaut à l'accepter, à l'accueillir comme un don du Seigneur. Je dois d'abord faire acte de remerciement et mettre ensuite plus d'enthousiasme dans l'accomplissement de mes devoirs de directrice générale. Je commence à comprendre et les doutes sur ma mission se dissipent dès lors.

Tous les autres éléments du message tombent en place de la même manière. Ma retraite terminée, je suis prête à agir dans le sens de l'inspiration reçue à Rougemont. Seconde conversion ! La première avait eu lieu dans l'église paroissiale de Frederick House, à l'âge de dix-huit ans. Combien d'autres suivront ? Je n'en sais rien. Probablement plusieurs. Le Chapitre général des Sœurs de la Charité d'Ottawa, tenu en 1992, rappelle à ses membres «qu'il n'y a pas d'évangélisation sans une conversion permanente». Une seule chose demeure certaine : l'ultime conversion se produira quand je paraîtrai devant l'Éternel.

La communication silencieuse a fait état de la misère du peuple qui habite cette terre et de son gémissement. Je m'identifie à Moïse et retrouve dans ma vie des éléments semblables, au point d'en être bouleversée. Prétentieuse ? Non. Moïse est un être ordinaire qui a reçu une mission extraordinaire. Pour qu'il puisse remplir sa mission, le Seigneur l'a protégé dès sa naissance. Ne fait-il pas le même geste pour chacun et chacune de nous ? Moïse a dû travailler, suer, être contrarié, subir des échecs... Dieu était avec lui. Dieu est avec moi.

En examinant d'un regard lucide la situation de l'Hôpital général, j'y découvre des misères. L'hôpital fait partie d'une minorité sur le plan de la religion et de la langue. En quelque sorte, son sort s'apparente à celui des Hébreux, contemporains de Moïse. Bien sûr, l'hôpital n'est pas sous le coup de la persécution, mais il demeure défavorisé. Les gémissements montent des lèvres des malades, non seulement à cause de leurs souffrances physiques mais en raison de situations injustes. Le français est bafoué chez nous, l'institution ne reçoit pas sa part de fonds de la municipalité; il faudrait nous afficher plus ouvertement comme établissement catholique et bilingue.

Les dirigeants de l'hôpital peuvent et doivent s'engager dans la voie de l'amélioratioin sans pour autant accroître le fardeau financier. Il s'agit de s'y mettre et de ne pas dévier du parcours. Premier pas : faire revivre la philosophie que nous a transmise mère Bruyère et qui a servi à orienter l'Hôpital général dès qu'il a succédé à celui de Bytown. Déjà, en 1965, l'Hôpital général avait formulé sa philosophie en affirmant son lien avec l'hôpital fondé en 1845, «dans un esprit de charité chrétienne, pour procurer les soins corporels et spirituels aux malades qui lui seraient confiés». Un très beau texte suit cet énoncé (voir Annexe X, page 274). Nous le rafraîchissons en le simplifiant et l'actualisant. Nous le diffusons largement pour en assurer l'observance par tous. L'accent est mis sur la foi et la langue, toutes deux inspiratrices de principes et de valeurs appropriées dans une institution de santé. Il est reconnu que certains moments de la vie confèrent à ces valeurs une importance nouvelle. La maladie, surtout à l'approche de la mort, en est un exemple. Un des présidents du conseil d'administration a bien rendu cette idée quand il a lancé : «On peut bien me forcer à vivre en anglais mais je veux mourir en français.»

Le texte révisé de notre philosophie, publié en 1972, explicite les principes déjà énoncés et établit désormais des objectifs à atteindre, que ce soit au travail, dans l'utilisation des ressources disponibles ou dans les relations avec le public et les organismes. Le but visé demeure le même : des soins de qualité dans un environnement chrétien. Le texte prend une forme plus facile à comprendre et à se rappeler. D'abord, l'hôpital est défini carrément comme une institution de soins de santé, catholique et bilingue, qui participe à l'enseignement médical et paramédical. Notre orientation s'exprime par l'actualisation de notre croyance en des valeurs que tous peuvent comprendre et apprécier : le droit de chaque individu à la vie, à la santé, à la dignité humaine et à la liberté de foi. Nous croyons aussi que les soins de santé, la recherche et l'enseignement sont interdépendants et qu'ensemble, dans un système intégré, ils contribuent à assurer le mieux-être de la population.

Les objectifs deviennent plus clairs. Il s'agit d'aider à maintenir et améliorer la santé de la collectivité; de fournir des soins appropriés, efficaces, organisés et autorisés; de promouvoir la recherche reliée aux soins de santé; de procurer et de mettre de l'avant des programmes de formation pour tous les intervenants de la santé. Dès lors, nos ressources prennent la forme de politiques clairement définies en ce qui a trait à un personnel compétent et consciencieux, à des techniques diagnostiques et à des méthodes thérapeutiques modernes, à du matériel et à des installations efficaces dans un environnement propice.

Pour redonner à l'institution l'évidence de son caractère catholique et bilingue, nous devons d'abord définir l'hôpital catholique car le public avait tendance à le décrire d'une façon un peu simpliste, voire négative parfois. «C'est un hôpital, disait-on, où on ne pratique pas les avortements.» Certains le définissaient par les crucifix accrochés aux murs et d'autres, enfin, par les propriétaires qui étaient des religieuses. Il s'en trouvait même pour croire que tout le personnel et tous les patients étaient catholiques. Bien que ces définitions comportent des éléments de vérité, aucune n'est complète.

Qui parle de catholicisme parle d'Église. Quelle sorte d'Église trouve-t-on dans un hôpital catholique ? La même qu'ailleurs. Elle a le même fondateur, une foi commune, un enseignement basé sur la Parole de Dieu, les sacrements institués par Jésus, les rites de célébration et de pénitence établis par la tradition, une hiérarchie connue et la perspective de la vie éternelle que le Christ Roi nous a promise. Cependant, ces caractéristiques de l'Église sont vécues dans des circonstances différentes. Ici, notre foi et notre obéissance doivent se manifester dans un contexte de souffrance, d'espoir, de déception, de répit ou de cessation de la vie terrestre. Dans la joie ou dans la peine, l'Église demeure la communauté du peuple de Dieu, dont chaque membre vit en communion avec ses frères et sœurs et avec son Dieu. Ce peuple fait l'expérience de la tendresse, de la pauvreté, du deuil, de la douceur, de la miséricorde, de la paix, tour à tour offerts et accueillis. C'est ainsi que l'hôpital catholique accomplit sa mission, c'est-à-dire le ministère de guérison de Jésus prolongé par les soignants qui s'appliquent, avec compassion, à donner la meilleure qualité de soins possible.

Le ministre de la Santé Frank Miller mentionnait, lors d'une visite dans notre établissement, qu'il reconnaissait un cachet spécial qui se dégageait des hôpitaux gérés par les religieuses ou par l'Armée du Salut. Libre à quiconque d'y croire. De nombreux patients et visiteurs m'ont fait le même commentaire. Ceci est dû, je crois, au fait que des groupes religieux, ayant une formation semblable et vivant une philosophie commune, assurent la continuité des valeurs privilégiées et la stabilité des traditions s'inspirant de la mission de l'institution.

Les gardiens de l'authenticité de la mission et de la foi, avant Vatican II, étaient le *Guide d'éthique médicale,* la justice sociale et le Service de pastorale. Maintenant on y retrouve aussi des comités d'éthique des soins de la santé et des responsables, ou des comités, pour l'efficacité de la mission. Je pense qu'il est rassurant pour les usagers de savoir que des mécanismes existent, dans les établissements de santé, pour assurer une normalisation de l'environnement et des relations humaines, aussi bien qu'une prestation standardisée des soins de santé.

L'institution catholique que nous sommes a eu à s'affirmer ouvertement lors de la loi permettant l'avortement thérapeutique, selon certains critères, dans les hôpitaux du Canada. Un de ces critères était que l'institution s'inscrive comme participant au programme. Nous répondons à la demande, en avril 1972, par une lettre au Premier ministre Bill Davis, dans laquelle nous indiquons notre position ferme en faveur du respect de la vie. Le 8 mai, celui-ci nous écrivait : «Je comprends très bien le sentiment profond qui vous porte à vous opposer à l'avortement. Je tiens à vous réitérer l'assurance qu'il n'y a aucune loi susceptible d'exiger que les hôpitaux établissent des comités d'avortements thérapeutiques. D'autre part, le gouvernement de l'Ontario n'a nullement l'intention d'exiger d'un individu qu'il soit tenu à l'exécution de ces fonctions contre son gré.» (traduction libre) En septembre, nous posons un geste positif en regard de notre position à l'endroit de l'avortement en établissant un service de planification et de consultation familiales organisé par le docteur Gilles Hurteau et ses collègues professionnels des divers services.

Dans son rapport annuel de 1972, le président Lucien Lamoureux rappelait que «l'Hôpital général d'Ottawa sert la population de la région depuis plus d'un siècle. Traditionnellement, il a un mandat bilingue qu'il ne saurait méconnaître». Or, au cours des années, ce mandat perdit un peu de son lustre, notamment dans la perception qu'en avait la collectivité. Les clients se plaignent parfois. L'un d'eux, offusqué par la réception d'un état de compte rédigé en anglais, publie une lettre dans un quotidien de la capitale, en 1966, (voir Annexe XI, page 275). J'y reconnais la plainte et le gémissement du peuple d'Égypte signalés dans ce texte de l'Exode qui m'a tant interpellée. Ce bon monsieur qui nous rappelle à l'ordre suggère des mesures draconiennes pour discipliner l'institution; elles paraissent d'autant plus sévères que nous traversions, en 1966, une grave crise financière. Mais le fait existe. Les francophones se sentent lésés et continuent à nous blâmer, à nous accuser, à dénoncer notre négligence. Je comprends la situation. Aussi, pour raviver notre patrimoine bilingue, des mesures sont-elles successivement mises en vigueur.

Il faut dire que dès 1962, la direction travaillait étroitement avec le comité de relations publiques chargé de mettre l'accent sur le bilinguisme de l'hôpital, et réaffirmait l'importance d'assurer un personnel bilingue dans tous les services. La signalisation, à l'intérieur de l'hôpital, doit évidemment être

187

bilingue et les préposés à la réception et au téléphone doivent parler correctement les deux langues. L'année suivante, un compte rendu du conseil d'administration note que la présidente s'inquiète du degré de bilinguisme qui prévaut dans l'institution. Elle déclare que, «bien que l'Hôpital général existe d'abord pour le soin des patients, il devient alarmant de constater le grand nombre de médecins dont la langue et la culture sont complètement étrangères aux nôtres». Je constate que le commentaire de mère Saint-Paul, avec lequel je suis d'accord à cent pour cent, a été le point de départ d'une campagne efficace pour recruter des médecins bilingues et augmenter le nombre de ceux qui partageaient non seulement notre culture mais celle de la majorité de nos patients.

Le ministre de la Santé Frank Miller a agi de la même façon, en 1974, quand il créa un comité d'action sur les services de santé en langue française. Il avait œuvré au Québec où il avait appris assez de français pour comprendre qu'il faut pouvoir communiquer avant de coopérer. Y a-t-il coopération plus nécessaire que celle qui doit exister entre le malade et son médecin ? C'est avec enthousiasme que j'ai accepté de faire partie du comité d'action parce que je croyais pouvoir contribuer à l'amélioration des soins médicaux en travaillant à une meilleure compréhension entre soignés et soignants. Notre rapport a été déposé en 1976. Les résultats n'ont pas été immédiats — le contraire eût été surprenant — mais la situation des malades francophones de l'Ontario s'est graduellement améliorée. Parmi les décisions prises par le gouvernement, j'ai reconnu quelques-unes des recommandations émanant de ce rapport, que nous avions intitulé *Pas de problèmes ?*

Un tel titre a dû intriguer plusieurs lecteurs qui n'ont lu que des fragments du document. Il a surgi de notre première visite exploratoire. Nous avions choisi une localité du Québec qui vivait, à l'inverse, le problème linguistique des Franco-Ontariens. Fondée par les Loyalistes, donc complètement anglophone à l'origine, Sherbrooke est devenue une ville à majorité francophone dont les principales institutions de service et de formation en matière de santé sont presque entièrement francophones. Or, dans celles-ci, nous avons trouvé des gens profondément convaincus qu'ils vivaient une situation idéale et contents de leur sort sur le plan linguistique. Chez eux il n'y avait pas de problème. L'un de nos interlocuteurs répétait constamment : «Pas de problème !» Quand nous avons quitté ces messieurs-sans-problème, nous nous sommes dirigés vers l'hôpital des anglophones. La ritournelle avait changé. Il y avait des problèmes et ils ressemblaient singulièrement aux nôtres. «On nous force à écrire nos lettres au ministère en français. C'est difficile maintenant, mais nous apprendrons le français, et c'est nous qui en bénéficierons. Le Canada tout entier nous sera ouvert tandis que ceux qui ne s'en tiennent qu'au français se ferment graduellement au reste du pays.» Ils réglaient leurs problèmes à leur avantage. Je les ai admirés, car ils avaient autant de cran que nos Franco-Ontariens à l'époque du Règlement 17.

Je reviens à notre effort pour promouvoir le bilinguisme de notre établissement. En 1972, le conseil demande que les statuts de l'hôpital soient traduits en français. Rien de plus normal. Ils étaient rédigés en anglais parce qu'il fallait les soumettre ainsi au ministère de la Santé pour en obtenir l'approbation. Une demande de subvention à la traduction fut soumise audit ministère, puis refusée. Une nouvelle tentative, faite auprès du Premier ministre Davis, est prise en considération, mais n'aboutit pas. Un refus définitif nous pousse alors à utiliser des fonds destinés à des items jugés moins importants que l'accès direct à des règlements écrits dans la langue des administrateurs dont la majorité est francophone.

Les procès-verbaux du conseil d'administration peuvent-ils être bilingues ? Les premiers rapports officiels étaient rédigés uniquement en français. En 1968, quand nous avons commencé à recruter des membres auprès du grand public, nous nous sommes retrouvés en présence d'anglophones qui ne parlaient ni ne comprenaient le français, et nous avons présenté des textes anglais. Au début de 1972, la situation financière nous a permis d'avoir des services de traduction et les deux versions furent offertes à tous les administrateurs. Était-ce satisfaisant ? Pas le moins du monde ! Trop de dépenses ! C'est alors que les procès-verbaux sont devenus vraiment bilingues. Il n'y avait plus de répétition; les paragraphes alternaient selon la langue utilisée par celui ou celle qui présentait le sujet de discussion. Même un aspect aussi simple que celui que je viens de décrire devient complexe quand on veut être bilingue. Finalement, nous sommes revenus aux procès-verbaux dans les deux langues.

À la suite de la politique du ministère de la Santé concernant les services en français, devenue officielle le 3 octobre 1979, nous avons dû réorganiser les cours de langues offerts à notre personnel depuis plusieurs années. Même si dorénavant le ministère de la Santé les subventionne, nous avons maintenu les services de Mᵐᵉ Claire Lamoureux, qui avait fait des merveilles d'organisation et d'enseignement, et ceux d'une bénévole, Mᵐᵉ Lucette Thibault, pour perfectionner nos cours de français et d'anglais. Un projet de plus grande envergure a été inauguré en 1971, bien avant que le ministère de la Santé prenne des mesures semblables pour les autres hôpitaux. Nous avons offert des cours de langues à notre personnel médical et infirmier, ainsi qu'aux administrateurs. Avec la collaboration du Département de formation linguistique du Collège Algonquin, nous avons réussi à organiser deux séries de cours, une à l'intention des débutants et une autre pour ceux et celles qui avaient déjà une connaissance du français. Le gouvernement de l'Ontario a consenti un octroi de dix mille dollars à ce projet. Le programme débute avec cent trente-cinq anglophones qui s'initient au français et soixante francophones qui étudient l'anglais. Les étudiants, qui représentent toutes les catégories d'intervenants, acceptent de contribuer vingt dollars, remboursables par l'hôpital si l'assiduité aux cours est irréprochable. Cette entente a duré trois ans. En 1975, nous avons dû négocier un autre arrangement financier. La Commission de la Capitale nationale accepte alors de payer un tiers des coûts, soit un peu plus de sept mille dollars. La province assume le reste des dépenses dans le cadre d'un programme pour adultes, géré par le Collège Algonquin. Les gestionnaires du Service de stationnement acceptent de fournir cinq mille dollars, provenant des revenus générés par ce service, pour couvrir le déficit dû au grand nombre d'étudiants inscrits au programme. Au début, les cours se donnent pendant les heures de travail, plus tard, un des deux cours hebdomadaires se donne à même les heures de travail et l'autre après la journée de travail. En 1979, tous sont offerts en dehors des heures de travail.

À quoi s'engage le ministère de la Santé par son projet de bilinguisme ? Il promet d'instituer, dans certaines régions à prédominance française de l'Ontario, un ensemble complet de services de santé en langue française. Il veut que, dans la mesure du possible, chaque lettre ou appel en français reçoive une réponse en français; il souhaite assurer un personnel bilingue compétent là où c'est nécessaire, organiser des cours de français si les circonstances l'exigent, installer une signalisation en français dans les bureaux du ministère, fournir des documents et des formulaires bilingues et imprimer toutes les publications dans les deux langues. Le projet n'a pas causé beaucoup de changements à l'Hôpital général, si ce n'est de lui redonner un nouveau souffle et disposer d'une plus grande facilité à obtenir des fonds spécifiques, quoique minimes, pour favoriser le bilinguisme.

Tous ces changements, initiés ou développés dans le sens de notre mission, ont été l'expression de mon accueil à la Parole du Seigneur me demandant de rester à mon poste, au lieu où il m'envoya pour agir avec compassion envers son peuple. J'y suis allée avec enthousiasme et détermination. J'en ai fait ma mission personnelle. La compassion ? C'est le mot d'ordre, le charisme de mère Bruyère, la valeur qui a coloré toutes ses œuvres et qu'elle veut voir fleurir chez toutes ses filles. Faire grandir l'Hôpital général d'Ottawa, réaffirmer sa mission et redorer sa position relativement minoritaire dans un climat de compassion, voilà un mandat qui m'a passionnée.

Est-ce qu'une femme peut parler de sa mission, en 1993, sans parler de féminisme ? J'allais le passer sous silence... Je ne suis pas certaine que mes collègues féminines auraient approuvé que je n'en glisse pas le moindre mot. Un jour, je me suis fait taquiner parce que j'ai dit, au cours de l'émission télévisée, *Contour présente* : «Nous autres, les religieuses, ça fait longtemps qu'on est libérées !» Je l'ai dit avec grande conviction et je le crois encore.

Une expérience de groupe m'a révélé que des sentiments peuvent être éveillés, si les circonstances sont favorables. Lors d'une session que j'avais organisée pour le personnel de la direction de l'hôpital, dirigée par un psychologue, une personne suggère que l'on échange sur les relations hommes/femmes au sein de l'équipe. Au début de la session, cela ne me posait aucun problème. Après deux heures de discussion, je commençais à penser que j'en avais un et je suis sortie de là avec des problèmes ! Je ne me reconnaissais plus ! À frapper sur la tête d'un clou, il finit par s'enfoncer. Nous avions commencé à nous examiner individuellement au lieu de considérer l'équipe. À mesure que les heures passaient, je constatai que nous ne travaillions plus ensemble. Il s'était développé, de part et d'autre, une attitude défensive, génératrice d'agressivité. Heureusement que l'animateur était là !

Mais le «mal» était fait. Dans les semaines qui ont suivi, j'étais devenue soupçonneuse. Je doutais de la sincérité et de la loyauté de mes collègues masculins. Je me suis même surprise plusieurs fois à passer des commentaires tels que : «Réagirais-tu de la même façon si je n'étais pas une femme ?» ou «Comme tu es un homme, tu penses que tu as tous les droits». On se faisait confiance auparavant, que s'était-il donc passé ? J'ai dû me rendre compte que c'était moi qui avais changé. Ces échanges m'avaient sensibilisée à certains aspects à partir desquels j'interprétais maintenant les faits et gestes de mon entourage, à tort ou à raison, je ne le sais plus.

Cet épisode m'a donné une leçon. Ce n'est pas en jugeant ou en blâmant les autres qu'on s'améliore. Il y a absolument personne qui peut me changer, qui peut m'obliger à penser ou à vouloir quoi que ce soit; c'est un domaine où je demeure absolument libre. Je suis responsable de mon «être» comme de mon «agir»; personne ne peut m'enlever cette autonomie. L'important, c'est de rester soi-même. «L'identité de chaque femme est issue de son intérieur, chacune est donc unique», comme il en est de même pour les hommes (citation tirée d'une brochure publiée à l'occasion de la semaine internationale des femmes, le 8 mars 1987). C'est vraiment qui je suis qui compte. Et c'est avec tout mon être que je vis, que je grandis, que j'aime, que je m'épanouis. C'est ce que j'appelle être soi-même. Dans cette même brochure, je lisais aussi que «les femmes sont compatissantes, sensibles, responsables, intelligentes et peuvent prendre leurs propres décisions.» Je le savais déjà mais c'est toujours bon de le voir confirmé. Ce n'est pas en reniant ces qualités chez la femme et en essayant de devenir comme nos frères que l'on fera la promotion de la femme. C'est plutôt en cultivant nos qualités que nous y parviendrons. Je veux bien qu'on parle d'égalité entre la femme et l'homme mais pas de similarité. Si cela fait de moi une féministe, soit.

Jusqu'à maintenant, dans ce chapitre, j'ai décrit des valeurs qui revêtent une grande importance, tant dans ma vie privée que professionnelle. Celles-ci ont motivé mes décisions et orienté mes projets. Je rappelle ce que j'ai dit au début de cet ouvrage : j'ai eu beaucoup de chance. Certaines propositions ou suggestions me sont venues sans que je ne les aie cherchées. L'une de ces «providences» s'est manifestée par l'intermédiaire d'un chef de service, en janvier 1975. Au cours de la réunion mensuelle avec les chefs de service, Jack Gilbert mentionne qu'il a reçu un appel téléphonique d'un de ses anciens professeurs qui lui propose un projet pour l'hôpital. Le docteur Gerald M. Goldhaber et un groupe de psychologues nous offrent d'être l'objet d'une enquête-témoin sur l'appréciation de la communication. Il s'agit d'une sous-recherche d'un projet de l'Association internationale des communications (AIC) dont le docteur Goldhaber est président. L'objectif de l'étude est de déterminer la qualité de la communication dans les grandes entreprises et l'AIC veut inclure l'étude d'un hôpital. Donc il n'en tient qu'à nous de profiter d'une telle occasion. Inutile de dire que j'ai aussitôt souri à cette chance, même si une telle enquête peut paraître menaçante de prime abord. Dans mes décisions, je n'ai jamais été une peureuse ! C'était peut-être une autre histoire quand arrivait l'heure de les mettre en œuvre... mais je me faisais vite une raison, je n'y pensais plus et j'allais de l'avant.

Il faut décider rapidement. Tous les chefs de service sont présents. L'ordre du jour se voit immédiatement modifié avec l'accord des participants. Nous discutons des avantages que nous procurerait une telle étude. J'impose une seule condition : les recommandations devront être mises en oeuvre à moins que quelqu'un puisse prouver que ce serait au détriment de l'institution ou des personnes qui la composent. Nous appelons, sur-le-champ, le directeur du projet pour obtenir des réponses à toutes nos questions et pour découvrir que les conditions nous sont favorables. Le coût d'une telle étude se chiffre à environ cent mille dollars. Comme il s'agit d'un projet de recherche mené par l'AIC, nous n'avons qu'à verser un maximum de six mille dollars pour couvrir les déboursés des chercheurs : logement, voyages et repas pendant leur séjour à Ottawa. Leur travail reste gratuit. L'étude comprend l'administration des tests et des entrevues, la présentation des données et l'aide nécessaire pour mettre en œuvre les recommandations. Nous sommes tous d'accord : allons de l'avant ! Je pense que cette décision prise si rapidement s'est avérée la plus fructueuse pour créer une atmosphère de collaboration, de camaraderie, d'appartenance et de créativité durant tout le reste de mon mandat de directrice, soit pendant treize belles années vécues dans un enthousiasme presque ininterrompu. Il faut dire que jusqu'à ce temps-là, nous avions tellement mis l'accent sur des problèmes de survie que nous avions oublié de vivre. Or, ce programme nous proposait justement un mécanisme pour vivre pleinement en harmonie, tout en fournissant une gamme optimale de services aux malades.

Le projet n'a pas traîné. En février 1975, une équipe de psychologues s'amène chez nous. Au départ, la participation du personnel est fantastique. Je n'y suis pour rien car c'est Jack Gilbert qui coordonnait les rencontres dont une avec la direction. Or, 977 questionnaires ont été complétés par le personnel, soit 70 % du personnel permanent. Les services paramédicaux ont remporté la palme avec 94 % de participation, et les services de gestion ont eu la plus faible contribution, soit 47 %. Les membres de la direction ont répondu à 81 %, les services médicaux à 70 % et les services infirmiers à 57 %. Seulement 14 % des médecins ont participé, ce qui n'a pas permis d'inclure les résultats dans la généralisation des commentaires recueillis, mais ils ont eu une utilité indicative. Nous en avons cependant tenu compte en incluant les médecins dans certains projets découlant des recommandations.

Un rapport préliminaire a été présenté deux mois après notre décision de participer à l'étude. À la suite de cette première étape, 15 % du personnel fut interviewé au cours de sessions individuelles variant d'une heure à une heure et demie. Je me souviens d'un commentaire du Dr Goldhaber au cours de mon entrevue. J'en suis restée bouche bée ! Il m'a dit n'avoir jamais vu un hôpital aussi «stérile». Devant ma soudaine réaction, il a senti le besoin de s'expliquer. Un tel constat se dégageait des réponses aux questionnaires : les communications par bulletin ou autres communiqués, les activités extérieures organisées par ou pour les employés, les rencontres à l'intérieur de l'établissement, le partage des événements heureux ou malheureux, la décoration des endroits publics et des salles communes, tout était quasi inexistant chez nous.

Les autres rapports présentés par la suite ont tous fait l'objet d'analyse, une attention particulière étant accordée au suivi des recommandations. Nous avons immédiatement apporté des améliorations suggérées par nos amis chercheurs. La première, celle qui a touché le plus grand nombre, fut la pause-café vagabonde. Chaque deux semaines, un chef de service invite tout le personnel à prendre le café. C'est une bonne occasion pour présenter son service aux autres employés et répondre aux questions de leurs confrères et consœurs. Projet agréable, informatif et formateur, créateur de liens entre les membres du personnel et qui a duré tout le temps que j'ai été directrice générale dans les deux institutions.

D'autres initiatives voient le jour : un bulletin mensuel est publié. Les correspondants de *Dialogue* sont des représentants de chaque secteur qui en profitent pour faire connaître leurs activités, leur progrès, leurs initiatives et leurs difficultés. Des équipes sportives (hockey, ballon, balle molle, squash) sont organisées à l'intérieur du groupe et entrent en compétition avec des équipes locales. Des excursions de ski et des tournois de golf annuels deviennent populaires. Au temps des Fêtes, un grand rassemblement réunit les membres du personnel et leurs invités. À cette occasion, on célèbre quiconque a atteint vingt-cinq années de service au cours de l'année qui s'achève. Une autre activité instituée à la suite du projet est la nomination d'une personnalité du mois, choisie par ses collègues, et d'une personnalité de l'année parmi les douze gagnants ou gagnantes des mois précédents. Nous nous sommes aussi joints au ministère ontarien du Tourisme qui offrait mensuellement le prix Noël-Kerr que nos employés ont mérité plusieurs fois. Ces activités se sont modifiées au fil des ans mais le sens est demeuré le même : mieux nous connaître et célébrer notre esprit de camaraderie.

Parallèlement à ces projets de relations humaines, une autre entreprise a fait son chemin en vue de rendre l'intérieur de l'hôpital plus intéressant. Plusieurs personnes se sont dévouées à cette tâche. Quelques-uns sont partis en quête de tableaux, de dessins, de reproductions des grands maîtres, d'objets décoratifs, de réalisations artistiques de leurs amis, et ils ont réussi un exploit en recueillant plus de cinq cents pièces. Le personnel de la menuiserie a fabriqué des cadres ou assemblé des cadres préfabriqués, pour rehausser la valeur de ces œuvres. L'hôpital a fait peau neuve. Pour ma part, je me suis débarrassée de tous les stores vénitiens datant de la construction de 1953 et j'ai orné les fenêtres de rideaux. Ceci complétait le suivi aux recommandations portant sur la qualité de la communication. Je ne connais pas un autre hôpital canadien qui ait fait l'objet d'une telle étude, mais je sais qu'elle a valu, pour nous, plusieurs fois son pesant d'or.

La dernière activité découlant de l'étude valait à elle seule le déboursé consenti. Je ne m'y suis pas engagée avec assurance ni de gaieté de coeur, mais je voulais être fidèle à ma promesse de mettre à exécution toutes les recommandations, à moins de pouvoir prouver qu'elles auraient une incidence négative sur l'institution ou son personnel. Je ne pouvais aucunement me dérober à l'ultime recommandation de nos chercheurs qui proposaient de tenir des sessions pour intégrer, faciliter et rendre plus efficace le travail de l'équipe de direction. Prenant donc mon courage à deux mains, je rejoins un des psychologues de Milwaukee avec qui nous avions travaillé et que nous avions trouvé très sympathique. Dans une longue conversation avec le docteur Harry Dennis, je réussis à préciser la forme que prendraient ces sessions. Il consent à les animer si les cinq membres de la direction sont d'accord. Il se rend à Ottawa et rencontre individuellement chacun de nous afin de mieux nous connaître. C'est un début. Des cinq directeurs, je suis probablement celle qui craint le plus l'exercice, ou qui se sent la moins à l'aise avec l'idée de retrouver mes collègues autour d'une table pendant deux jours, deux fois l'an.

La première journée fut pénible. Je me sentais maladroite, gênée, réticente. Ma peur subsistait. Je sentais un peu d'hostilité de la part d'un collègue et cela m'empêchait de communiquer; j'en étais presque paralysée. Mais à mesure que nous avancions dans le processus, je prenais de l'assurance. On se découvrait mutuellement. Ma plus grande surprise fut l'aspect positif des dialogues et des exercices imposés. Cette attitude a produit des résultats durables chez chacun de nous. Le malaise que je ressentais quand on dirigeait une remarque à mon endroit, s'est estompé graduellement et a fait place à une franchise de bon aloi. Nous nous disions calmement des vérités que nous évitions de formuler auparavant. Le résultat fut l'émergence d'une transparence bienfaisante qui contribua à accroître une confiance mutuelle. Cette amélioration de nos relations et de la communication eut un effet bénéfique sur tout le personnel œuvrant dans l'institution. Chaque semaine, nous inscrivions à notre agenda une journée où nous prenions ensemble le déjeuner, afin de cultiver la relation établie entre nous. La cohésion de notre équipe fut remarquable. Elle est demeurée telle jusqu'en 1980, alors que le démantèlement de l'Hôpital général d'Ottawa a eu pour effet de disperser les membres. Une seule d'entre nous a choisi de faire partie de l'équipe qui allait établir le Centre de santé Élisabeth-Bruyère. J'en reparlerai. Il faut d'abord bâtir le nouvel Hôpital général d'Ottawa. Avant de m'y attaquer, je dois mettre la dernière touche au développement de l'image souhaitée pour notre établissement.

Afin de créer un plus grand sens d'unité et d'appartenance, nous avons décidé de doter l'Hôpital général d'Ottawa d'un logo reflétant sa raison d'être. Après plusieurs essais par des amateurs de bonne volonté, j'ai décidé de recourir aux services d'un professionnel. M. Jean Blache, alors dessinateur à l'émission *Croquer le verbe* de Radio-Canada, a présenté son projet à notre assemblée annuelle du 24 avril 1975. On y retrouve, au centre, le G de Général, dessiné de façon à suggérer une flamme, symbole de la vie, de l'espoir et de l'enseignement de la science. Il repose sur une lettre H (Hôpital) ayant la forme d'un lit qui lui sert de support et de contenant, rappel des soins prodigués aux malades. Le tout est circonscrit par le O représentant la ville d'Ottawa et la région d'Ottawa-Carleton, aussi bien que l'Outaouais, tous desservis par l'Hôpital général. Les couleurs officielles proposées sont les suivantes : orange brûlé pour le G, blanc pour le H et brun caramel pour le O qui sert de fond aux deux autres lettres et qui évoque la couleur de l'habit religieux des Sœurs de la Charité d'Ottawa. Ce nouvel insigne, image de notre renouvellement, plaît aux membres du conseil qui l'approuvent comme reflet des valeurs de notre établissement.

Puisque le Centre de santé Élisabeth-Bruyère reprend en partie la mission de l'Hôpital général d'Ottawa, il n'est pas surprenant d'y retrouver un logo qui ressemble au précédent. Une simple adaptation de l'ancien a suffi pour le créer. Le Centre est encore un lieu de soins, situé dans la même région qu'auparavant. Le seul élément qui ait changé dans le nouveau symbole reflète la nouvelle clientèle. Nos bénéficiaires ne sont plus des malades, mais des résidants. Le S de Santé remplace le G de Général et sa forme demeure semblable pour signifier encore la flamme de vie, d'espoir et de science. Les lettres H (Health) et S (Santé) soulignent le bilinguisme séculaire de l'institution et témoigne de sa continuité. En 1993, le logo sera modifié pour refléter la fusion des trois institutions. La forme est différente, mais elle souligne plusieurs des mêmes éléments.

Enfin libérés de la dette, en 1972 il nous est possible d'envisager une prestation encore plus humaine des soins aux malades. Nous sentons en effet le besoin d'examiner de près la satisfaction de nos clients et, partant, d'harmoniser nos services non seulement avec les attentes de la clientèle, mais également en fonction des besoins de la région. Notre réputation avait perdu quelques plumes au cours des contraintes subies de 1959 à 1971. Depuis une douzaine d'années, nous étions brimés dans notre volonté d'ajouter à nos services un système de vérification pour mesurer la qualité des relations avec les patients, les visiteurs et les employés. Pour y arriver, je demande la coopération de quelques personnes que je sais favorables à une telle orientation. La réponse s'avère enthousiaste.

Le groupe décide de créer un comité des soins aux malades; présidé par la directrice générale, ce comité inclut un membre de l'administration, un membre des soins infirmiers, un membre du personnel médical, un malade hospitalisé ou ayant été hospitalisé. L'expérience du malade apporte un nouvel éclairage. Pour varier les points de vue, nous invitons un nouveau patient à chaque rencontre mensuelle. Ce patient est choisi par le comité mais peut aussi être suggéré par des personnes qui ont eu connaissance d'une critique, d'une suggestion ou de questions restées sans réponses. Après avoir entendu des suggestions, allant de la plus simple à la plus complexe, le comité en vient à établir un double constat : d'une part, il y a cette prise de conscience, par les malades, qu'ils ont un mot à dire dans la gestion de l'hôpital; d'autre part, il y a cette décision de créer une nouvelle fonction, celle de porte-parole des malades.

Une description du poste, accompagnée des conditions de travail et de l'échelle salariale, est présentée au conseil d'administration qui l'accepte avec quelques petites modifications. La première titulaire de ce nouveau poste est nulle autre que la représentante des infirmières au comité, Mlle Hélène Pilon, femme d'expérience, surveillante de soirée depuis plusieurs années, qui s'est trouvée plus souvent qu'à son tour au cœur de difficultés et problèmes de toutes sortes. Mlle Pilon avait apporté aux membres du comité une collaboration exemplaire et demeurait la plus apte à remplir le poste d'ombudsman. Elle entre en fonction en février 1975 et y demeure jusqu'à son départ pour le nouvel hôpital. En 1993, elle occupait toujours ce poste à l'Hôpital général, promenade Alta Vista, où je me suis prévalue de ses services lors de l'hospitalisation d'un membre de ma famille. Elle a comme toujours fait preuve de compassion, d'efficacité et d'amabilité. Je ne crois pas faire erreur en disant que nous avons été la première institution hospitalière au Canada à créer officiellement un tel poste, permanent et rémunéré.

Que fait un ombudsman dans un hôpital ? Les tâches peuvent varier d'une institution à l'autre, mais il y a une fonction qui se retrouve partout, soit celle de représenter le malade et de parler en son nom. Cette personne fournit aide et assistance aux malades et à leurs familles; en étroite collaboration avec le personnel médical et hospitalier, elle cherche aussi à éliminer tout ce qui fait obstacle au respect des malades et au bon fonctionnement des services offerts. Elle voit à ce que les politiques et les règlements de l'établissement soient bien compris par les familles et les visiteurs et, selon les besoins, transmet aux chefs de service les impressions ressenties et les expériences vécues par les malades.

Dès les premières rencontres du comité des soins aux malades, Hélène Pilon s'était donné la tâche de guider ce comité dans l'élaboration d'un énoncé de principes ou d'une déclaration qui inclurait les droits et les devoirs des patients. En somme, le patient a le droit de savoir qui le soigne, qui est responsable de prendre les décisions, ce qui lui arrive et lui arrivera; il va sans dire qu'il a le devoir de coopérer avec le personnel, une fois qu'il a accepté le traitement. Comme ce genre de déclaration demeure complexe, son adoption ne se fait qu'après consultation auprès de l'Association des hôpitaux de l'Ontario, de l'Association canadienne de protection médicale et de nos avocats. Approuvée au début de 1978, la déclaration est diffusée en même temps que la philosophie de l'hôpital.

Au Centre de santé Élisabeth-Bruyère, l'ombudsman est un bénévole qui se rapporte au conseil d'administration. Elle fait partie du comité des résidants et travaille surtout à éviter que ne se développent des situations problématiques et que ne surviennent des incidents. Une institution de soins prolongés n'a pas à débattre des mêmes problèmes qu'une institution de soins aigus. Les urgences s'y font plus rares et les problèmes, dans une large mesure, peuvent être prévus et prévenus.

J'ai constamment eu le souci d'humaniser le plus possible les soins de santé. Cela est demeuré une préoccupation de tous les jours, selon les besoins décelés au sein de la communauté et de la collectivité. Ce n'est qu'au Centre de santé Élisabeth-Bruyère que j'ai pu pleinement réaliser le rêve de l'humanisation des soins aux mourants (seul un programme temporaire avait été esquissé à l'Hôpital général, même si nous avions travaillé à l'élaboration de l'éventuelle unité de soins palliatifs dont je reparlerai dans un prochain chapitre).

Chapitre treize

C'est à mes supérieures que doit appartenir
la prudence; je ne veux me réserver que l'obéissance.

(Mère Bruyère, le 5 février 1845)

Le premier plan du nouvel hôpital, élaboré dans les années 1966-1967, prévoyait une reconstruction sur le même site, agrandie par l'acquisition de terrains environnants. Il s'avéra que ce projet tenait de la fantaisie. Quand la valeur monétaire fut connue, l'évidence nous obligea à regarder ailleurs. En effet, il eût été irrationnel de débourser quinze millions de dollars pour un site quand nous pouvions obtenir trois fois plus de terrain pour quelque trois millions. L'acquisition d'un emplacement sera autorisée par le gouvernement, et l'Université d'Ottawa en effectuera l'achat en fidéicommis en janvier 1973. Comme nous planifions en groupe, le ministère de la Santé décide qu'aucune construction ne débutera tant que l'Université n'aura pas soumis ses besoins pour l'ensemble des établissements d'enseignement de la médecine. Nous sommes donc à la merci des autres institutions qui ne partagent peut-être pas le même sentiment d'urgence que le nôtre...

En août 1965, nous soumettons à l'Université nos projections pour un hôpital d'enseignement. Or, le 3 septembre, au cours d'une réunion convoquée par le recteur, celui-ci annonce que l'Université va construire un hôpital universitaire sur son campus. Aucune mention n'est faite du mémoire déposé au mois d'août ou de nos plans de construction. Consternation. Mais où sommes-nous dans ces plans ? Il y a vingt ans à peine, nous devenions le premier et le seul hôpital d'enseignement dans la région en nous endettant irrémédiablement pour satisfaire aux exigences de la Faculté de médecine... Nous avons doublé le nombre de lits, aménagé des espaces de service et recruté un grand nombre de médecins de calibre universitaire. A-t-on décidé de nous liquider d'un trait de plume, après cent vingt et un ans de loyaux services à la population d'Ottawa ?

Que nous sommes loin des décisions unilatérales du siècle dernier ! Dorénavant c'est un réseau qui oriente la prise de décisions. Que nous arrivera-t-il ? Les autres profiteront-ils du plan de financement fédéral-provincial pour la construction d'hôpitaux d'enseignement, au détriment du nôtre ? Les deux paliers de gouvernement couvriraient alors tous les coûts, c'est alléchant ! Est-ce la raison pour laquelle l'Université songe à s'approprier l'hôpital d'enseignement qui sera construit ? On verra peut-être dans ces questions que je soulève, quelque tendance paranoïaque. Il ne faut pas oublier que 1965 était pour nous une période de disette et que le corps médical avait saisi l'occasion pour étaler la liste de ses doléances, des lacunes réelles ou imaginaires, des problèmes qui paralysaient notre établissement. La solution à nos difficultés financières était encore à venir.

Notre inquiétude était probablement sans fondement. Il n'a plus été question du projet de l'Université par la suite. Nous poursuivons notre planification. En avril 1967, nous retenons les services de la firme Gordon A. Friesen International Inc. comme consultants pour le projet à long terme. L'équipe dirigée par Delbert Price, vice-président de la firme, commence immédiatement l'étude des lieux et prépare un premier rapport qu'elle présentera au conseil d'administration le 13 décembre de la même année. Cela n'a pas traîné... Ce qui est mis de l'avant pour améliorer l'état des choses dans l'immédiat, ainsi qu'à plus long terme, s'avère bénéfique pour le moral des troupes. Le personnel coopère pleinement.

Certaines des conclusions du rapport étaient prévisibles : le site actuel est jugé inadéquat selon les normes généralement admises, l'édifice n'offre que 64 % de l'espace nécessaire à un hôpital général de 622 lits, de sérieuses déficiences existent à peu près dans tous les systèmes et dans la configuration générale de l'édifice. Les recommandations peuvent se résumer comme suit : un hôpital complètement neuf doit être construit le plus tôt possible sur un site d'environ douze hectares de superficie en tenant compte des édifices à ajouter au cours des vingt prochaines années. Il faut également prévoir les exigences de l'enseignement médical dans l'élaboration des plans du nouvel hôpital et veiller à ce que tous les services d'approvisionnement et de distribution soient centralisés et automatisés. Le conseil d'administration endosse ce rapport et s'attaque à la tâche immédiatement. Dès le mois de mars 1968, les plans sont soumis à la municipalité et au conseil de planification. La suggestion d'utiliser le quadrilatère formé par les rues King Edward, Saint-Patrick, Sussex et Boteler fait partie de la recommandation.

Jusque là j'agissais comme second violon; c'était rassurant. Mais en septembre 1968, je suis désignée chef d'orchestre. Je suis reconnaissante à sœur Élisabeth Rapin qui, avant de quitter son poste, a embauché un directeur de la planification doté d'une grande expérience, Lorne Trask, qui entre en fonction dès novembre. Compétent et efficace, cet acteur principal de la réalisation du nouvel hôpital général me tenait constamment à jour et ordonnait son travail de façon à ne pas retarder les approbations requises. Pendant neuf ans, il a été mon bras droit pour tout ce qui relevait de la planification. Il aplanit les routes et comble les vallées ! Il fait progresser les dossiers de construction et de rénovation, minimisant les frustrations constantes causées par des retards inexplicables dus à la lenteur de l'appareil politique ou aux délais des fonctionnaires à réagir aux projets soumis. Quand nous croyons avoir atteint le but, les règles du jeu changent et nous recommençons. De 1968 à 1970, beaucoup de travail est accompli mais nous recevons peu d'approbation pour concrétiser nos plans. Il y a toutefois, une bonne nouvelle.

Un an après la présentation de nos plans, nous obtenons une rencontre avec les représentants de la Ville d'Ottawa, le 20 février 1969, jour du 124ᵉ anniversaire de la fondation de notre congrégation. Mère Bruyère a sans doute voulu nous encourager dans notre persévérance ! Mᵉ David Dehler, porte-parole de l'hôpital, rappelle le rôle des Sœurs depuis la fondation, souligne la responsabilité de la ville dans la continuation des services qu'elles ont toujours donnés et intéresse les auditeurs en indiquant que le nouvel hôpital pourrait être la propriété d'une corporation autonome et distincte de la congrégation. Ensuite l'architecte explique à l'aide d'une maquette l'utilisation du site proposé pour la construction de l'Hôpital général. Lorne Trask annonce alors le coût de la construction estimé à quarante-trois millions de dollars (le coût final sera soixante-trois millions). Il fait connaître notre attente d'une aide financière de la municipalité d'Ottawa. Le bureau des commissaires démontre une sympathie appréciable durant toute la rencontre. Puis «le plan directeur est mis en veilleuse pour un temps indéfini».

Déblocage en avril 1971. On applique l'adage : diviser pour régner. Le ministère de la Santé propose que l'Hôpital général d'Ottawa soit scindé, à savoir l'édifice actuel et un autre construit dans le quartier Alta Vista, au Centre des sciences de la santé. Le conseil accepte le principe et se remet à la tâche redoublant d'ardeur. La firme d'architectes Bregman & Hamann se met à l'œuvre pour adapter le plan directeur selon les nouvelles données. En juin, c'est l'inauguration du conseil de planification du Centre des sciences de la santé lors d'une réunion préliminaire, première d'une longue série de rencontres pour les cinq établissements participants. Outre le Centre médical de la Défense nationale et l'Hôpital pour enfants de l'Est de l'Ontario, déjà sur place, et l'Hôpital général d'Ottawa, désigné comme partenaire, la Faculté de médecine de l'Université d'Ottawa planifie d'emménager ses locaux là où se déroulera l'action. Le Royal Ottawa Hospital s'est joint au conseil de planification du Centre des sciences de la santé en novembre 1973; il deviendra un institut de réhabilitation responsable du développement d'un centre spécialisé en réadaptation.

La machine se remet en branle mais les lenteurs persistent. Les travaux ne recommencent sérieusement qu'en février 1974, dix ans après leurs débuts ! Les plans schématiques qui déterminent les espaces requis sont terminés en mars et suivis des plans préliminaires approuvés le 19 décembre 1974, par le conseil du Centre des sciences de la santé d'Ottawa, puis soumis au ministère de la Santé à la fin de mai 1975. Ils sont acceptés le 8 octobre 1975 et nous recevons la permission d'entreprendre la prochaine étape du processus de planification. Les 50 625 mètres carrés projetés seront-ils suffisants ? Plusieurs facteurs restent à déterminer. Le Service de production des aliments ouvrira-t-il ses portes à temps pour nous permettre un espace réduit dans les cuisines ? Y aura-t-il approbation pour la clinique du cancer (Centre régional de cancérologie de l'Hôpital général) ?

La clinique du cancer demeure un point d'interrogation à plusieurs titres. Dès 1973, la collectivité francophone était menacée d'être privée d'une telle clinique au nouvel hôpital. «Il est très important de protéger et garantir le bilinguisme ainsi que les aspects religieux qui sont l'apanage de la clinique du cancer de notre hôpital. Bien des malades en sont au dernier stade de leur maladie et il serait bon qu'ils puissent communiquer dans leur langue maternelle et recevoir les consolations de leur religion.» Qui plaide cette cause ? Une religieuse ? Non ! C'est le docteur George Walker, médecin-chef, qui est ni catholique ni francophone. Avec le père Roger Guindon, recteur de l'Université d'Ottawa, il est un tenace défenseur de la présence d'une clinique du cancer au nouvel hôpital. Le public et la presse anglaise, au courant des faits concernant la fermeture possible de cette clinique à l'Hôpital général d'Ottawa, ont tant et si bien protesté que les autorités concernées finissent par annoncer, le 30 mai 1974, qu'une division de la clinique du cancer sera intégrée dans le complexe du nouvel hôpital. Le principe directeur vise une intégration physique maximale, fonctionnelle et administrative de la clinique et du nouvel Hôpital général (la clinique principale étant toujours située à l'Hôpital municipal). Le grand nombre de personnes traitées à cette clinique, entre les années 1980 et 1993, démontre combien le docteur Walker et le père Guindon ont eu raison de lutter contre une décision qui aurait défavorisé toute la population d'Ottawa-Carleton, notamment les francophones. Même le ministère de la Santé le reconnaît officiellement, en janvier 1993, lorsqu'il approuve et finance un agrandissement de vingt-sept millions de dollars pour cette même clinique.

De toute évidence, la planification progresse et les nouvelles sont encourageantes. Même si le coût prévu de la construction augmente, quasi quotidiennement, nous voyons poindre une lueur d'espoir. La première bonne nouvelle provient de la municipalité régionale d'Ottawa-Carleton qui annonce qu'un octroi de cinq millions de dollars pour le nouvel hôpital est approuvé dans les prévisions budgétaires aux fins d'immobilisation pour la période 1974 à 1978. Une autre nouvelle nous parvient de l'Université d'Ottawa qui, avec le ministère de la Santé et les partenaires du Centre des sciences de la santé d'Ottawa, est parvenue à une entente pour favoriser le financement de la construction des édifices du programme en cours. Il est proposé que l'octroi de fonds soit accéléré par un financement intérimaire au moyen d'un emprunt bancaire. À ce moment-là, j'ai cru que cette sorte de financement était de bon augure, or, j'en doute à présent. Je suis presque convaincue que cela déclencha la décision de la congrégation de «laisser aller» l'Hôpital général d'Ottawa avec tout ce qu'il représentait de tradition, de dévouement, de compassion auprès des malades. Mais voilà que j'anticipe.

Dans une lettre en date du 1er novembre 1974, le sous-ministre de la Santé confirme à mère Marcelle Gauthier, supérieure générale des Sœurs de la Charité d'Ottawa, que le nouvel hôpital situé dans le quartier Alta Vista sera, tel que prévu, sous l'autorité de la corporation des Sœurs de la Charité; mais le projet stagne. Il semblait si bien amorcé au cours des deux années précédentes ! Les démarches pour arriver à une solution de la question du financement semble avoir occupé la majeure partie des discussions pendant cette période. Le conseil d'administration exprime son inquiétude. Le 27 novembre 1975, il adopte finalement une résolution autorisant le financement intérimaire à la condition que le ministère de la Santé de l'Ontario garantisse le paiement de tous les frais découlant de ce mode de financement. Cette restriction me préoccupe fortement. Je suis certaine que le gouvernement ne s'engagera pas, officiellement, envers une institution comme la nôtre pour des dettes dont l'ampleur reste inconnue. La décision du conseil, soumise à la corporation, est endossée intégralement par celle-ci le 12 décembre. Tout semble devoir se réaliser selon les plans et on s'attend à commencer la construction à la mi-juin. C'est compter sans la Providence. Parfois, elle se manifeste sous le couvert de l'échec. Ici, il s'agit de plusieurs événements décevants qui ont conduit à une décision de la congrégation, décision lourde de conséquences pour mon avenir et probablement pour celui de nombreux autres.

Au milieu des hésitations, des projets avortés, des délais et des démarches entreprises, le train-train de la vie continue. Le premier incident, qui en déclenchera bien d'autres, fut un accident cardiaque qui terrassa le ministre de la Santé, Frank Miller, remplacé de façon intérimaire par Bette Stephenson. Contrairement à Frank Miller, elle ne me paraissait pas très sympathique aux hôpitaux gérés par des religieuses. Femme autoritaire et de franc-parler, elle parvint à convaincre la supérieure générale de notre congrégation qu'il n'y avait pas de place pour nous dans ce nouvel hôpital, bien qu'elle n'ait jamais prononcé ces paroles.

Mère Marcelle Gauthier avait manifesté une ouverture en demandant un rendez-vous à Dr Stephenson dès que celle-ci fut entrée en fonction dans son poste de ministre intérimaire de la Santé. La ministre accorda une entrevue à la religieuse, le 3 mai 1976, pour simplement démontrer que l'on devait laisser à d'autres le soin de mettre sur pied le nouvel hôpital. Pour sa part, mère Marcelle Gauthier se sentait incapable d'admettre, sous sa corporation, une institution à laquelle la congrégation n'aurait pas contribué financièrement. En somme, elle ne voyait pas comment un groupe eût pu prendre possession d'un hôpital sans y avoir investi des fonds.

C'est une vision de l'administration d'un hôpital que je peux comprendre, mais à laquelle cependant je ne peux adhérer. Durant les cent cinquante années d'existence de l'Hôpital général de la rue Bruyère, je crois que tout ce que la congrégation a engagé représente un investissement permanent de la part des Sœurs de la Charité, non seulement en argent mais aussi en énergie, en savoir-faire, en créativité, en de nombreuses heures de travail au-delà du devoir et en services gratuits (jusqu'en 1948). Autre personne, autre vision de la vie. Toujours est-il que la ministre Stephenson était d'accord. Elle comprenait le point de vue de la congrégation. Le grand pas était fait. La décision de «n'assumer aucune responsabilité financière dans le projet de construction sur la promenade Alta Vista ni d'agir comme corporation du nouvel hôpital» fut prise par le conseil général de la congrégation le 9 juin 1976 (jour de mon anniversaire de naissance) et communiquée au conseil d'administration le 28 octobre suivant.

Mes ambitions d'occuper un bel hôpital tout neuf et moderne se sont transmuées en un surcroît d'énergie dédiée à la nouvelle cause qui m'était confiée : celle de me vouer aux personnes exigeant des soins prolongés. Le «Va, je t'envoie» a retenti une nouvelle fois. Le conseil d'administration a aussitôt jugé nécessaire d'établir une nouvelle corporation afin d'éviter tout délai dans la mise en œuvre du projet de construction et a voté, le soir même, le projet d'une nouvelle corporation. Tous les administrateurs furent invités à en être membres fondateurs; tous les laïcs et quatre religieuses acceptèrent. Par la suite, une demande de création d'une société propriétaire du nouvel hôpital a été soumise à l'approbation du ministre de la Santé et du ministre responsable des Corporations, le 6 janvier 1977. La nouvelle corporation a attaché beaucoup d'importance à la continuité entre le nouvel et l'actuel Hôpital général d'Ottawa en prolongeant sa longue tradition. Sa charte d'incorporation approuvée en mars 1977 mentionne «l'intention de voir le nouvel hôpital continuer de s'identifier à la communauté francophone que l'ancien Hôpital général d'Ottawa a toujours desservie» et qu'il se doit «de refléter et perpétuer, dans ses politiques et ses pratiques, le caractère bilingue et biculturel ainsi que les valeurs religieuses et traditionnelles» du premier Hôpital général d'Ottawa.

«Les soins de santé aux francophones en danger», titrait le *Ottawa Journal* du 3 novembre 1976. L'article dénonce le «refus des Sœurs, propriétaires de l'Hôpital général, de garantir le paiement des intérêts sur l'emprunt de 61 000 000 $ pour construire un hôpital de 450 lits, mettant ainsi en danger le droit des francophones d'être soignés en français». Comme les interprétations d'un événement peuvent varier de l'un à l'autre ! Au moment de la décision de la congrégation, la question financière était réglée, et la congrégation le savait. Les fonds devaient être entièrement fournis par trois paliers de gouvernements : fédéral, provincial et régional. Plus encore, en septembre 1976, dans un geste sans précédent, les présidents de la municipalité régionale et du conseil d'administration de l'Hôpital général d'Ottawa, ainsi que le vice-président du Conseil régional de santé du district d'Ottawa-Carleton, tous accompagnés de leurs conseillers, avaient rencontré la supérieure générale et l'économe générale des Sœurs de la Charité pour leur «offrir de construire, posséder et administrer l'Hôpital d'Alta Vista en fidéicommis». En conséquence, la communauté savait que l'hôpital ne courait aucun risque financier, sinon par une mauvaise gestion. La décision de se désister de l'institution est prise le 11 octobre 1976 et la raison invoquée est qu'il «ne peut entrer dans les objectifs d'une congrégation religieuse d'administrer les biens publics». Cette fois, nous sommes d'accord ! J'ajouterai cependant que je n'aurais probablement pas interprété cette invitation uniquement comme la prise en charge d'une institution publique. À première vue, ce geste m'apparaît plutôt comme l'occasion à saisir afin de poursuivre le ministère de guérison, et cela, sur l'invitation des grands responsables du secteur de la santé, du monde politique et de notre institution.

En novembre 1977, le nouveau conseil d'administration nomme un directeur général qui prend immédiatement la responsabilité de l'institution en devenir. Les bonnes relations entre les deux hôpitaux ont facilité un processus qui aurait pu être pénible. Je me sens soulagée de pouvoir maintenant gérer notre propre établissement et considérer son avenir tout en négociant librement les transferts de personnel, d'équipement, de dossiers, etc. Chaque institution est une entité distincte : deux conseils, deux gestionnaires principaux, deux corps médicaux, et bientôt, deux personnels. C'est rassurant pour les deux groupes. Les deux établissements paraissent et sont autonomes.

Un comité de liaison formé de représentants des deux entités a agi à titre de négociateur pour toutes les transactions et je peux affirmer que ces rencontres étaient fort intéressantes. Lors du transfert, la priorité est accordée à toutes les questions entourant le personnel. Nous avons tout près de deux mille employés et nous tenons à ce que leurs droits et privilèges soient respectés. Le 1er avril 1959, la congrégation avait instauré un fonds de retraite privé pour tous les employés de ses institutions et il fallait, afin d'assurer la conservation maximale des bénéfices, transférer notre plan à celui de l'Association des hôpitaux de l'Ontario qui gère les fonds de retraite de presque toutes les institutions hospitalières de la province. Nous avions amorcé les démarches nécessaires à la fin de 1974, longtemps avant que la décision ne soit prise de se départir de l'hôpital. En juin 1976, l'Association accepte notre demande et le transfert s'effectue le 1er janvier 1978, laissant amplement de temps pour les ajustements requis avant le transfert officiel des employés vers l'autre institution. Un processus de négociation entre les deux institutions assure que les droits acquis du personnel soient reconnus par le conseil du nouvel hôpital. Nos représentants au comité de liaison ont vu à ce que les négociations soient honnêtement conclues et qu'elles favorisent le plus possible les employés, en tenant compte de leur choix. Les responsables du nouvel hôpital ont démontré leur sens de responsabilité envers nos employés dans un esprit de franche collaboration. Six mois avant l'ouverture de la nouvelle institution, le personnel était fixé sur son sort. L'identification des employés à l'un ou l'autre établissement longtemps avant la scission leur permettait de se familiariser avec le nouveau milieu.

Le dernier geste posé conjointement est la présentation des soumissions pour la construction, tenue dans notre salle de conseil en présence de représentants des deux administrations. Difficile d'oublier le jour, le 9 juin 1977, celui de mon anniversaire de naissance. On me présente comme cadeau un beau projet de soixante-trois millions de dollars ! Le geste suivant fut de rendre officielle l'autonomie de chacune des deux institutions. Parti le beau présent ! Je l'ai laissé aller sans regret.

Les années m'ont filé entre les doigts. Événements urgents, amusants, frustrants, motivants ou déchirants se sont succédé à un rythme accéléré à mesure que nous approchions du dernier jour d'existence de l'Hôpital général de la rue Bruyère. J'avais souvent l'impression d'un véritable carrousel où toutes les actions s'imbriquent l'une dans l'autre et semblent destinées à ne jamais s'arrêter... Planification pour le nouvel hôpital, réutilisation de l'édifice actuel, fêtes, célébrations, deuils, déracinements, départs, rupture, maintien de notre responsabilité envers nos malades, plan de rénovations du vieil édifice de pierre... Le présent et l'avenir se confondent pendant que s'érigent deux établissements en deux endroits différents : la rue Bruyère et la promenade Alta

Vista. Pour nous, l'œuvre actuelle prendra fin le 3 août 1980, jour où l'autre débutera...

Ce jour arriva et je n'étais pas au rendez-vous. C'était la dernière journée d'un Chapitre général de la congrégation qui durait depuis un mois et je n'avais pas obtenu la permission de m'absenter. J'ai confié la supervision des malades à la Vierge Marie, puisque j'étais tout près du Cap-de-la-Madeleine. À mon arrivée, vers 16 h le dimanche, je trouve la directrice des soins infirmiers avec deux de ses infirmières responsables des quarante-trois résidants laissés au Centre de santé Élisabeth-Bruyère. Déjà exténuées par une longue journée, elles préparent celle du lendemain. Pour ma part, je ne tarde pas à recevoir des comptes rendus du déménagement qui sont autant d'éloges pour tous les planificateurs et les exécutants de cette opération gigantesque. Ces comptes rendus furent le plus beau compliment que j'ai reçu tout au long de mes vingt ans comme directrice générale. Une gestionnaire, selon ma vision, doit savoir déléguer, accorder sa confiance au personnel et le lui exprimer. Je crois que cette réussite éclatante a montré que mon personnel était autonome, habitué à prendre des décisions et agir en toute confiance. J'étais heureuse ! Je n'aurais pas su faire aussi bien qu'eux et la Providence avait bien fait de me garder loin de l'action, cette fois. Mais pas pour longtemps...

Je m'en voudrais de terminer ce chapitre sur le ton de la séparation, car dans les faits, nous sommes encore ensemble dans la course. Je préfère raconter ce qui nous a tenus ensemble pendant les jours difficiles de 1980. Alors je retourne un peu en arrière, à septembre 1979. Le personnel débordé ne sait où se tourner pour satisfaire tout le monde et en même temps ne pas se tuer à la tâche. Déjà les frustrations commencent à poindre et la lassitude s'installe. Nous tentons d'alléger l'atmosphère en semant un peu d'agrément et de joie chez les travailleurs. Tous les jours, artistes et artisans inconnus circulent parmi nous. Dans le but de les faire connaître, nous organisons deux expositions dont l'une consiste de peintures, l'autre d'artisanat. Toutes deux sont un franc succès.

C'est alors que je prends une décision qui a pu sembler étrange à ce moment-là. Pourtant, ce fut notre planche de salut. Mes collègues et moi avons décidé de fêter en grand le 135e anniversaire de la fondation de notre hôpital. Cent trente-cinq années d'histoire et de tradition méritent d'être sauvegardées, non seulement dans les archives, mais aussi dans la mémoire de la population d'Ottawa-Carleton : patients, employés, amis, bienfaiteurs et grand public.

Comme nous voulons atteindre tout le monde, il est décidé que nous fêterons pendant huit jours, chacun d'eux marqué d'un thème spécifique ciblant un public particulier. Chaque secteur de l'institution a sa part de responsabilité dans l'organisation. Les Sœurs de la Charité inaugurent la fête le dimanche 4 mai, par une célébration eucharistique à la chapelle de la maison mère, suivie d'un déjeuner à la cafétéria de l'hôpital; le dimanche 11 mai, dernier jour de fête, dédié aux malades, se déroule sous la responsabilté des Dames auxiliaires. Une réception a rassemblé des invités de marque venus partager avec nous l'action de grâces pour les cent trente-cinq années de services.

Entre le 4 et le 11 mai, les jours thématiques se succèdent pour les services administratifs et auxiliaires, les médecins, les services paramédicaux, le conseil d'administration, les soins infirmiers. Le samedi soir, 800 membres du personnel ont fraternisé avec les administrateurs et des invités spéciaux en partageant les agapes fraternelles. Une semaine durant, le public était invité à visiter des expositions illustrant l'évolution des uniformes d'infirmières et des anciens instruments ou appareils médicaux devenus pièces de musée, et à examiner de vieux registres médicaux prêtés par la maison mère des Sœurs de la Charité. Nous avons tenu une session rappelant l'histoire médicale de notre hôpital et organisé un dîner réunissant les chefs de service, anciens et actuels. Il y a même eu un concours de costumes amusants lors d'un défilé de mode. À l'assemblée annuelle, un prix fut décerné à la personnalité de l'année, choisie selon des critères d'excellence par un comité anonyme. Mme Janet MacNeil est l'heureuse gagnante du voyage pour deux personnes, à destination de Rome, agrémenté d'un ensemble de valises et de cinq cents dollars. À la même occasion un livre souvenir, rédigé dans les deux langues officielles, est publié grâce à des subventions de la Commission de la capitale nationale et de la Ville d'Ottawa.

Comme le but de ces célébrations est d'atteindre le plus grand nombre, nous offrons un repas du midi, gracieuseté de l'établissement, à tous les employés et aux étudiants. Plusieurs personnes portent des costumes d'époque, la musique et le chant-thème résonnent dans les couloirs et cages d'escalier, c'est la fête et tout le monde s'amuse follement. Nous reprendrons le collier le 12 mai, munis d'une énergie renouvelée par le souvenir de nos réjouissances. Il ne nous reste que quatre-vingt-trois jours à vivre, travailler, planifier et rire ensemble. La nostalgie viendra faire son tour pendant ces jours mais la joie du défi accepté prendra souvent le dessus et stimulera tous les joueurs, ceux qui partiront comme ceux qui resteront.

Ai-je oublié l'Hôpital général après le départ des malades et du personnel ? Sûrement pas ! D'abord, en accord avec la direction et l'administration de l'établissement, nous avions prévu un rappel permanent, dans le foyer du nouvel édifice, en offrant une fresque gigantesque qui évoque les débuts, la mission et la vision de l'Hôpital général depuis sa fondation en 1845. Cette œuvre de Bruce Garner, artiste connu dans la région d'Ottawa, a attiré l'attention de plusieurs qui y ont reconnu la mission de compassion des Sœurs de la Charité d'Ottawa et l'évocation de la gloire éternelle vers laquelle se dirigent soignés et soignants. Cette murale fut la cause de mon absence à l'ouverture officielle du nouvel hôpital. J'avais toujours compris que nous devions échanger, ce jour-là, le portrait de mère Bruyère que M. Jean-Pierre Kingsley avait fait

Je rends hommage au Dr George Walker à la fin de son mandat comme médecin-chef, en 1976. On reconnaît, de gauche à droite, M. Ross Walker, président du conseil d'administration, Dr George Walker et Nina Walker.

Dans le cadre des célébrations du 135e anniversaire de fondation, M. Lucien Fréchette préside la dernière assemblée annuelle de notre Hôpital général, le 8 mai 1980. J'ai revêtu le costume d'antan pour la circonstance.

peindre et notre murale. Il a catégoriquement refusé que j'en fasse la présentation comme le conseil l'avait planifié. Il a, toutefois, présenté son tableau... Je ne lui en tiens pas rigueur. C'était son jour. Jusqu'à cet incident, nous avions travaillé en harmonie et c'est le souvenir qui me reste.

Même après la séparation des deux institutions, je n'ai jamais cessé de suivre les progrès, les décisions, les initiatives, les activités et les démarches de cette «maison» que je ne pouvais oublier si facilement. Si jusqu'en 1991, j'ai exercé ce regard un peu en retrait, pendant deux ans j'ai participé à sa destinée, comme membre du conseil d'administration représentant les Sœurs de la Charité. Je m'y suis retrouvée à l'aise, découvrant une ambiance très proche de celle que j'espérais y trouver. Ma contribution demeure néanmoins empreinte d'une certaine discrétion. Après avoir été engagée si profondément dans l'institution pendant tant d'années, il pourrait arriver que je sois tentée de vouloir façonner ou influencer l'institution à l'image de ma vision, ce qui serait contraire au progrès. Je préfère exercer une certaine retenue, ce qui a été relativement facile. Avec réserve, je laissais les autres émettre leur point de vue et, si on n'avait pas évoqué le mien, j'avais alors le loisir d'exprimer ma pensée. À ces réunions du conseil, j'ai retrouvé des problèmes familiers, notamment la question des patients de la province de Québec, et celle, inhérente au milieu hospitalier, d'une planification constante des rénovations et constructions destinées à améliorer la qualité de vie du personnel et des malades. Si le changement est souvent signe de progrès, chose certaine, il est toujours signe de vitalité. Selon ce qu'il m'a été donné d'observer, je demeure convaincue que, en dépit de ce que l'on pourrait croire, le nouvel Hôpital général a conservé des traces de son origine.

Troisième partie

Centre de santé Élisabeth-Bruyère

Chapitre quatorze

Soyez pleines de confiance et hardies.

(Mère Bruyère, le 14 octobre 1864)

L'Hôpital général d'Ottawa revit sur la promenade Alta Vista pendant que le Centre de santé Élisabeth-Bruyère prend vie dans l'édifice vide de la majorité de ses occupants, d'une grande partie du mobilier et de l'équipement. Passer d'une institution de soins aigus à un centre de soins prolongés, du matin au soir, j'imagine que ce serait un peu comme tomber de la lune sur la terre. Il y a des ressemblances mais elles sont éclipsées par les différences que nous y découvrons. Rassurez-vous ! Nous ne sommes pas descendus de si haut. Depuis trois ans déjà, nous nous préparions à faire le saut vers la presta-tion de «soins chroniques», pour reprendre l'expression du ministère de la Santé, mais que nous préférons désigner sous le vocable de soins prolongés ou à long terme, moins techno-logiques et plus orientés vers la personne que les soins à court terme. Comment se prépare-t-on à un pareil changement ? De mille et une façons.

La planification a été laborieuse parce que nous avions à composer avec le ministère de la Santé qui rend l'ultime décision, avec le Conseil régional de santé et son comité des hôpitaux qui examinent l'ensemble des besoins de la région, avec la population de la Basse-ville, malheureuse de perdre son hôpital, et avec des compétiteurs frustrés du fait que cette nouvelle œuvre soit confiée à des francophones, catholiques par surcroît. En 1975, ce genre de rivalité subsistait et osait se manifester. Les opposants étaient peu nombreux mais tenaces et actifs. Ils travaillaient ardemment à se rallier des appuis pour arriver à leurs fins. Une personne influente, membre du comité des hôpitaux, a tout tenté pour que les soins prolongés soient confiés à une organisation de son secteur, prétextant que l'édifice ne convenait pas à des personnes âgées à qui on réservait souvent ce qu'il y avait de plus vieux. «Il verrait, disait-il, à ce que l'erreur ne se répète pas.»

Pour obvier à cet obstacle, nous invitons le comité des hôpitaux à visiter l'édifice dont ils parlent et dont ils orienteront la destinée par leurs recommandations au ministère de la Santé. Nous voulons leur montrer les améliorations apportées à l'hôpital à la suite du départ des enfants pour l'hôpital pédiatrique. Ils sont venus; ils ont vu ! Nous leur avons servi un savoureux dîner et, après leur réunion mensuelle dans notre spacieuse salle du conseil, ils ont fait la tournée des pièces rénovées, posant maintes questions sur nos plans d'avenir. Les réactions variaient entre «Mais, ce n'est pas aussi pire qu'on pensait» et «C'est un édifice bien conservé, d'une solidité à toute épreuve dont on pourrait tirer profit efficacement en l'aménageant pour les soins à long terme aux personnes âgées». Les jeux étaient faits ! Éventuellement, l'opposition a cessé. Devant cette réaction, je me voue à une entreprise ambitieuse : prouver à ces dames et messieurs que nous pouvons procurer à nos futurs résidants un logement agréable dans lequel la vie sera supportable, même attrayante. Cet engagement tacite nous a guidés dans le développement des rénovations et améliorations qui ont transformé l'ancien Hôpital général en un centre de santé accueillant.

L'adaptation du personnel fut menée sur deux plans : le rôle de l'institution et le milieu de vie, soit le programme et la structure. Le nouveau rôle a d'abord fait l'objet de recherches menées par le biais de visites à des institutions de soins prolongés, au Canada et aux États-Unis, organisées dès 1977 pour se terminer en 1979. Les éléments les plus intéressants nous ont été fournis par les intervenants qui nous faisaient part aussi honnêtement de leurs échecs que de leurs succès. Ces rencontres enrichissantes nous ont initiés à de nouvelles attitudes à développer, des orientations différentes à enclencher et des écueils à éviter dans ce qui était pour nous un tout nouveau champ d'action. Ces rencontres nous familiarisent avec les institutions à l'œuvre et nous plongent dès lors dans les milieux de vie de nos futurs résidants. Nous y ajoutons des conférences, des cours, des colloques et des séminaires, offerts chez nous ou ailleurs. Toutes ces recherches et études nous permettent de rédiger le programme qui définira notre cadre d'action entre 1979 et 1982. Plans et révisions se succèdent pour mieux concrétiser le milieu que nous avons imaginé. Je me rends compte que le temps est un élément précieux dans la planification; trop souvent il est escamoté au profit de la rapidité de l'exécution, habituellement motivée par des besoins pressants.

Comparé aux besoins immédiats, l'espace disponible est immense. Nous bénéficions donc du privilège de loger les résidants dans un endroit où leur tranquillité ne sera troublée ni par les bruits de la construction ni par le va-et-vient des travailleurs et du personnel. Installés aux cinquième et sixième étages de l'aile Youville, à l'opposé du site où se développent les nouvelles installations, une centaine de bénéficiaires jouissent déjà d'une paix bienfaisante. Nous ne sommes donc pas forcés de nous hâter indûment dans les prises de décision qui affecteront l'ambiance sereine du Centre. Nous nous hâtons en revanche à un autre niveau. Comme les préparatifs détaillés des programmes de vie, de soins et d'environnement ont débuté dès que la congrégation a décidé de se désister de l'Hôpital général, ma préoccupation première a été d'élaborer, avec l'aide du personnel, la philosophie et les objectifs qui devaient guider l'organisation. Quoique esquissés très tôt, ce n'est qu'en 1982 que le conseil d'administration les a officiellement endossés. En soi, cette vision n'est pas foncièrement différente de la précédente. Le peu de changement se situe au plan de l'attitude avec laquelle nous accomplissons notre mission. La principale distinction est reflétée dans l'appellation des bénéficiaires. Nous avions jadis des patients, terme qui sous-entend un séjour passager dans le but de récupérer. Nous avons maintenant des résidants, ce qui donne davantage une idée de permanence avec un minimum de soins médicaux. Quelle différence exprimée par ces vocables ! Puisqu'il s'agit de résidence, la philosophie et les objectifs prennent un autre sens. C'est un chez-soi qu'il faut créer et non un milieu hospitalier. On doit discerner dans l'environnement tous ces petits détails qui personnalisent une approche, un éclairage, une chambre... La disposition des pièces doit présenter, autant que possible, un aspect domestique identifiable et créer une ambiance, un milieu accueillant. Couleurs, tissus, motifs, meubles, objets décoratifs, tout sera choisi en fonction de la permanence des occupants.

Cet agencement fut le triomphe orchestré par madame Joan Skene, dont le savoir-faire et le sens esthétique remarquables méritent d'être soulignés. Elle avait accepté de m'assister dans l'organisation d'un comité de décoration intérieure comprenant d'autres membres choisis en fonction de leur expérience et de l'intérêt particulier qu'ils portent à ce genre de question. Membre du conseil d'administration depuis avril 1981, Joan Skene préside avec compétence les activités du groupe créatif qui travaille joyeusement à cette tâche. Les réunions sont nombreuses, intéressantes et productives : une par semaine pendant quinze mois. Le résultat témoigne du travail collectif sérieux et consciencieux autant que du talent des membres qui ont su s'adjoindre, en les faisant participer au processus de sélection, des représentants du personnel, des résidants, des médecins, des visiteurs et le conseil d'administration. Ce dernier, à la suite d'une présentation descriptive et honnête que je leur ai faite du projet, a accordé au comité de décoration des crédits pour réaliser l'objectif louable de créer un milieu qui reflète l'harmonie et le bon goût. La responsable visite alors marchés aux puces, boutiques d'artisanat et distributeurs de tissus pour rideaux de fenêtres et fauteuils; elle s'occupe de la signalisation, du mobilier et de l'ornementation incluant les plantes. Elle nous fait gagner notre pari : le Centre sera un lieu accueillant.

Lors de l'ouverture officielle en 1983, des dons s'ajoutent aux fonds disponibles et contribuent à la décoration de petites chapelles aux quatrième et sixième étages de la Résidence Sainte-Élisabeth. L'un des dons est accompagné du message suivant, adressé aux administrateurs du Centre, par mère Agathe Gratton, supérieure générale : «Le récit que cette œuvre écrira durant sa vie sera tout aussi illustre et captivant que celui de l'ère précédente, si chacun de ses écrivains, du plus humble au plus célèbre, est animé d'un profond esprit de foi et d'un amour passionné pour l'Église et les pauvres, à l'exemple de mère Élisabeth Bruyère.» Ce message trace tout un programme ! Puisse l'histoire du Centre justifier ce souhait de mère Agathe.

La générosité et la compassion des administrateurs ont favorisé, jusqu'à ce jour, le développement de l'institution selon l'esprit de dévouement de notre fondatrice. Élisabeth Bruyère est connue et aimée des personnes affiliées au Centre; son charisme et sa compassion sont vécues intensément par tous ceux et celles qui travaillent, vivent ou cheminent à l'intérieur des vieux murs rajeunis. La compassion était de mise aussi au vieil hôpital mais ne resplendissait peut-être pas autant. Les séjours plus courts dans l'institution et l'objectif différent, même tout à fait opposé à celui du Centre, la rendait moins visible. Le but du malade était une guérison hâtive, moins favorable à l'aspect humain des soins. Les contacts du personnel avec les clients et les visiteurs n'étaient pas aussi soutenus que dans un établissement de soins prolongés. Les attitudes devaient être les mêmes mais dans un contexte différent. Qui veut s'installer à demeure dans un hôpital ? Le plus tôt je quitte, le mieux je suis !

On parle beaucoup de qualité de vie dans les hôpitaux et les centres de santé. Qu'est-ce que la qualité de vie ? Pas facile à définir en quelques mots. Ma définition de la qualité de vie ne correspond peut-être pas à celle que d'autres lui donnent. Il s'agit donc d'une approche profondément subjective. Certains traits communs peuvent s'appliquer à tous; il faut alors trouver, dans l'éventail, des valeurs largement admises et accentuer celles correspondant aux attentes de l'autre.

La Loi sur les hôpitaux et les règlements du Centre de santé Élisabeth-Bruyère confient au conseil d'administration la responsabilité de la qualité des soins aux clients, et ce, en déléguant aux intervenants l'autorité nécessaire pour bien remplir leur mission auprès des résidants, qu'il s'agisse du soin des bénéficiaires, de la conservation des biens immobiliers, de la gestion des ressources humaines, financières ou matérielles. Le conseil voit à ce que des systèmes et des mécanismes soient mis en place pour permettre d'exercer un contrôle sur l'ensemble de l'organisation. Comme directrice générale, je suis la représentante du conseil et je dois, dans un dialogue constant avec ce corps dirigeant, m'en tenir aux décisions prises ou le convaincre que j'ai raison de ne pas le faire. Je ne suis pas libre de faire à ma guise. À vrai dire, le conseil compte beaucoup sur sa représentante pour les tenir au courant de tout développement qui peut exercer une influence sur l'institution, dans chacun des domaines sus-mentionnés. Des évaluations périodiques sont nécessaires pour compléter le cycle du processus de délégation. Les administrateurs peuvent ainsi assumer avec confiance leur charge à l'égard de l'institution.

Cette brève description a pour but de situer les autres éléments de qualité de vie qui viendront se greffer sur la base établie par le conseil d'administration de qui relève la responsabilité de démontrer que l'établissement donne effectivement des soins de qualité. Tous les services de l'institution font l'objet de cette surveillance mais ils en sont aussi les promoteurs et les agents. Cette coopération qui existe entre une variété d'intervenants m'a paru stimulante surtout dans une institution comme la nôtre. Dès le début, nous étions une famille; la cohésion s'est toujours révélée de plus en plus forte. J'ai souvent parlé de famille et ce n'est pas là un vain mot. J'y croyais fortement pendant que j'œuvrais dans le milieu et j'y crois encore. À mon avis, c'est l'unique façon d'offrir aux résidants une qualité de vie acceptable. La famille est le milieu normal de vie, pour la plupart des gens, et dans la mesure où notre milieu se rapprochera de cette réalité, nous réussirons à offrir l'ambiance qui la caractérise.

Il faut dire que les circonstances nous ont favorisés dès le départ. À l'origine du Centre, il y avait à peine quarante-trois résidants et environ cent employés. Nous étions des frères et des sœurs liés par le vécu collectif des transformations intenses subies pendant plusieurs années; ensemble nous nous préparions à assumer un nouveau rôle. Il est vrai que certaines circonstances nous ont été imposées par des décisions hors de notre contrôle, mais l'effort d'entraide fraternelle fut d'emblée voulue par tous. Quand la situation s'est stabilisée, nous avons cherché des éléments de solidarité et une des grandes contributions à ce climat fut la création d'un thème utilisé comme tremplin pendant une période de deux ans. Proposé comme sujet de réflexions et d'études, ce thème nous amène à la réalisation de projets connexes de nature à promouvoir la valeur présentée pendant la période en cours. C'est au cours de mon absence prolongée, en 1983, que le conseil a décidé, à la suggestion du directeur général intérimaire Jean-Guy Bourque, d'opter pour un thème favorisant la croissance chez les intervenants et la qualité de vie chez les résidants. Le premier de ces thèmes, «J'écoute / I listen», a fait ses preuves comme instrument de communication efficace, à travers les sessions éducatives et la création d'un logo pour l'illustrer et le promouvoir.

Le thème de 1985 devient plus spécifique et présente le défi de nous lancer sur la piste de l'excellence dans tous les aspects de notre vie organisationnelle. Il s'agit de prouver à tous que «Choyer, c'est d'la qualité / Quality is Caring». Le service d'éducation permanente a choisi une nouvelle formule pour vulgariser ce thème. Afin de permettre à tous les services de contribuer directement à la promotion de la qualité des soins, en s'inspirant du thème, chacun prend charge pendant une semaine des activités où l'intérêt des bénéficiaires occupe la première place. Notre métier consiste à fournir des soins selon leurs besoins, avec respect et compassion, principale raison d'être de notre établissement. C'est ainsi que chacun et chacune contribuent à la mission.

Le thème suivant exige une certaine identification au Centre de santé Élisabeth-Bruyère. Il fait prendre conscience que ce que chacun fait, c'est le Centre qui le fait. Celui-ci progressera, ou régressera, selon la contribution de chacun. «L'équipe, c'est moi / The Team is Me», slogan suggéré par l'équipe de pastorale, dit tout haut ce que tous pensent tout bas. Dans l'esprit de tous, il souligne l'importance de «ma» coopération et suggère le respect de «mes» coéquipiers. Les membres du conseil sont constamment tenus au courant des activités, y participent parfois, les encouragent toujours et les soutiennent de leurs deniers.

Pour étoffer les thèmes, le Centre de santé Élisabeth-Bruyère s'inscrit à un projet fort intéressant qui rejoint nos efforts organisationnels. Le Centre a été le premier établissement à long terme, au Canada, à endosser le Programme de relations avec les usagers et les invités, conçu à l'intention de tous ses employés et aides bénévoles. Il s'agit du programme CARE, acronyme de Courtoisie, Attitude, Respect et Enthousiasme, qualités essentielles à cultiver chez chacun et chacune d'entre nous. Les animateurs et animatrices des sessions sont des membres du personnel formés dans le but de transmettre le message à tous les autres afin de les sensibiliser aux besoins des résidants, clients et visiteurs. Le climat y a gagné en relations chaleureuses et amicales (voir Annexe XII, page 276).

Grâce à ces mécanismes de croissance personnelle et organisationnelle, je suis convaincue que nos objectifs ont été atteints. Nos clients reçoivent des soins complets et de haute qualité, organisés de façon efficace. Ils jouissent d'une qualité de vie améliorée et d'une réadaptation optimale dans une ambiance où le personnel forme avec eux une communauté chrétienne qui reconnaît la dignité et la valeur de chaque individu. Dans cette communauté qui facilite la formation continue de tous les intervenants, les professionnels sont à la recherche d'améliorations constantes. Voilà le genre de qualité de vie que propose notre philosophie.

La nouvelle vocation s'adresse à un public différent de l'ancien. Nous devons donc le cibler dans nos communiqués. Au début, c'est-à-dire avant l'ouverture du Centre en 1980, j'étais une des rares personnes à véhiculer d'une façon continue notre mission, sa philosophie sous-jacente et ses objectifs. J'ai répondu à l'invitation des clubs sociaux, des organismes de santé, de la congrégation, du ministère ontarien de la Santé, de groupes de professionnels... et parfois j'avais l'impression de crier dans le désert mais la plupart du temps, on m'écoutait avec intérêt, curieux d'en connaître davantage sur tous les services offerts. À certains moments mes auditeurs devenaient les meilleurs propagateurs de mon message. Peu à peu, les citoyens âgés de la Basse-ville ont emboîté le pas et sont devenus des «apôtres» de la philosophie du Centre en gestation.

Quelques mois avant la naissance du Centre, le docteur Pierre Soucie s'est joint à ma croisade, à titre de directeur médical du Centre. Par la suite, il en a fait sa cause personnelle et a pris la relève, avec d'autres professionnels de l'institution lorsque ceux-ci ont été libérés de leurs tâches à l'Hôpital général (le 3 août 1980). Après cette date, notre auditoire s'est élargi et a débordé la province. Des institutions et des représentants d'associations d'un peu partout — du Québec, de l'Ouest du Canada, des provinces maritimes et d'Europe — sont venues voir sur place le succès d'une institution, en quête de recettes pour transformer leurs propres édifices et leurs programmes de soins prolongés. À la fin des années 1980, le Centre a amorcé une collaboration avec des établissements éloignés. Des institutions de France, entre autres, se sont prévalu de nos services. En 1989, le directeur médical Pierre

Soucie, l'architecte Roger Thibault et la directrice des soins infirmiers, sœur Carmen Wolfe, furent invités en Bretagne, pour mener une évaluation en matière de soins prolongés ainsi qu'une consultation sur le processus de transformation des programmes. Les relations se sont maintenues entre les deux institutions et, maintenant, le récréologue Pierre Ricard se rend tous les ans à Saint-Nazaire pour partager avec eux le fruit de son expérience. Il les initie à nos méthodes d'évaluation et à nos programmes de soins. Depuis deux ans, il accomplit le même travail dans une autre institution.

Nos publications contribuent aussi à faire connaître le Centre. La première série qui a vu le jour a été soigneusement orchestrée pour que l'image véhiculée soit précise, attrayante et conforme à la réalité. Produites par le même graphiste, les livrets démontrent une unité facile à percevoir. Celui décrivant la philosophie s'avère particulièrement réussi; une autre portant sur les services s'intitule «Une tradition d'amour». Nous n'avions qu'à miser sur notre tradition séculaire ! C'est le même artiste qui a préparé les enseignes de chaque étage. Ici encore le lien est visible. Je mentionne ces détails afin d'illustrer la vigilance exercée pour faire oublier les prédictions de malheur proférées par ceux qui ne voulaient pas octroyer l'œuvre des soins prolongés à l'ancien Hôpital général. Nous avons tenu notre engagement, compensant les déficiences de la structure par l'harmonie et l'unité.

Un jour, je reçois copie de la conférence qu'une certaine Mary Peck a présentée à Budapest, au mois d'octobre 1984, sur l'utilisation des édifices historiques. Dans son mémoire intitulé *Past and Present Use of Some Historic Buildings in Canada*, elle cite le Centre de santé Élisabeth-Bruyère comme un excellent exemple d'un établissement historique qui, rénové, est devenu «a very effective institution». Cette communication de Mme Peck à l'étranger, représentait à mes yeux une confirmation de la réussite de nos efforts, ici.

Lorsque nous prenons charge des premiers bénéficiaires, les programmes sont prêts mais les espaces définitifs ne sont pas rénovés pour autant. La planification est en marche et n'attend que l'évacuation des locaux pour se concrétiser. Nous revêtons néanmoins notre nouvelle identité et inaugurons notre vocation de soins à long terme. Le Centre de santé Élisabeth-Bruyère est maintenant notre unique responsabilité. Dès le départ des patients, nous commençons par rassembler les résidants au deuxième étage et à rendre celui-ci un peu plus attrayant. Imaginez une maison que les locataires auraient quittée le matin de votre arrivée. Vous avez peut-être déjà vécu cette situation, mais certainement pas avec quarante-trois personnes à loger. Le personnel s'est montré à la hauteur de la situation et en un tour de main la place était propre et accueillante. Plantes, tableaux et bibelots ont été recueillis pour rajeunir l'étage.

Deux mois plus tard, les résidants emménagent dans un autre secteur, cette fois préparé spécialement à leur intention. Ils y resteront jusqu'en mars 1983, puis prendront possession de leur résidence. En attendant, les plans de la demeure rénovée se précisent et, dès septembre 1980, le Centre reçoit l'autorisation de faire les appels d'offres pour la rénovation. Les plans doivent cependant être approuvés par le commissaire aux incendies de la province. Déception ! Celui-ci recommande que les fenêtres des chambres dans le secteur Bruyère soit quadrillées de fils métalliques parce qu'elles donnent sur le toit de la cuisine. Cela m'apparaît inacceptable. Les résidants feront toujours face à ces fenêtres évoquant un grillage de prison. Protestations. Il y a sûrement un moyen plus élégant de résoudre le problème. J'explique au ministère les raisons de ma résistance et demande à l'architecte d'obtenir une estimation des coûts pour la réfection du toit. Le commissaire aux incendies admet qu'il s'agit là d'une meilleure solution. Éventuellement, le coût additionnel sera endossé par le ministère et nous ferons les appels d'offres en octobre.

Nous avons une agréable surprise au cours de la première année de fonctionnement. En 1979, à la recommandation du Conseil régional de santé, nous avions approché la municipalité régionale d'Ottawa-Carleton pour l'obtention d'octrois en vue de la transformation du vieil hôpital. Lors de ma première rencontre avec le trésorier de la municipalité régionale, James Perkins, celui-ci s'était montré très sympathique, résumant ainsi sa pensée : «Si je peux obtenir deux cents lits pour malades chroniques à dix mille dollars par lit, je ne vois pas pourquoi je paierais deux fois ce montant pour un hôpital neuf.» Je pense qu'il a bien servi notre cause car le 8 octobre 1980 la municipalité régionale acceptait de payer le tiers du coût de la rénovation, le ministère de la Santé couvrant les deux tiers, soit le maximum permis selon la Loi sur les hôpitaux. Mieux encore, la municipalité régionale a décidé de traiter tous les hôpitaux de la région de la même façon. Décision historique.

J'ai déjà mentionné la situation créée dans la Basse-ville, par le départ de la seule source de soins d'urgence dans ce secteur. La clinique de médecine familiale, située sur la rue Murray, n'ouvre ses portes que durant le jour. Depuis un an nous essayons de convaincre le Conseil régional de santé et le ministère de nous permettre, au moins pendant quelques mois, d'utiliser l'ancien service des urgences, où un personnel médical et infirmier donnerait les soins à ceux qui, par habitude ou autrement, viendraient chercher du secours chez nous. Cela n'a pas été facile. Des médecins de la région, ceux d'une clinique des environs et d'autres encore s'objectent à ce geste de compassion provisoire. Pour leur part, les représentants du ministère ont toujours été sympathiques à ce projet, quoique influencés par les commentaires et les décisions du Conseil régional de santé. Quoiqu'il en soit, c'est presque à la dernière heure que nous recevons la permission de Toronto d'ouvrir une clinique de dépannage... jusqu'en novembre 1980. Cependant, on ne nous permet pas de mettre de l'avant des stratégies de marketing, pour ne pas attirer les clients des

Inauguration du Centre de santé Élisabeth-Bruyère :
M. Graham Scott, sous-ministre de la Santé,
s'entretient avec une résidante, sœur Antoinette Viau.

Le ministre de la Santé, l'honorable Murray Elston, rencontre Mme Germaine
Pageau, mairesse du village Élisabeth-Bruyère, et son époux sous l'œil attentif
de Mme Heather Caloren et de M. Raymond Dubois, respectivement présidente
et vice-président du conseil d'administration.

autres secteurs. Novembre passe et on ne nous parle pas de fermeture. On accepte même que nous fassions une publicité locale limitée. Mais déjà la fin s'annonce. Même si le ministère subventionne le programme, celui-ci ne peut pas atteindre son objectif. La population ne sait pas que des services de dépannage sont disponibles. Nous obtenons cependant la permission de continuer jusqu'en avril 1981.

On pourrait penser que notre insistance n'était pas justifiée, surtout que la fermeture n'a été reportée que de quatre mois. Pour ma part, je pense que cette période a permis aux citoyens de la Basse-ville de s'habituer peu à peu en s'orientant vers le nouvel Hôpital général. Cette mesure de compassion envers une population qui avait joui pendant cent trente-cinq ans de la présence d'un hôpital a été appréciée par les gens du quartier. Je crois qu'au moment où nous avons dû cesser de fournir les soins de dépannage, la clinique avait joué son rôle d'adaptation. L'orientation était donnée : notre rôle consistera à prévoir et fournir les services dont la population de la Basse-ville a besoin.

Chapitre quinze

C'est le temps que tu as perdu pour ta rose
qui fait ta rose si importante.

(Antoine de Saint-Exupéry, *Le Petit Prince*)

Un des projets qui n'a jamais cessé d'habiter mes préoccupations a repris le devant de la scène et m'a propulsée tout de go dans un long processus de lobbying. Les soins palliatifs inaugurés à une petite échelle à l'Hôpital général, avant son déménagement sur la promenade Alta Vista, devaient ressusciter comme service autonome, quitte à passer par toutes les phases de pression avant de renaître sous la forme prévue par le Conseil régional de santé.

Ce service de soins particuliers représentait une source bénéfique et je voulais l'inclure dans notre nouveau complexe. Au départ, le Conseil régional de santé a laissé entendre que je rêvais en couleurs. Est-ce que ma foi indéfectible a converti les planificateurs de cet organisme ? Je dois dire, à leur honneur, qu'ils sont devenus de fermes soutiens, voire de véritables complices dans ma lutte pour que le Centre Élisabeth-Bruyère puisse dispenser les soins aux mourants. Retournons à la première mise en œuvre d'un service de soins palliatifs.

Nous sommes encore à l'Hôpital général et nous entreprenons des démarches visant à favoriser la qualité de vie de ceux et celles qui vivent leurs derniers jours. Hospitalisées pour un temps indéterminé, ces personnes sont parfois assez bien pour sortir et visiter leur famille pendant quelques heures, même quelques jours, avec la permission du médecin. Dans un hôpital général, à cette époque, ce n'est pas la coutume d'autoriser des congés temporaires pour des sorties fréquentes. Tant que le patient n'a pas reçu officiellement son congé, il demeure la responsabilité de l'hôpital. On préfère lui donner un congé officiel, suivi au besoin d'une réadmission, ce qui fausse les statistiques établissant la longueur du séjour ainsi que le nombre d'admissions et congés. Nous inaugurons donc une nouvelle pratique permettant au patient de quitter l'hôpital, pour une période déterminée, sans passer par le congé officiel. Ainsi l'hôpital n'est pas exposé à des poursuites ou autres procédures désagréables. Un simple formulaire dûment signé par le médecin et le patient, ou son représentant, rétablit la situation.

Le docteur Jeanne Drouin, dont bon nombre de patients sont en phase terminale, croit fermement au bienfait des sorties, comme moyen d'améliorer la qualité de vie du patient. Je reconnais ici le rôle qu'elle a joué dans mon éducation aux soins palliatifs. Dr Drouin m'a transmis sa conviction et son ardeur à promouvoir le développement des soins palliatifs; elle m'a convaincue de l'urgence de mettre en œuvre un tel programme dans notre région. Ensemble, nous avons surtout travaillé à rendre pratique courante les permissions particulières accordées aux patients en phase terminale.

En octobre 1979, avec l'aide des services infirmiers et paramédicaux, j'ai pu concrétiser l'adoucissement envisagé en désignant d'abord une coordonnatrice, sœur Jeannine Frappier, qui deviendra la première infirmière-chef du futur service, puis des aides bénévoles, et une psychologue dans la personne de Mary Brown. Leur mission consiste à accompagner, dans leur cheminement, les malades que la technologie et la science ne peuvent plus secourir. L'équipe doit leur assurer un état plus confortable et des jours plus pleinement vécus avec leur famille, dans le respect de leurs croyances et de leurs valeurs. Ce geste administratif est l'amorce de ce qui m'amènera à me battre, pendant plus d'une année, pour obtenir du ministère de la Santé une unité de soins palliatifs située dans le Centre de santé Élisabeth-Bruyère. À l'époque, la seule unité existante au Canada se trouvait à l'Hôpital Royal Victoria, à Montréal, où le docteur Balfour Mount avait entrepris la mise en œuvre de la nouvelle philosophie du soin aux mourants. Un peu plus tard, une unité fut approuvée à Toronto comme projet-pilote.

En 1978, j'accède à la vice-présidence de la Conférence catholique ontarienne de la santé et les responsables décident, en réponse à une résolution de l'assemblée annuelle, de former un comité de soins palliatifs. Je m'offre aussitôt pour le présider, même si mes connaissances en ce domaine sont limitées à une mince expérience dans mon institution, à un concept de ces soins plutôt qu'à leur pratique. On accepte mon offre en me laissant le privilège de choisir mon équipe. Je réussis à recruter des gens d'expérience pour former un groupe de travail efficace. Notre premier projet est une étude visant à établir un inventaire des ressources existantes, des expériences tentées et des résultats obtenus dans les hôpitaux catholiques de l'Ontario. Le bilan demeure encourageant. Dans plusieurs établissements, on a développé des ressources et amélioré la qualité de vie des mourants. Ils offrent de partager leurs expériences et permettent ainsi d'offrir des sessions de formation, d'autant plus que l'Association des hôpitaux de l'Ontario demande de se joindre à notre groupe. La volonté et l'expérience des membres du comité, conjuguées avec les ressources financières et humaines de l'Association des hôpitaux de l'Ontario, aboutissent à des cours rigoureux susceptibles d'améliorer les soins offerts aux mourants au sein de nos institutions. C'est ainsi que nous aidons les intervenants à combler les lacunes décelées au cours de l'enquête effectuée plus tôt.

En 1979, j'assiste au Congrès international des hôpitaux à Oslo, en Norvège. J'en profite pour me rendre en Angleterre, berceau du concept moderne des soins aux mourants. Je visite St. Christopher et St. Joseph, deux institutions londoniennes, où le docteur Cicily Saunders a mis au point son concept de l'hospice, nom donné à ces institutions en Angleterre. Ce que j'y ai vu et entendu me convainc de poursuivre mes efforts en vue de créer une unité de soins palliatifs dans le futur Centre de santé Élisabeth-Bruyère.

En 1980, l'Association catholique canadienne de la santé me demanda de présenter, aux congressistes puis aux étudiants en pastorale, un résumé de notre étude sur les soins palliatifs en Ontario et ma vision de ces soins comme service d'Église. Ce fut pour moi l'occasion de repenser ce projet d'établir, à Ottawa, une unité qui faciliterait aux mourants «le passage du temps à l'éternité». En utilisant cette expression devant sœur Denise Lachapelle, infirmière aux soins palliatifs, cela lui rappelle que l'Unité régionale de soins palliatifs a adopté récemment la devise «D'une rive à l'autre», symbolisée par le logo d'un voilier qui fait route. Aussi significative est la création par Jeanne Laperrière-Vachon d'une murale intitulée «La débâcle», qui orne la salle de séjour de l'Unité régionale. La vie dans un tel milieu n'est pas toujours facile. Elle est fragile et, parfois, peut être houleuse, tout comme la mer... La tâche est exigeante et requiert une vigilance de tous les instants pour assurer le bien-être et la tranquillité des occupants de l'Unité.

Le respect de la vie est toujours un facteur essentiel, encore plus dans le contexte des soins aux mourants. Le climat serein qui règne dans ces lieux vise à pacifier les personnes dont la douleur dans la plupart des cas est contrôlée. Tout est mis en œuvre pour soulager la souffrance. L'amour, la compassion et l'écoute attentive du personnel soignant invitent le malade à envisager la mort d'un regard lucide, chacun selon sa foi, sa culture, son bagage de connaissances et d'expériences. La plupart du temps l'exercice se clôt sur une réconciliation du patient avec lui-même, avec ses proches et avec son Dieu. Dans ce milieu ouvert et attentif, la famille du malade participe, avec les professionnels, au soin de la personne aimée. Dans de telles circonstances, les soins palliatifs me semblent un lieu privilégié. L'absence d'action concrète de la part du gouvernement pour promouvoir ce service aux malades en phase terminale nous obligera à développer nous-mêmes ce champ d'apostolat dans nos institutions catholiques, quitte à défrayer une partie des coûts pour y arriver. L'autorisation par le ministère de la Santé de développer l'Unité de soins palliatifs (25 lits) au Centre de santé Élisabeth-Bruyère vient justement de la contribution d'un million de dollars provenant des Sœurs de la Charité d'Ottawa, pour en assurer l'établissement et le démarrage. La Société canadienne du cancer (section ontarienne) a ajouté cent mille dollars destinés à la réfection des installations de l'Unité et dix mille dollars pour agrémenter le milieu.

Ces dons ont été effectués à la fin de l'année 1981 et au début de 1982. Le 10 mars, les Infirmières de l'Ordre de Victoria du Canada m'invitent à parler de la future unité de soins palliatifs. À la fin de ma conférence, en réaction à l'annonce que j'avais faite des dons reçus, une personne demande ce que j'allais faire de l'argent si le ministère de la Santé ne nous permettait pas d'ouvrir une unité de soins palliatifs. Je ne suis pas souvent prise au dépourvu mais cette fois j'ai hésité cinq bonnes secondes. Pas un seul instant avais-je imaginé que le ministère puisse refuser. Je réponds que je serais obligée de le retourner aux donateurs, car cet argent-là ne m'appartient pas. Réponse inspirée...

J'ignorais qu'un journaliste se trouvait dans la salle. J'aurais donné la même réponse si je l'avais su, avec peut-être une seconde de plus d'hésitation, mais je puis vous assurer que ma réponse était on ne peut plus spontanée. Là où je l'ai été moins, c'est lors de l'appel téléphonique du reporter qui a suivi, en soirée. Il me demande si j'étais sérieuse en disant que je retournerais aux bienfaiteurs les sommes versées. J'ai renchéri avec force explications et raisons pour justifier ma réponse. Le lendemain le journal titrait «Le ministère de la

Santé de l'Ontario refuse un million de dollars qui devait être utilisé pour le bien-être de la population de la région». À la suite de notre conversation, le journaliste avait appelé au ministère et il fondait son article sur ce qu'on lui avait révélé. La cause était maintenant sur la place publique.

Un mois après cette intervention du journaliste, je reçois un message du docteur Allan Dyer, sous-ministre adjoint au ministère de la Santé. Il veut me voir à Toronto le 14 avril. Je m'y rends. Surprise de me voir arriver seule, sa secrétaire me conduit d'abord à la salle réservée pour la rencontre, pouvant accueillir une cinquantaine de personnes, puis au bureau du docteur Dyer, qui attendait manifestement une délégation d'Ottawa. Je commence par m'excuser du malentendu :
– Je ne savais pas que je devais prévenir d'autres personnes.
– Ce n'est pas grave, si vous pensez que vous pouvez le faire seule, c'est très bien comme ça.
– Je n'ai pas dit que je pouvais le faire seule mais en l'absence des autres je pense que je peux me débrouiller.

Je vais peut-être paraître prétentieuse, mais je sais de quoi je parle et je ne crains pas d'être embarrassée par leurs questions. Parfois, le danger vient des autres, moins au courant, qui embrouillent tout en essayant de vous aider. Pendant plus d'une heure, ils ont posé toutes leurs questions. Je m'amusais royalement ! C'était archisimple. Le sous-ministre adjoint, homme sincère et d'esprit ouvert, a même avoué à un membre de son personnel que j'avais plus de réponses qu'il ne détenait de questions.

J'ai tout de même appris que le ministère prévoyait l'ouverture de dix lits, pour commencer, puis une augmentation de cinq lits à tous les six mois, jusqu'à ce que les vingt-cinq lits soient occupés. Le ministre de la Santé en fait l'annonce un mois plus tard. Larry Grossman loue alors la générosité des contributions à ce projet provenant des Sœurs de la Charité d'Ottawa et de la Société canadienne du cancer. Le Centre de santé Élisabeth-Bruyère et ses nombreux sympathisants, y compris le Conseil régional de santé, se réjouissent de la nouvelle. Grâce à tous ceux et celles qui ont donné temps, énergie et argent, l'unité des soins palliatifs deviendra prochainement une réalité. Les mourants y trouveront, dans une oasis de paix, la sérénité et le confort d'un chez-soi en compagnie de leurs proches.

À titre d'institution catholique de soins de santé, nous considérons chaque personne comme l'image de Dieu jouissant d'une importance unique dans la Création. Cette perspective motive les soignants à ne rien épargner pour concrétiser ce rêve d'aider les malades en phase terminale à vivre pleinement leurs derniers moments, entourés des êtres chers qui les accompagnent dans leur cheminement ultime.

Le climat psychologique favorise le respect de la vie et la dignité de la personne. L'environnement facilite l'entraide grâce aux services qu'il met à la disposition du malade, de la famille et des amis. Les personnes hébergées à l'unité jouissent d'une grande liberté, selon leur état physique et émotionnel. Les parents ou les amis peuvent demeurer dans l'établissement jour et nuit s'ils le désirent. Ils ont accès à une cuisinette où ils peuvent préparer un repas spécial pour le malade; également à leur disposition, il y a une salle de séjour, un jardin intérieur (Jardin de Béthanie) qui suggère une terrasse, une salle de musique qui sert parfois de soupape aux uns et aux autres, une chapelle et une salle d'activités socioculturelles. De plus, les salons peuvent se transformer en chambres à coucher et servent de lieux de rencontre pour la famille.

S'il est vrai que dans ce dossier de l'Unité régionale des soins palliatifs, les négociations ont toujours été amicales, les lenteurs et les faux-fuyants qui les ont accompagnées ont rendu le processus de persuasion moins agréable. Les appels téléphoniques se sont multipliés, les lettres se sont accumulées, les voyages à Toronto se sont répétés, les délais se sont prolongés et les réactions du ministère se sont longtemps fait attendre. Un jour, j'ai alors décidé de talonner le ministre de la Santé, Dennis Timbrell, venu à Ottawa pour l'ouverture officielle du Centre de production des aliments, à la fin de

1981. Pendant sa visite des lieux, je ne l'ai pas quitté un seul instant, déterminée à ne pas lui laisser la moindre chance de m'évincer d'aucune façon. J'ai donc réussi à lui parler du projet des soins palliatifs. Un photographe du journal *Le Droit* nous a malheureusement immortalisés sur la pellicule. Résultat : une photographie où le ministre adressse du haut de sa grandeur, un sourire condescendant à une petite sœur qui, tout en parlant, a machinalement joint les mains, donnant ainsi l'air d'être en état de prière devant le politicien... Quelques mois après l'incident, j'apprendrai que Dennis Timbrell a cette photo de moi dans son bureau !

Onze ans plus tard, j'ai revu M. Timbrell lors d'un congrès à Toronto et le souvenir de cette fameuse photo d'une religieuse en prière devant le ministre de la Santé m'est aussitôt revenu.

L'Unité régionale de soins palliatifs ouvre ses portes le 26 novembre 1983. De nombreux témoignages louent le projet, sa préparation, l'ambiance des lieux et la chaleur humaine qui y règne. À cette occasion, l'honorable Keith Norton, ministre de la Santé, publie son message de félicitations dans *Le Droit*. Il reconnaît le travail des Sœurs de la Charité d'Ottawa et loue leur ouverture d'esprit. «Un des points saillants de leur mission, dit-il, a été d'adapter leur rôle aux besoins qui évoluent constamment» (voir Annexe XIII, page 277). Il ne pouvait mieux décrire l'attitude de notre congrégation qui, à l'instar de sa fondatrice, demeure toujours à l'affût des besoins.

Dès le départ, l'équipe multidisciplinaire qui dispensera des soins physiques, psychologiques, et spirituels, sera acclamée partout dans la région, et même à l'extérieur, par les familles qui apprendront à la connaître lors de la perte d'un être cher. Au fil des années, son public s'élargira. Des professionnels des Pays-Bas, de l'Australie, de la France et d'ailleurs viendront recevoir une formation ou simplement se renseigner sur ce qu'ils considèrent un modèle à imiter.

En 1992, de concert avec le Centre de santé Élisabeth-Bruyère, l'Université d'Ottawa a fondé l'Institut de recherche en soins palliatifs. Situé au Centre même, cet Institut reconnaît ainsi le souci constant de l'Unité de se tenir à la fine pointe du progrès. C'est ce lieu de recherche et d'excellence, ce lieu de compassion et de compréhension que j'ai porté, comme un beau rêve, pendant huit années. Il a été LE projet de ma vie. Aussi, le 23 décembre 1985, lorsque son Excellence Jeanne Sauvé, Gouverneur général du Canada, me conférait l'Ordre du Canada, elle reconnaissait la réalisation de l'Unité régionale de soins palliatifs, la première en Ontario. Ce geste m'honore et me rend solidaire de ses véritables artisans : le personnel qui a participé au travail de préparation et les personnes qui se sont données, et se donneront, pour en faire un séjour de paix, de sérénité et d'amour qui appelle la confiance et génère l'espérance. Je m'incline devant leur dévouement et leur persévérance en leur exprimant ma plus sincère admiration.

Quelle coïncidence ! Hier, j'écrivais ces lignes. Ce matin, 27 janvier 1993, j'apprends le décès de Jeanne Sauvé. Je me rappelle son témoignage touchant en novembre 1987, dans la chapelle de la maison mère, à l'occasion de la fête patronale du Centre de santé Élisabeth-Bruyère (la fête de sainte Élisabeth de Hongrie que mère Bruyère avait choisie pour sa patronne). La profondeur d'âme qu'elle nous avait révélée lors de la visite du Pape au Canada en 1984, nous avait incités à l'inviter à prononcer l'homélie du jour. Le thème qu'elle avait choisi de développer était la souffrance à la lumière de sa foi et de son expérience personnelle. Pour résumer nos sentiments à cette occasion, j'emprunte ici les mots de notre aumônier, Mgr Maurice Choquet, dont le compte rendu de l'événement a paru dans *Dialogue*. «Pour nos résidants, elle est tout à coup devenue une compagne, une grande sœur. (...) Impuissante. Dépendante. Écrasée. La souffrance est universelle. Elle

243

s'attaque à tous : aux grands comme aux petits». Il ajoute, et je ne peux trouver mieux pour clore ce chapitre qui se veut un témoignage sur le sens d'une vie au service des malades : «Lorsque à la salle *Chez-nous,* madame le Gouverneur général a rencontré les résidants du Centre de santé Élisabeth-Bruyère, elle était chez elle au milieu de cette souffrance.»

Chapitre seize

La Sœur de Charité est l'instrument discret de Dieu.

(Règle de Vie)

L'organisation d'un hôpital exige du temps et de la réflexion. Le ministère de la Santé a désigné le Centre de santé Élisabeth-Bruyère comme dispensateur de soins à long terme. Études et expérience ont ajouté plusieurs services au projet initial, faisant de l'institution un réseau de services reliés au but principal. Le Centre se veut une réponse aux besoins immédiats et à venir de l'Outaouais, besoins qu'engendrent les conditions socio-économiques de la région et surtout le nombre croissant de personnes âgées ou handicapées. Il se doit de travailler à l'amélioration de la qualité de vie de ces personnes.

La vaste gamme de soins offerts s'est développée avec une rapidité qui en a étonné plusieurs, y compris le ministère de la Santé. En 1981, la planification stratégique du Centre s'enclenche par une étude confiée à Marie Schnobb (Fortier). Elle s'acquitte de sa tâche avec compétence et avec une connaissance du milieu, acquise durant onze années au sein de l'équipe administrative de l'Hôpital général de la rue Bruyère. Son rapport propose au conseil d'administration l'utilisation de tout l'édifice, avant la fin de l'année 1985, pour loger des services connexes à la mission principale du Centre. Plusieurs des recommandations furent réalisées avant la parution du plan stratégique ou confirmées et définies par celui-ci, en 1985.

Les services qui, jadis, logeaient ailleurs faute d'espace, ont d'abord été rapatriés dans les endroits rénovés. Il s'agit de secteurs assez importants qui allaient occuper un espace considérable : le Service de médecine familiale, le Centre de jour pour psoriasiques, le Centre de désintoxication et le Service de répartition des ambulances. Ceux-ci existaient depuis longtemps et nous avions décidé de les garder puisque l'espace n'était plus un problème et qu'ils étaient reliés d'une façon ou d'une autre aux soins prolongés.

Puis des programmes gérontologiques et communautaires, reconnus prioritaires par le Conseil régional de santé, sont venus combler des besoins régionaux identifiés par l'étude. Des organismes locaux et provinciaux ont dès lors joué un rôle actif dans l'élaboration du plan stratégique par leur apport aux consultations. En tant que témoin irremplaçable dans la vie de l'institution, tout le personnel a aussi apporté son concours à l'élaboration des recommandations du plan stratégique.

La nouveauté de notre plan stratégique de 1985 réside dans l'importance qu'il accorde aux soins progressifs. Il s'agit d'assurer un suivi dans le contexte de la qualité de vie de la personne qui nécessite des soins. C'est un aspect stimulant selon les personnes consultées. Les nouveaux services développés tiennent compte de toutes les étapes, depuis la promotion de la santé jusqu'aux soins de la personne en phase terminale.

Côté promotion et éducation, le programme le plus connu est Santé positive pour les aînés, qui a subsisté pendant quatre ans grâce à l'appui de divers organismes et aux subventions des gouvernements provincial et fédéral. Hérité d'un projet de recherche, ce programme œuvrait dans treize municipalités environnantes en 1988. Les deux responsables, Yvonne Wagorn et Sonia Théberge, ont dû déployer bien des efforts, faire preuve d'imagination et consentir plusieurs sacrifices pour assurer des fonds sur une base constante. Mère Bruyère a certainement approuvé leur persévérance et leur amour des personnes avec qui elles travaillaient. Le mérite évident de ce projet était l'engagement personnel des participants à se développer et à aider leurs compagnes ou compagnons à faire de même grâce à une meilleure condition physique réalisée dans un contexte d'échanges. En 1992, le projet a dû plier bagage faute de financement. Les deux protagonistes du programme ont publié un ouvrage pour mieux faire connaître leur démarche : *Vieillir heureux et en santé*. Aujourd'hui, ces deux femmes inlassables poursuivent leur travail de promotion à la recherche d'autres bailleurs de fonds.

Le Centre de santé Élisabeth-Bruyère offre à son personnel un programme de promotion de la santé et met à sa disposition un gymnase bien équipé, La Palestre. Convaincus que l'attrait est la clé du succès des programmes de promotion de la santé, le Centre accepte d'étendre son aide en louant l'espace disponible à des organismes dont les buts sont compatibles avec ses objectifs et qui sont en mesure d'améliorer la qualité de vie des résidants ou des personnes âgées vivant encore au sein de la collectivité.

Le Centre de jour polyvalent des aînés francophones d'Ottawa-Carleton fut le premier à demander de l'espace pour abriter les services destinés à favoriser une vie plus active et plus intéressante pour les aînés francophones de la région. À ce moment-là, nous avons établi les conditions qui orienteraient le choix de nos locataires. Le premier choix dans l'utilisation de l'espace disponible est réservé aux services approuvés par le ministère de la Santé et les autres doivent être conformes à notre mission. Après le Centre de jour des aînés, la Société d'Alzheimer a organisé chez nous ses programmes de jour et de relève offerts aux familles des personnes souffrant de cette maladie, leur permettant ainsi de vaquer à leurs occupations durant la journée sans être constamment inquiets. Le Service d'entraide communautaire est venu s'ajouter; il gère un système qui fournit de l'aide aux personnes âgées qui demeurent encore à la maison. Parmi tous ces programmes, il en est un, innovateur et coûteux pour l'institution, soit celui des soins de relève qui vise un objectif spécifique : admettre des malades qui pourront réintégrer leur domicile après un maximum de quatre semaines. Ce service est destiné aux familles dans le but de les accommoder, leur offrant ainsi un répit, le temps de quelques jours de vacances, un séjour à l'hôpital ou d'autres besoins. Elles savent que le parent-patient recevra des soins adéquats administrés avec amour et compassion. Pour que ce service soit efficace, il faut que des lits soient affectés à cette fonction et réservés à l'avance par les familles qui veulent en profiter. Rien de plus coûteux dans un hôpital qu'un lit vide.

Certains connaissent peut-être la ligne de sauvetage *Lifeline*, récemment renommée Service Secours, qui relie les personnes à risque au Centre de santé Élisabeth-Bruyère. Installée en février 1987, elle est disponible aux personnes âgées, frêles ou malades qui vivent seules et sont susceptibles d'avoir un besoin urgent d'assistance médicale ou autre. Elle ranime un sentiment de sécurité tout en favorisant l'autonomie. Le principe du service est simple et la technologie existait depuis déjà dix ans, aux États-Unis. Pour le client, il s'agit d'une pièce ajoutée à l'appareil téléphonique et un bouton porté comme bracelet ou pendentif. Une technologie améliorée permet, au toucher du bouton, de communiquer verbalement avec le personnel au Centre. Madame Evelyn McNamara et son équipe de bénévoles dirigent depuis les débuts ce service communautaire fort valable. Aujourd'hui le service compte sept cents abonnés dont plusieurs vivent à l'extérieur de la région. Essentiellement communautaire, il revêt une importance accrue lorsque géré par un personnel qui vit dans un milieu hospitalier. Il est justement à sa place dans une institution qui dispense des soins progressifs.

L'hôpital de jour a été difficile à obtenir. Nous y croyions fermement et au début de 1983, nous avons même offert au ministère de la Santé d'en jeter les bases à nos frais, sous le nom de «programme de santé de jour», afin de prévenir ou retarder certaines hospitalisations et maintenir aussi long-temps que possible l'autonomie des personnes âgées. Chaque année, pendant deux ans, le Centre a investi au-delà de cent quinze mille dollars en espérant que le ministère de la Santé prendrait la relève, ce qu'il a finalement fait en 1985. D'autres services importants ont été ajoutés, notamment la pharmacie externe et la physiothérapie pour des clients de l'extérieur. De plus, à notre demande, la Caisse populaire Notre-Dame a accepté d'offrir des services pour que les résidants puissent effectuer dépôts et retraits à l'intérieur même du Centre. Les employés et les aînés de la Basse-ville en bénéficient également. Ces quelques exemples de services créés à l'intérieur d'une institution résultent d'une planification selon une mission clairement définie et une volonté de ne rien négliger pour qu'elle s'accomplisse. Chaque nouveau service doit améliorer la qualité de vie des résidants et du personnel. Il doit toujours y avoir un lien entre les services offerts et les besoins identifiés.

Le Centre de santé Élisabeth-Bruyère gère aussi des programmes d'éducation qui s'adressent non seulement aux résidants, aux bénévoles et au personnel mais également aux membres du conseil d'administration. Dès le 19 décembre 1974, le vice-président du conseil, Lucien Fréchette, suggère de mettre sur pied un programme de formation et d'information destiné aux administrateurs. En collaboration avec Mary Hendela, directrice de la formation en cours d'emploi, un comité planifie les sessions de formation qui ont lieu au début de chaque rencontre à partir de janvier 1975. Ce comité assume aussi la planification des sessions annuelles à compter de 1979.

Les soins prolongés font l'objet de la première session d'étude d'une fin de semaine qui a lieu à Val David, en avril 1980. Le docteur Gustave Gingras, le père Everett McNeil et la psychologue Mary Brown y sont conférenciers. En 1981, on se penche sur les relations des conseils avec l'Église dans un hôpital catholique; en 1985, le plan stratégique est étudié en détails en vue d'une décision prochaine; en 1986, la session porte sur les ressources nécessaires pour commencer une fondation; en 1987, on étudie le rôle de l'éthique dans les décisions d'un conseil d'administration. Ces thèmes permettent aux administrateurs d'approfondir leur réflexion et facilitent le processus de décision. Comme avantage supplémentaire, des liens se tissent entre les participants à mesure qu'ils se connaissent mieux. Les retombées sont bénéfiques pour les participants, bien sûr, mais aussi pour l'institution et ses résidants.

Une autre initiative du Centre qui lui donne un cachet particulier est le comité des résidants qui devient un conseil de village, en harmonie avec l'environnement physique. Le président ou la présidente a le titre de maire ou mairesse. Les élections sont tenues en bonne et due forme en février de chaque année, précédée d'une campagne où les candidats et candidates se présentent avec leur programme de l'année; chaque étage élit un échevin. Quand il remplit ses fonctions officielles, le maire porte le collier d'office, dont la médaille fut frappée d'après un motif conçu par monsieur Michael Maloney, résidant au Centre, devenu lui-même maire du village il y a quelques années.

Je ne peux pas concevoir une résidence pour personnes âgées sans un lieu où cultiver au moins quelques fleurs. J'en parle en 1981 et 1982, puis reviens à la charge en 1986 et finalement en avril 1988, puisqu'il existe alors une possibilité d'obtenir des fonds pour absorber une partie des coûts. Des fonds inattendus, générés par un congé de prime d'un an pour les employeurs à cause d'un surplus dans les fonds du régime de retraite des employés des hôpitaux de l'Ontario, sont disponibles. Ils doivent être affectés à un projet d'immobilisation spécifique qui débutera la même année. Je propose au conseil d'administration d'allouer cette «manne» qui tombe du ciel à l'aménagement d'un jardin sur le toit. Enfin un endroit où les résidants trouveraient une oasis pour rencontrer leur famille, se réunir entre eux et tenir des activités de groupe. Le conseil d'administration décide, en mon absence, de donner à la future construction le nom de Jardin Gilberte-Paquette. L'ouverture officielle de cet espace de verdure se déroule le 10 mai 1991, 146e anniversaire de l'ouverture du premier hôpital général fondé par Élisabeth Bruyère. Ce même jour, juste avant la cérémonie d'ouverture du jardin, a lieu le dévoilement d'une plaque commémorative à l'endroit même du premier hôpital d'Ottawa, au 169 de la rue Saint-Patrick.

À la réunion annuelle de 1988, ma dernière rencontre avec le conseil, le directeur général-adjoint Jean-Guy Bourque annonce que le Centre m'offre une séance de photographie avec Yousouf Karsh. Je garde un bon souvenir de cette expérience et je sais gré à monsieur Karsh d'avoir fait un portrait qui relève autant sinon plus de l'art que de la technique. L'œuvre en couleur trône maintenant à l'entrée du Jardin Gilberte-Paquette. J'en suis fière car la photo ne saurait être plus expressive...

Pendant que les réalisations visibles s'accumulent, le conseil d'administration s'assure que ses efforts ne sont pas vains. En septembre 1983, Charles LeGros, alors dans sa dernière année à la présidence du conseil, aborde la nécessité d'évaluer le rendement du conseil. Il insiste sur le fait qu'il ne s'agit pas d'une évaluation des individus mais du corps délibérant qui se nomme conseil d'administration. Il crée un comité pour assurer la communication entre les membres et organiser le processus d'évaluation. En janvier 1984, on retient les services d'un expert-conseil qui établit la méthodologie, approuvée par le conseil, puis tient les entrevues avec les administrateurs, les cadres et les directeurs d'organismes qui font partie du réseau de santé, incluant le ministère de la Santé et l'Association des hôpitaux d'Ontario.

L'expert-conseil insiste au départ sur le fait que le conseil s'est acquitté de son devoir avec efficacité. Il a bien défini son mandat en décrivant ses grandes orientations et ses objectifs, a établi des mécanismes pour une saine gestion des ressources financières, a élaboré une procédure pour assurer le contrôle de la qualité des soins, s'est adapté aux besoins croissants de la santé, a fixé des critères pour le choix des administrateurs et garde un œil vigilant sur ses propres activités. Ses recommandations tracent un plan d'action pour les prochaines années. Notre plan stratégique sera élaboré, puis mis au point lors de la session d'automne de 1985, date qui coïncide avec le délai fixé par l'étude de 1981.

La planification des ressources humaines nécessite un examen. Les membres d'organismes connexes avaient souligné l'à-propos de l'orientation du Centre vers des soins progressifs mais ils s'inquiètent de la disponibilité des professionnels francophones pour remplir les postes créés par la mise en œuvre du plan stratégique. Le maintien des sessions de formation pour les membres du conseil est encouragé et un plus grand engagement de la part d'individus dans les associations provinciales et nationales est préconisé, dans le but de collaborer et indirectement se faire mieux connaître. Enfin, le rapport incite le conseil à s'assurer que le personnel fasse l'objet d'une évaluation périodique.

Le Canada reçoit Jean-Paul II en 1984. Je voyais cette visite comme un événement tout à fait en dehors de ma responsabilité. Je me proposais de faire comme la plupart des gens et me rendre aux endroits fixés pour participer aux célébrations. Or, Mgr Joseph-Aurèle Plourde me demande d'assumer avec Marie Fortier la présidence conjointe du comité de la santé pour la visite du Pape. J'accepte et nous nous mettons à la tâche avec les responsables du service régional d'ambulances. Il est entendu au départ que tout ce qui touche la santé et la sécurité du visiteur est la responsabilité du gouvernement fédéral.

Tout le réseau de santé de la région participe à la préparation de la visite papale. Les hôpitaux sont invités à pourvoir en personnel les quatre «hôpitaux de campagne» que nous avons érigés sur le site des Plaines LeBreton, où Sa Sainteté célébrera l'eucharistie, pour accueillir les malades, les soigner ou les diriger vers un hôpital de la région. Les nombreuses ambulances sont réparties le long du parcours des défilés. Tout est planifié avec une précision sans faille et synchronisé avec les activités des comités de transport et de sécurité. Nous avons même droit à une visite du médecin responsable des urgences au ministère de la Santé. C'est dans l'ordre des choses puisque le ministère assume les coûts et que le comité est le lien entre son représentant et ceux qui fournissent l'équipement, le personnel et les médicaments. Avec le responsable du Service d'ambulance, nous lui faisons les honneurs de nos hôpitaux de fortune où il trouve des médecins, des infirmières et un personnel de soutien prêts à recevoir les malades. À l'exception d'une fracture de la jambe et d'un accident cardiaque, les problèmes médicaux ne seront pas graves.

Durant la journée j'ai eu l'occasion de voir le Pape à plusieurs reprises et même de lui donner la main lors de l'audience accordée au millier de bénévoles réunis à la cathédrale. Les résidants du Centre ont eux aussi eu leur heure de gloire quand Sa Sainteté est venue rencontrer les évêques du Canada à notre maison mère, juste à côté du Centre. Le livre souvenir du périple fait foi du privilège qu'ils ont eu de rencontrer l'auguste visiteur. Il les a bénis, leur a donné la main et leur a parlé. Sa belle simplicité envers les malades en a charmé plus d'un.

À chaque année l'Association catholique canadienne de la santé honore une personne qui a participé à la croissance d'un secteur catholique du monde de la santé. J'ai eu l'agréable surprise d'être la récipiendaire du certificat d'honneur décerné en 1984. L'Association catholique de la santé de l'Ontario, composée de gens qui, comme moi, œuvrent dans les institutions hospitalières, avait suggéré mon nom. Ce témoignage m'a fait prendre conscience, non pas que j'avais accompli quelque action extraordinaire en soi, mais que notre action était visible, une confirmation tout simplement de l'efficacité de nos efforts déployés pour être perçus comme une institution qui veille constamment au grain. Quand j'ai reçu le certificat, j'ai tenu à préciser le fait que je le recevais au nom de tous les intervenants du Centre de santé Élisabeth-Bruyère qui ont rendu visible sa mission de compassion.

Il existe, dans le monde de la santé, une règle tacite qui nous pousse à saisir les occasions qui s'offrent à nous. Si nous ne le faisons pas nous risquons de rester sur le quai de la gare à regarder passer le train. Il faut, bien entendu, tirer parti d'une institution mais, surtout, mettre au point des plans précis et connus des autres institutions. Un peu moins de politique et un peu plus de transparence dans celles-ci favoriseraient la coopération et amélioreraient la situation financière, surtout si le gouvernement ne récupère pas chaque dollar économisé. Or, à cette époque, les institutions commencent à croire que, en raison du vieillissement de la population, le soin des personnes âgées prend une importance sans précédent. Cette tendance est tellement évidente que même les hôpitaux de soins aigus se lancent dans l'arène en concurrence avec les institutions de soins à long terme, pour l'obtention de permis dans le but de gérer des maisons de soins infirmiers.

La compétition pour les maisons de soins infirmiers est forte dans la région lorsque le ministère de la Santé annonce son intention de créer soixante-dix lits. Le projet attire l'attention de l'Hôpital municipal qui présente une proposition sous le nom de Centre Woodroffe. Notre seul autre compétiteur sérieux est le Centre Glebe, déjà engagé dans ce genre de soins. Or, le 14 janvier 1987, le ministre de la Santé, Murray Elston, organise une conférence de presse à l'auditorium du Centre de santé Élisabeth-Bruyère et y annonce que les lits convoités ont été alloués également entre le Centre Woodroffe et le Centre de santé Élisabeth-Bruyère. Nous sommes déçus tout en restant confiants que nous serons plus chanceux la prochaine fois. Un si petit nombre de lits n'est pas financièrement viable et un déficit fait son apparition dès la première année de fonctionnement. Le Centre Glebe remporte le prochain appel d'offres pour soixante-dix lits. En mars 1991, le Centre Woodroffe renonce aux trente-cinq lits obtenus en 1987, le Centre Glebe n'ajoute pas les siens et le Centre de santé Élisabeth-Bruyère complète ses soixante-dix lits en 1992. Notre attente d'une situation financière meilleure semble n'avoir été qu'une illusion. Pour maintenir la qualité des soins, il faut payer le prix.

Pendant toutes mes années de travail j'ai joui d'une santé et d'une vitalité exceptionnelles. Je ne me sentais jamais fatiguée, toujours prête à entreprendre avec enthousiasme un nouveau projet. Le matin j'avais hâte de me remettre à l'œuvre et je me souviens d'uniquement deux absences du travail : une semaine quand j'enseignais à l'école Saint-Conrad à cause d'un mauvais rhume et deux jours au Centre de santé pour la même raison. En 1982, je dois apprivoiser la maladie, un état de faiblesse, une chute d'énergie. J'ai goûté à l'hospitalisation et ce fut profitable pour la directrice générale que j'étais, car ma compréhension des malades y a gagné.

Le 21 décembre j'entre à l'hôpital pour une cholécystectomie. La fatigue a raison de moi, mais je me dis que je serai de retour pour le Jour de l'an et au travail quatre semaines plus tard. Or, voilà que des complications surgissent; on me confine aux soins intensifs et je reprends conscience après trois semaines. J'apprends alors que les neuvaines à mère Bruyère pour ma guérison se sont multipliées à travers la congrégation et tous les monastères de la région. Le 31 janvier, je fais le voyage par air-ambulance jusqu'à Mattawa où je réintègre l'hôpital pendant trois jours encore. Enfin libérée, je mets toute mon énergie à récupérer mes forces et à oublier les affres de la maladie. Je retourne au travail le 21 juin 1983.

En janvier 1988, j'ai reçu le plus grand choc de ma vie. Même si le médecin-spécialiste m'avait prévenue que mes yeux se détérioraient, je gardais toujours l'espoir que jamais ça n'arriverait. Depuis octobre 1985, mon œil gauche n'était plus utile pour la lecture. Je m'étais habituée à ne lire que d'un œil en ne tenant pas compte d'un manque de netteté et d'une légère déformation permanente dans l'autre œil. Des tests n'ont pas tardé à démontrer que la dégénérescence maculaire avait atteint mon «bon œil». C'est l'hémorragie dans l'œil droit. Même problème qu'il y a trois ans. Le médecin tente de me rassurer, mais je sais à quoi m'attendre. Cette fois je n'ai pas d'autre choix et je me prépare au pire. Le 3 février, j'indique aux autorités que je devrai prendre ma retraite à la fin de juin 1988. Deux semaines de réflexion, d'hésitation et d'angoisse m'avaient conduite à cette conclusion irrémédiable.

Mes yeux ont toujours été au cœur de mes loisirs : lecture, travaux à l'aiguille, tricot, visites de musées et autres. Je faisais de longues marches, le plus souvent seule parce que j'aimais marcher rapidement pour que ce soit un exercice valable. Dans l'espace de deux semaines j'ai vu disparaître ces activités. Me restait-il autre chose à faire ? Ne pouvant ni lire le journal ni regarder la télévision, je me sentais coupée du reste du monde. Démunie, je fais appel à Pierre Ricard, récréologue. Je connaissais ses attentions pour les résidants handicapés visuellement et je l'ai appelé à mon secours. Il m'a prêté des livres parlants, des lentilles grossissantes et des livres à gros caractères. Ses efforts pour m'aider m'ont réconfortée. Après trois ou quatre mois, les hémorragies ont cessé et une partie des grandes taches noires se sont résorbées, me laissant la possibilité de regarder la télévision en m'installant très près de l'écran.

La sympathie de tous ceux qui m'entouraient fut une aide qui m'a grandement soutenue à travers les difficultés inhérentes à ma tâche et à ma situation. Le conseil d'administration a eu à composer avec mes limites. Le personnel a dû subir mes impatiences. Margaret Brisson, ma secrétaire, est devenue mes yeux. Son inlassable dévouement et son expérience m'ont épargné plusieurs moments de frustration et

En avril 1986, son Excellence Jeanne Sauvé
me décerne l'Ordre du Canada.

Mes aides indispensables : un circuit fermé de télévision
et un ordinateur avec gros caractères.

aussi, de colère. Il est en effet difficile de rester impassible devant la perte de ses moyens. Ces cinq derniers mois ont dû être aussi longs pour mon entourage immédiat que pour moi. Personne n'a jamais fait autre chose qu'essayer de m'être utile et me témoigner une amitié constante. Je ne peux que dire «Merci ! vous avez été merveilleux».

C'est donc avec des sentiments troubles que je quitte mon poste le 24 juin 1988. J'ai eu le temps de réfléchir, d'accepter un ralentissement de mes activités, de renoncer à d'autres et d'entrevoir une possibilité de recyclage. Je ne resterai certainement pas à rien faire. Je me donne le temps d'y penser... D'abord, je me paie le luxe de deux mois de vacances au chalet, à quatre kilomètres de la civilisation. Couper le lien avec le passé. Redémarrer. Au retour, je m'occuperai de l'avenir.

Épilogue

Tout a été béni de Dieu parce que tout a été fait en conformité à Sa sainte volonté.

(Mère Bruyère, le 24 décembre 1875)

Avec un recul de cinq ans, je suis en mesure de constater que cette épreuve fut un nouveau tremplin qui m'a lancée vers une autre expérience. Avec les experts de l'Institut national canadien des aveugles (INCA), j'ai examiné mes forces et mes faiblesses pour conclure que ma santé générale est excellente; mes capacités et ma volonté d'apprendre sont aussi vives qu'auparavant. Il s'agit de faire le bon choix des moyens à utiliser pour de nouveau lire et écrire. Le conseiller de l'INCA me suggère l'acquisition d'un ordinateur doté de gros caractères à l'écran et un circuit fermé de télévision pour la lecture. Je me lance dans l'étude du traitement de texte que je trouve très stimulante. Je connaissais, en principe, le doigté d'une machine à écrire mais je ne l'avais jamais mis en pratique. Je décide d'aller de l'avant et me mets à l'étude de cette gymnastique des doigts. Je suis prête à entreprendre un cours élémentaire d'informatique un mois avant de recevoir l'équipement nécessaire à ma rééducation. Les portes de la communication écrite vont se rouvrir.

Le plus difficile est sans aucun doute l'adaptation à la dépendance vis-à-vis de la technologie pour des activités qui ont toujours été si simples et si accessibles. Mon réflexe

259

premier est encore de saisir le livre, le feuillet ou la brochure que j'ai sous les yeux pour l'élever à la portée de ma vue. La réaction de frustration qui suit me ramène sur terre. Le principal désavantage de la technologie est le volume et le poids des appareils d'aide visuelle. Quand je quitte ma table de travail, je reviens à la réalité de mon handicap. Pour remédier à cet inconvénient, je me suis procuré un ordinateur et un appareil vidéo portatifs : amélioration dans la mobilité mais diminution dans la qualité du résultat.

Le temps et l'entraînement facilitent le processus jusqu'à un certain point. Dans les situations où je n'ai qu'une simple loupe à ma disposition, je ne lis que l'essentiel. L'environne-ment technologique dans lequel je travaille me rapproche du mode de fonctionnement qui existe dans les organisations. Je me sens donc en harmonie avec mes ex-collègues. Avec plus ou moins de facilité, tout peut devenir accessible, sauf la rapidité. Pendant longtemps, celle-ci a été mon meilleur atout, mais je ne me plains pas du changement de rythme puisqu'il me permet de jouir de l'environnement superbe dans lequel je vis à Orléans. Ici la rivière nous fait oublier que nous sommes près de la grande ville et offre une ambiance champêtre. J'y cultive même, avec mes compagnes, un potager qui nous fournit de savoureux légumes frais jusqu'en octobre et de quoi préparer des sauces piquantes pour tout l'hiver. J'ai ainsi découvert une fascination pour le jardinage.

Avec le temps, je suis devenue moins exigeante envers moi-même et les autres. Je connais le prix à payer pour surmonter une difficulté. Le temps permet l'adaptation et la compréhension. Il enseigne la patience et ralentit le pas mais n'élimine pas les échecs. L'expérience m'a appris à me servir davantage des autres sens, surtout l'ouïe et le toucher. Je suis chanceuse d'avoir conservé la vision périphérique qui me permet d'apprécier un coucher de soleil flamboyant, des fleurs éclatantes ou un arbre majestueux, si je suis assez près... Plus les splendeurs se font rares plus elles nous réjouissent. Ce que je n'avais pas le temps de remarquer jadis, je peux maintenant m'y arrêter et le contempler. Pour toutes ces découvertes, je remercie la Providence. Je suis certaine qu'elle a toujours veillé sur moi, même quand je ne savais pas interpréter ses signes. Aujourd'hui, j'ai le temps de vivre, de prier, de penser et de travailler.

Je vous ai livré l'histoire de ma vie dans sa simplicité, sa détermination et sa fidélité. Je vous ai surtout livré l'histoire de deux institutions auxquelles j'ai consacré le meilleur de cette vie dans le sillage de mère Bruyère : l'Hôpital général d'Ottawa et le Centre de santé Élisabeth-Bruyère. Ce dernier m'est particulièrement cher. Je l'ai rêvé, je l'ai conçu, je l'ai préparé, je l'ai mis au monde avec des collaboratrices et des collaborateurs dévoués, intelligents, compétents, incomparables. Ensemble nous avons fait croître ce havre de compassion pour les démunis de santé de notre région et d'ailleurs. Celui-ci s'est développé au-delà de toute espérance, et ce, dans un temps record. Nous l'avons vu grandir. Nous y avons investi toutes nos énergies et elles ont produit du cent pour un. Je rends grâce au Seigneur qui nous a permis de réaliser ce projet pour assurer le bien-être de centaines et de milliers de personnes pauvres de santé mais riches de valeurs intellectuelles, spiri- tuelles et affectives. Je suis heureuse d'avoir été appelée à diriger l'élaboration de cette œuvre que nous voulions digne de mère Bruyère.

Avouerai-je mon inquiétude ? La réforme des soins pro- longés présentement en cours permettra-t-elle de conserver à cette perle la pureté, la valeur, la beauté de la mission que nous avions rêvée pour elle ? La compassion y sera-t-elle toujours vivante ? L'amour de la personne continuera-t-il d'inspirer les intervenants ? J'ai confiance que les gardiennes et les gardiens actuels de cette maison maintiendront toujours l'engagement initial qui préconise la qualité de vie pour les résidants du Centre de santé Élisabeth-Bruyère (voir Annexe XIV, page 278). À tous ceux et celles qui y travaillent, je dis : Ravivez le flambeau que mère Bruyère a allumé et portez-le bien haut !

Annexes

ANNEXE I

Télégramme du 29 octobre 1971

L'Honorable Claude Castonguay
Ministre des Affaires sociales
Hôtel du Gouvernement
Québec, P.Q.

Nos représentations auprès du ministre d'État n'ayant eu aucune suite et étant donné la gravité du problème financier que nous cause l'état actuel de nos rapports avec la population de la région de l'Outaouais, j'ai le vif regret de vous informer que le conseil d'administration de l'Hôpital général d'Ottawa vient de se prononcer à l'unanimité sur la question dans les termes suivants :

«It was moved that in the event of a negative response on the part of Quebec Provincial Authorities, or their failure to reach a prompt and satisfactory decision on the question of payment for services rendered to Quebec residents by the Ottawa General Hospital Out-patient Clinics, the Hospital will be compelled to refer these patients to Quebec Hospitals for treatment and/or diagnostic procedures as of November 15, 1971.»

Croyez, Monsieur le Ministre, que nous ne sommes pas insensibles aux besoins de cette vaillante population de Hull et de la région et que notre décision nous est imposée par des circonstances que vous connaissez et sur lesquelles nous ne pouvons exercer aucune influence.

Veuillez nous faire part de votre décision avant le 15 novembre.

Gilberte Paquette

ANNEXE II

Télégramme du 7 janvier 1972

L'Honorable Claude Castonguay
Ministre des Affaires Sociales
Hôtel du Gouvernement
Québec, P.Q.

J'ai l'honneur de vous rappeler votre télégramme du 10 novembre 1971 par lequel vous informiez l'Hôpital général d'Ottawa qu'une décision relative au règlement des frais hospitaliers encourus par les résidants du Québec serait prise dans un bref délai. Depuis ce jour, le Commissaire des finances de la Commission des services hospitaliers de l'Ontario a communiqué avec M. Claude Forget sans obtenir gain de cause. À ce jour, un relevé de comptes couvrant nos divers services aux résidants du Québec s'élève à 1 300 000 $. L'Hôpital est de ce fait dans une situation d'insolvabilité critique qu'il faut résoudre à tout prix. Si votre solution à notre problème doit subir le moindre retard, je vous demande avec instance de bien vouloir nous consentir une avance appréciable sur cette dette — soit les 800 000 $ que la Commission réclamait à M. Claude Forget le 10 décembre dernier.

Veuillez agréer, Monsieur le Ministre, l'expression de mes sentiments distingués.

Lucien Lamoureux
Président du conseil d'administration
Hôpital général d'Ottawa

Annexe III

Télégramme du 27 janvier 1972

L'Honorable Claude Castonguay
Ministre des Affaires sociales
Hôtel du Gouvernement
Québec, P.Q.

Dans mon télégramme du 7 janvier 1972, j'attirais votre attention sur la situation critique de l'Hôpital général d'Ottawa et particulièrement sur l'urgence d'une solution aux graves problèmes financiers que suscitent les services médicaux et hospitaliers que nous prodiguons aux résidants du Québec. Je vous signalais que le solde débiteur s'élevait à 1 300 000 $ et qu'un règlement hâtif s'imposait. Malgré l'embarras que nous cause cette situation, nos démarches auprès des fonctionnaires de votre ministère se sont avérées infructueuses. Afin de remédier à l'impasse dans laquelle nous nous trouvons, j'estime qu'un entretien avec le ministre des Affaires sociales serait utile, voire même essentiel.

Je vous prie de bien vouloir m'indiquer si cette rencontre est réalisable à brève échéance. Dans l'affirmative, je vous saurais gré d'en fixer la date et vous signale que je serais accompagné de quelques membres du conseil d'administration.

Veuillez agréer, Monsieur le Ministre, l'expression de mes sentiments distingués.

Lucien Lamoureux
Président du conseil d'administration
Hôpital général d'Ottawa

Télégramme du 17 décembre, 1973

L'honorable Claude Forget
Ministère des Affaires sociales
Hôtel du Gouvernement
Grande Allée
Québec, Qué.

Faisant suite a la visite de M. Frederick Slattery de l'Hôpital général d'Ottawa à votre ministère le 12 décembre 1973, nous désirons recevoir le plus rapidement possible une clarification concernant l'interprétation de l'entente convenue entre votre ministère et l'Hôpital général d'Ottawa en ce qui a trait aux malades en consultations externes résidant au Québec. Une autre interprétation que celle convenue le 25 avril 1973 serait inacceptable. Comme vous le savez, les remboursements doivent être effectués aux termes et selon la procédure en vigueur dans la province de l'Ontario. Nous comptons sur votre collaboration pour tirer cette question au clair.

Lucien Lamoureux
Président du conseil d'administration
Hôpital général d'Ottawa

Annexe V

Année 1864

Appel à la collectivité pour des fonds pour terminer l'hôpital

Les dons suivants ont été reçus :

L'Évêque d'Ottawa	1 900 $
M. J. F. Larocque	8 819
Quête à la Cathédrale	180
Kermesse tenue par les dames d'Ottawa	180
Levées de fonds à Kingston	2 050
Montréal	894
Québec	1 377
Résidants d'Ottawa	392
Total	15 792
Dépenses à cette date	16 268
Autres dépenses prévues	6 700

Source : *The Ottawa Citizen*, 3 mars 1865

ANNEXE VI

L'hôpital est cosmopolite et œcuménique.

Les patients sont classifiés par religion et par nationalité.

Religions

Catholiques romains	4 414
Protestants	414
Autres religions	105
Total	4 933

Nationalités

Canada	4 558
Angleterre	89
Irelande	28
Écosse	23
États-Unis	81
Autres pays	154
Total	4 933

Nota — Le rapport 1928 est rédigé en anglais exclusivement.

Source : Rapport annuel 1928

ANNEXE VII

Administratrices de l'Hôpital général d'Ottawa

1845	Mère Élisabeth Bruyère
1852	Sœur Rose Leblanc
1863	Sœur Dorothée Kirby
1864	Sœur Rodriguez
1865	Sœur Saint-Antoine
1866	Sœur Angèle Sauvé
1880	Sœur E. Rivet
1884	Sœur Éléonore Lavoie
1885	Sœur M. J. Phelan
1896	Sœur Saint-Raphaël
1897	Sœur Marie-de-la-Rédemption
1905	Sœur Marie-du-Sauveur
1914	Sœur Marie-Auxiliatrice
1920	Sœur Félix-de-Valois
1923	Sœur Louis-Eugène
1926	Sœur Saint-Josaphat
1933	Sœur Alice-de-Marie
1938	Sœur Saint-Tharsicius
1941	Sœur Flavie-Domitille
1944	Sœur Marie-Alban
1950	Sœur Marie-Idella
1956	Sœur Saint-Philippe
1962	Sœur Élisabeth Rapin
1968	Sœur Gilberte Paquette

Administratrices du Centre de santé Élisabeth-Bruyère

1980	Sœur Gilberte Paquette
1988	Sœur Diane Albert
1991	Michel Bilodeau (premier laïc à occuper ce poste)

March 16, 1966

Honourable Mathew B. Dymond, M.D.
Minister of Health
Parliament Buildings
Toronto, Ontario

Dear Doctor Dymond:

It was extremely kind of you to afford time to meet the small deputation from the Medical Staff Advisory Committee of the Ottawa General Hospital last week. I have been away, but on my return I am writing to give you the particulars that I mentioned at our meeting, of our correspondence with O.H.S.C. and our lack of any positive response.

The Medical staff Advisory Committee is now arranging to see the Board of Control of the City of Ottawa with a view to obtain some financial support for the General Hospital. I will let you know as soon as I can of any positive development from the Board of Control.

There is one point that I would like to emphasize, as I feel that I may not have made it sufficiently strongly at the time. At our present meeting and at our previous meeting in 1959, you expressed doubts on the financial soundness of the hospital in view of the enormous capital debt, and seemed to feel that if the provincial health scheme had not been put into effect, the hospital would in fact have found the financial situation impossible. I would like again to point out to you that the bonds that the religious order put out were floated on the stock market, and sold very readily to a variety of hard headed financiers and big organizations, and I am told by a lawyer on the Lay Advisory Committee who was a party to floating this loan that they in fact sold more readily than City of Ottawa bonds on the market at that time. I think that this ready confidence of a very hard headed financial community would surely indicate that the hospital's financial situation, far from being as desperate as you seem to imagine, was in fact very sound.

Yours sincerely,

Dr. Conway Don, Chief of Staff
Chairman, Medical Staff Advisory Committee
Ottawa General Hospital

ANNEXE IX

Finances

	31 déc. 1960	31 mars 1970	31 mars 1980
Revenus	4 534 388	14 151 486	40 701 626
Dépenses	4 890 357	14 706 030	40 451 186
Excédent/ (déficit)	(355 969)	(554 544)	250 440

Annexe X

Philosophie (texte de 1965)

L'Hôpital général d'Ottawa fut fondé dans un esprit de charité chrétienne, celui de procurer les soins corporels et spirituels aux malades qui lui seraient confiés. En conformité avec la charité du Christ, pour prolonger son ministère de miséricorde, ces soins doivent être prodigués par un personnel voué à la cause de l'humanité souffrante, et conscient de la valeur rédemptrice de la souffrance. Les préposés aux soins des malades doivent se rappeller que les patients sont des êtres humains composés d'un corps et d'une âme. Ils envisageront donc dans cette perspective les soins individuels à donner, tant sur le plan physique, psychologique et émotionnel que sur le plan spirituel.

Objectifs

1. Procurer au patient les meilleurs soins possibles en rayonnant la charité du Christ par la sympathie, la bonté, la délicatesse, la compréhension de chacun des membres souffrants du Christ sans égard à la race, à la religion ou au rang social.

2. Apporter aux médecins aide et coopération afin de leur permettre d'exercer leur profession selon les normes reconnues.

3. Maintenir et améliorer les écoles déjà existantes et en établir de nouvelles selon les exigences des temps et des lieux.

4. Promouvoir la formation de tout le personnel, tant médical que hospitalier, selon les moyens des temps et des lieux.

5. Collaborer avec l'Université d'Ottawa dans l'établissement de programmes d'enseignement.

6. Favoriser l'avancement de la recherche par tous les moyens disponibles.

7. Contribuer aux programmes de santé publique et de médecine préventive, selon les besoins de la société.

Annexe XI

Extraits d'une lettre ouverte parue dans un journal local.

«... cette situation est d'autant plus ridicule que les manquements ne dénotent que de la négligence et de la mauvaise volonté. Pourquoi dans l'envoi d'une facture à une personne dont les prénoms et le nom sont à consonance française, sans aucune ambiguïté, se sert-on de la langue de Shakespeare ? (...) Nous avons une idée de la mentalité qui règne et quel scrupule l'on se fait du respect de la langue française ! Si on n'est pas capable de se servir du français pour obtenir de l'argent, il n'est pas téméraire de soupçonner le reste.

Après autant de rebuffades, il existe des moyens bien catégoriques : que les clients ignorent l'état de compte et que les patients fassent la sourde oreille. Enfin que nos sociétés nationales interviennent énergiquement aux belles promesses qui furent jusqu'ici bien éphémères.»

Source : *Le Droit*, avril 1966

September 17, 1987

Dear Sister Paquette:

How kind of you to attend my seminar on Wednesday. That could surely be described as "bringing coals to Newcastle" since your reputation for an emphasis on compassion and humanization are a matter of record. It was good to see you again, and I appreciated your participation. Your presence and that of other management folk, was important to those who provide the "hands on" care, I believe, since it reaffirmed your commitment to the concepts of quality of life and your valuing of them as individuals.

I was impressed by the pride your staff take in their institution. Most of them spoke of it to me as a good place to work and of management as supportive and caring. That is highly unusual, as you no doubt know! Bricks are much more common than bouquets. I know that you are always looking for ways to improve and, of course, that is as it should be, but I hope you can take some pride as well in what you have already done.

I was delighted to receive the invitation to facilitate these two sessions and only regret it did not come when I was living in Ottawa, and closer to you for follow-up.

Please accept my warmest wishes for a pleasant Fall — such a beautiful season in Ottawa, and my prayers for God's richest blessings on you and your work.

Sincerely,

Shirley Locke-Windsor,
Consultant

Annexe XIII

le 25 octobre 1983

Sœur Gilberte Paquette,
Centre de Santé Élisabeth-Bruyère
43, rue Bruyère
Ottawa (Ontario) KIN 5C8

Révérende Sœur,

Félicitations au Centre de santé Élisabeth-Bruyère en cette importante occasion.

Les Sœurs de la Charité s'occupent des malades et des personnes dans le besoin à Ottawa depuis 138 ans. Un des points saillants de leur mission a été d'adapter leur rôle aux besoins qui évoluent constamment. Le Centre de santé et, plus particulièrement le service de soins palliatifs témoignent bien de cette ouverture d'esprit. En effet, pour mettre l'accent sur les soins palliatifs il fallait être sensible à un besoin qui commençait à se manifester.

La création de ce service nous rappelle qu'il est aussi noble de préserver la qualité de la vie que de guérir la maladie, et qu'il faut protéger et favoriser la dignité des malades à toutes les étapes de la vie.

Le but des soins palliatifs est de répondre aux besoins de l'esprit tout en allégeant la souffrance du corps; cette tâche exige une approche globale. Leur efficacité repose tout autant sur les qualités humaines que sur les connaissances scientifiques. Les Sœurs de la Charité ont été inspirées par ce genre de compassion et de compréhension depuis l'arrivée de Mère Bruyère en 1845. Il est donc tout à fait naturel que ses successeurs, sous la direction de Sœur Paquette, aient été parmi les premiers en Ontario à se rendre compte de la nécessité des soins palliatifs.

Veuillez agréer, révérende Sœur, l'expression de mes sentiments respectueux.

Keith C. Norton
Ministre
Député de Kingston et des Îles

le 27 septembre 1993

Madame Diane Hupé
Unité régionale de soins palliatifs

À toi Diane et à tes coéquipières et coéquipiers,

Je veux confier mes réactions à la suite du séjour de ma sœur, Thérèse Aubin, à votre Unité de soins palliatifs.

Il y a quelques mois, dans un chapitre sur les soins palliatifs, destiné à un bouquin en préparation, j'écrivais : «Les mourants y trouveront, dans une oasis de paix, la sérénité et le confort d'un chez-soi en compagnie de leurs proches.» Je pensais par la suite que je n'étais pas certaine si c'était le cas puisque, partie du Centre depuis cinq ans et, de toute façon n'ayant jamais été témoin de ce qui se passait, j'avais peut-être rêvé en couleur.

En vous disant le merci le plus sincère pour la qualité de vie que vous avez donnée à ma sœur aimée, je tiens à vous affirmer que la compassion et l'amour ne sont pas de vains mots chez vous. Ce que j'y ai vu est même au-delà de ce que j'avais prévu. Le personnel semble s'intégrer à la famille pour participer à leur désir de faciliter la transition de la malade sur les plans physique, physiologique, spirituel et social qu'elle doit effectuer, le tout enchâssé dans un respect extraordinaire de la vie qui s'éteint. Je me souviendrai longtemps de Gisèle, Linda, Raymonde, Fabienne et les autres dont je n'ai même pas entendu le nom mais que j'ai vus à l'œuvre.

À tous et à chacun je suis reconnaissante pour les gâteries présentées, les délais nécessaires acceptés dans la joie et la paix. Merci ! Vous m'avez prouvé que l'Unité joue magnifiquement son rôle et qu'il y a tout lieu de se réjouir de son existence.

Je vous garde dans mes prières et pense à vous comme des gardiennes d'une vie sereine et précieuse. Thérèse était très reconnaissante de tout ce que vous avez fait pour elle et ne vous oubliera sûrement pas là-haut.

Avec toute ma gratitude.

Sœur Gilberte Paquette, s.c.o.

Bibliographie

PUBLICATIONS

École des infirmières de l'Université d'Ottawa 1933-1973, Université d'Ottawa.

Lamirande, Émilien, *Élisabeth Bruyère (1818-1876) fondatrice des Sœurs de la Charité d'Ottawa (Sœurs Grises)*, Montréal, Éditions Bellarmin, 1992, 802 pages.

Lettres d'Élisabeth Bruyère, présentées par Jeanne d'Arc Lortie, s.c.o., Montréal, Éditions Paulines, 1989, Volume I, (1839-1849), 528 pages.

Lettres d'Élisabeth Bruyère, présentées par Jeanne d'Arc Lortie, s.c.o., Montréal, Éditions Paulines, 1992, Volume II, (1850-1856), 484 pages.

Réminiscences du Couvent de la rue Rideau et du Collège Bruyère, ouvrage en collaboration dirigé par sœur Louise-Marguerite, s.c.o., Sœurs de la Charité d'Ottawa, 1988, 285 pages.

Sœur Paul-Émile, s.c.o., *Aux sources*, Ottawa, Maison mère des Sœurs de la Charité d'Ottawa, 1969, 79 pages.

Sœur Paul-Émile, s.c.o., *Mère Élisabeth Bruyère et son œuvre, 1845-1876*, Ottawa, Maison mère des Sœurs Grises de la Croix, 1945, 409 pages.

Sœur Paul-Émile, s.c.o., *Les Sœurs Grises de la Croix d'Ottawa, Mouvement général de l'institut, 1876-1967*, Ottawa, Maison mère des Sœurs Grises de la Croix, 1967, 390 pages.

Sœur Paul-Émile, s.c.o., *Histoire de l'Hôpital général d'Ottawa*, manuscrit, 1970, 98 pages.

ARCHIVES

Circulaires et recommandations de Notre Très Honorée Mère Élisabeth Bruyère, présentées par Sœur Saint-Jean l'Évangéliste, brochure, 1920.

Conférence de Jules Tremblay présentée à l'Institut canadien-français, en 1920.

Correspondance avec le ministère de la Santé de l'Ontario.

Correspondance avec l'Université d'Ottawa.

Chroniques de la congrégation, 1845 à 1950.

Nurses's Alumnæ Association of the Ottawa General Hospital, 1911 à 1941

Procès-verbaux de l'Hôpital général d'Ottawa, conseil d'administration et comités, 1956-1980.

Procès-verbaux du Centre de santé Élisabeth-Bruyère, conseil d'administration et comités, 1980-1991.

Procès-verbaux du conseil général de la congrégation, extraits des années 1975 et 1976.

Coupures de presse, 1966 à 1988.

Rapports annuels de l'Hôpital général d'Ottawa, 1948 à 1980.

Rapports annuels du Centre de santé Élisabeth-Bruyère, 1980 à 1992.

Index des noms

Table des matières

R1